國家風水叢書 5

❖透視陽宅專輯之一

陽宅科學論

周建男　著

國家出版社　印行

自　序

　　當稿件在台中完成之際，適逢端午粽香時節，窗外落著五月霾雨，斗室燭火熒熒，觀桌案積稿，感慨學術浩瀚、世事嶙峋，然後衰啞一笑。

由　來

　　風水學是經過數千年不斷演變而來，最初只不過是一種人類的生活經驗。上古時代，人類從游牧而進化至穴居的階段之後，便開始注意選擇適合自己居住的地點，建造適合自己居住的宅第，這些選擇經驗的累積，就是風水學的雛形。

　　開始之初，祖先們只是以安全為前提從事選擇，所以，地勢較高、避免洪水、躲開野獸、遮擋風雨等等的地點，就成了當時的居住理想處，這些純是生活經驗的累積。但到了後來，先哲們漸漸地把長期生活經驗與陰陽五行、八卦九星等術數結合在一起，因而演變成一門玄學。

演　進

　　風水學的演進，可分為幾個階段，分析如下：

㈠**第一階段的整合**：是在春秋戰國陰陽家盛行的時期，這時期已有陰陽對等的概念了。

㈡**第二階段的整合**：漢朝風水家的歸納，如郭璞的《葬經》、《錦囊經》，陶侃的《捉脈賦》，王充的《論衡》等，把五行八卦充分應用在風水學術中。

㈢**第三階段的整合**：唐宋四大名家的發揚，如楊救貧、賴布衣、曾文遄、

廖金精等，此時期以楊公聲望最高，賴布衣最爲人傳誦，這些傳奇故事已深入民間。

㈣**第四階段的整合**：清朝時名家輩出，此時的風水學術因羅經的被重視，方位學才抬頭，故進展一日千里，著名學者以蔣大鴻、沈竹礽等對風水的影響最大。

無奈風水學在唐宋時期，因儒生倡言怪異，圖籙、煉士、方士之說盛行，風水學遂由簡易避災加入怪力亂神，而使後來的知識學者大加否定。迄今第五階段的整合，應符合時代的要求，釐清風俗與風水的區別，走出封鎖式的研究，與異業結合，才能使這門中國文化核心的術數眞正地落實於生活。

理　論

何謂風水？風水又稱堪輿，其名稱最早見於《史記·日者傳》，而《漢書藝文志》所載書目，也有《堪輿金匱十四卷》之傳，許愼解釋：「堪，天道；輿，地道。」此涵義與《易繫辭傳》的「仰以觀於天文，俯以察於地理」之意相近，故知地理知識最早是稱爲堪輿學。晉人郭璞著《葬經》曰：「氣乘風則散，界水則止。」古人聚之使不散，行之使有止，故謂之風水。提出堪輿最重視「生氣」，生氣忌風喜水，藏風聚水，後人就把堪輿稱爲風水。

故堪輿學又叫風水學，範圍包括陰宅（墓葬地理）及陽宅（宅第地理），研究陽宅的學術稱爲陽宅學，符合時代意識又叫做環境學，應視爲一門學科。

理論體系主要包括兩大部份：

㈠**空間方位**：知其所在，而迎之其用，瞭解宅第內空間位置的作用力。

㈡**巒頭理氣**：宅第外在環境的生剋吉凶，藉此趨吉避凶。

這門學術講陰宅及陽宅，兩者的原理基本相同，但因死人墳墓與活人宅第性質不同，當然在應用及鑑定技術上是完全不同的，本系列叢書系以談論陽宅風水為主。

重 要

住宅是個人養精蓄銳，對內與家人溝通，對外維持公共關係的場所，全家人對居家境境適應與否，個人事業、社會人際關係是否成功順遂，都可由宅相中應驗得知，豈能不慎重。

我們也常看到，有的家庭一向健康、幸福，但有朝一日搬遷新居後，一切生活情形卻轉壞了；又有的人過去生活不太如意，喬遷新居之後，反而時來運轉。諸如此類，都是陽宅學探討的核心，對個人的影響也很直接、深刻。

體 例

本系列叢書共分成四大冊，閱讀順序如下：

☐ **陽宅科學論**：藉本書的理念，幫助讀者建立完整的陽宅風水知識。

☐ **陽宅方位學**：鑑定陽宅要以測度的方位為基準，才不會誤導方向。

☐ **陽宅格局選**：作者特提供宅第格局的典型，讓讀者藉此實地認識。

☐ **陽宅古今談**：風水理論在日常生活中所碰到的實際問題分析，讓讀者閱讀之後能夠吸收活用。

共 勉

余自鄉曲來，固鄙陋之士也，因悟盡天命乃星曜運數，民國六十年，承襲祖父輩至友桐安法老先生點化，其後歷經湖南派山理師承，中州派、飛星派命理師承，及慧老悉授卜理，跟隨菩老專習大茅法等等。如今，令

人陣陣黯泫的是，幾位五術前哲，菩老、慧老等都已經星散了，草枯木黃，無邊落葉紛紛下。

　　先師勉我：「心地乾淨，方可讀書學術。」而術數中最可貴者，乃於書中見聖賢、見仁義、見人性也。董公論山水曰：「千樹萬樹，無一筆是樹；千山萬山，無一筆是山；千筆萬筆，無一筆是筆。有處恰是無，無處恰是有，所以為逸。」古來名家，必歷覽名山大川，而後心胸始大，境界始出，便在培養此逸氣。術數家亦然，觀盡天下事，書盡萬卷，路行萬里，方能胸藏丘壑，筆生煙雲。一位睿智陽宅師的養成不易，勿震於汗牛充棟，懾於古籍晦澀，也勿墨守成規、刻舟求劍、死抱口訣，並且特別要重視術數倫理，才能言經綸天地，主宰乾坤。

　　陳之藩先生說過：「一個時代，總應該有個把言行高潔的志士，如果沒有，應該有個把叱吒風雲的英雄；再沒有，也應該有個把豪邁不羈的好漢，如果連這類屠狗的人全找不到，這個時代就太可憐了。」啊哈：悵釣魚人去，射虎人遙，陽宅風水師總該做個時代的屠狗人——為「陽宅學」立個紀念碑吧！

　　　　　　　　＊　　　　　　　　＊　　　　　　　　＊

　　如今，本書重新修訂出版，前台灣省政府教育廳第五科沈科長華海兄仍殷殷指導，這些教人趨吉避凶的大功德，應該歸屬於他，因為當初若沒有沈兄的領銜斧正，陽宅風水尚停留在民俗階段。

周建男　謹識

　　讀者若對書中所述內容有任何疑問，或有志在風
水學術方面作深入的研究，可直接與本書作者聯繫。

　　台灣省陽宅教育協會推廣教育中心
　　地址：台中市公益路 52 號 5 樓
　　電話：（04）3257346，2355553
　　傳真：（04）3222174，2379935

台灣省陽宅教育協會理事長周建男老師

目　錄

理 論 篇

陽宅學的理念，已廣泛喚起大家的居住慧根。

第一章　風水的形成

──────講座焦點──────

做為一位陽宅學者，應該對所持學理充分認識，本章主要在分析：

(1)陽宅理論上的演進。

(2)陽宅學理上的迷惑。

整體表解

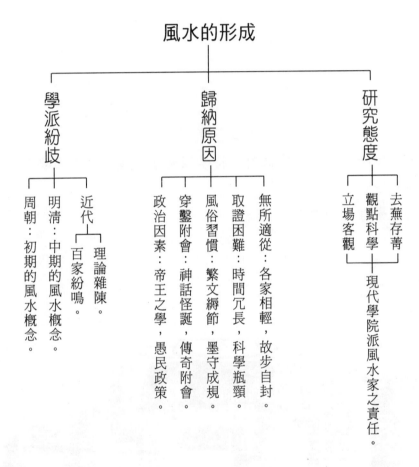

風水的形成

學派紛歧

周朝：初期的風水概念。

明清：中期的風水概念。

近代

理論雜陳。

百家紛鳴。

歸納原因

政治因素：帝王之學，愚民政策。

穿鑿附會：神話怪誕，傳奇附會。

風俗習慣：繁文縟節，墨守成規。

取證困難：時間冗長，科學瓶頸。

無所適從：各家相輕，故步自封。

研究態度

立場客觀

觀點科學

去蕪存菁

現代學院派風水家之責任。

本章內容

一、學派紛歧

中國人愛看風水，自最早的《黃帝宅經》、《黃帝葬山圖》及《尚書》中：「惟太保先周公相宅，越若來三月，惟丙午月出，越三日戊甲，太保朝至洛，卜宅，厥既得卜，則經營。」可見周之前，就有初期的風水概念了。

至清朝考據之學大興，對前代易學相關學問形成強烈的批判，如毛奇齡著的《河圖洛書原舛編》，胡渭著的《易圖明辨》等，使風水學說，流入迷信之學，甚至到了：「父作，子笑；子作，父笑」的地步。

近世學者，如劉師培：「漢儒信讖緯，宋儒信圖書，均屬巫民之學。」再如梁啓超推崇《易圖明辨》說：「我國人的陰陽五行說經說理，不自宋始，蓋漢以來已然。一切惑世，誣民、汩靈、窒智之邪說皆緣附而起。胡氏此書乃將此等異說之來歷和盤托出，使其不復能依附經訓以自重，此實思想之一大革命也。」到了文化大革命，破四舊運動，更使得風水學成了妄言妄語，虛幻無著。

二、歸納原因

㈠政治因素

風水自古有「承祖先之蔭，一朝登金鑾」，「寅葬卯發，大富大貴」之傳言，故以往君主在位時代，為避免爭帝位，乃斥之為迷信，以免將來他人風水有蔭，自己帝位不保。

㈡穿鑿附會

自古資訊不發達，傳說風行，尤其是神秘的風水學，更附有很多的鄉野傳奇，誇大不實，所以「有人問我修行事，遙指天邊月一輪」至今仍盛讚不已，又如「鬼谷子」這類傳說中的傳說人物，仍在風水學中

故神其學，而《黃帝宅經》一書又把「黃帝」搞成地理師，太過虛妄，難免遭知識份子嗤之以鼻。

(三)風俗習慣

愈歷史古老的國家，遺留下來的風俗習慣也愈繁雜，其中不少繁文縟節，我們僅取與風水有關之類來看，例如入宅時應全家動員，按長幼次序，帶傢俱用品魚貫入宅，並且要跨過碳火以去穢；例如對神膜拜時，持香的數目不能一支、四支、僅能三支；又如入宅要擇日、擇時等等。難道吉日入宅者，往後都一路平安，家運蒸蒸日上，而凶日入宅者，都關門大吉，負債累累，難道持四支香拜佛者，都將大禍臨頭？君子趨凶避吉，自古亦然，但如此地墨守成規，現代社會是否有必要過份注重風俗習慣，所以它的成就便被否定了。

(四)取證困難

風水學是一門電學、光學，磁場學、方位學、環境學、超能物理學等的綜合應用學術，如理氣、納氣、感應氣等，非長期居住或感覺細緻，是無法查覺的，所以一些急性子者，及狗急亂投醫者，就忽略了。

(五)無法適從

隋唐前的風水學，還未曾使用羅盤，既未使用羅盤，則無方位、理氣之說，當時風水的內容，陰宅只看形勢山水，陽宅僅論卜筮吉凶而已，卻被認為古代珍藏，陳酒芳香。殊不知，幾千年來，時代背景，地理環境早已脫節，於是如今風水學，就成為人人自由發揮的時代，百家爭鳴的結果，各自有武林秘笈，祖傳法寶，家家都是金匱石室之書，誰宣傳得體，誰就可一掌風水龍頭，於是各家相輕，故步自封，難免使欲入門者，無所適從，感嘆迷信害人。

三、研究態度

㈠立場客觀

風水學是一門學科，就如同研究政治學、歷史學、地理學、經濟學一樣，我們不能說政治學的理論，很多與現時政治環境不符，歷史的背景很多與近代歷史環境脫節，便指政治學、歷史學爲迷信、妄言、無用，相對地，我們站在學院派研究者的立場，更應虛心探討發掘、比較、對照。所以不能用「風水是迷信」或「風水不是迷信」這些概括性的言語，來做爲討論的立場，二者皆失之於武斷，無法達成辨明真理的最終目標。

㈡觀點科學

站在五術學者的立場，以科學的態度來研究風水，過程是艱鉅的，但是我們既然對一種文化思想的產物著手研究，我們就應對這門學問負責。例如在陰宅學中有一種穴叫蜈蚣穴，其特徵是葬在此穴，家族中的兄弟輩皆富且多（蜈蚣多足），古書如是說，但仍應印證，證實之後，才能當定理，否則仍是妄談。印證的方式就是先找出此墓穴，再找出此墓主人，再詢問兄弟人數，再探求家庭狀況，其中印證過程比登天還難，但能這樣不怕艱鉅，才是我們研究五術的基本態度。

㈢去蕪存菁

風水學中，因長期來存有很多風俗習慣，忌諱臆測，所以應以現代的角度，去重新詮釋風水之說，把錯誤的，沒有影響的，累贅的，一一篩選過，以現代理論系統，及完備之實證，來剖析中國古老的風水學說，如此方能不落入空談妄想，或益增其疑惑。

科學釋義

一、五術是迷信，是耶？非耶？
　　而風水學歸屬為五術的一部分，又是迷信乎！

釋：

　　風水學一直無法廣泛的取信於社會，讓人接受，我認為最大的原因是取證困難。

㈠就陰宅言：

1. **經費**：觀山望水，千里跋涉，如果沒有十足耐力及經費，很難辦到。

2. **名穴**：靈秀山河，名穴有限，人人都想尋覓名穴，稱王封侯，富貴延年，幾人能夠？

3. **私心**：覓名穴的要件非有龐大經費，長期時間許可，豐富地理知識，甚至歷經險巇，才有收穫，有一天覓著了，地理師會拱手讓人？

4. **求證**：所謂名穴，葬下去真正能發達，長則幾世，短者也要幾年，絕無巧妙風水，一經臨穴入窆，寅時葬，卯時就發現宅中有銀兩，所以要求證此穴是否有靈驗，時間很難配合。

5. **隱私**：人類的運勢有起伏，種類有多項，如財產、子女、健康……等，在功利社會，都把錢財當作一切，所以靈穴有驗否，大部分端視錢財獲得之有無？但錢財富貴之評量標準又不一，錢財現金之多寡隱私又多，實在無法確實掌握數目及項目，地理師取證難啊。

㈡就陽宅言：

1. **環境**：社會環境的改變，建設構想的突破，使古代陽宅的模式，與現代陽宅的模式大不相同，如以前三合院、四合院、獨幢式宅院

的陽宅格局，已轉變成今日公寓式、套房式的陽宅格局；又如以前大家庭式的陽宅人口，也已轉變成今日小家庭式的陽宅人口，其中房數應驗，房數格局等等，都是今日陽宅的一大轉變。

2. **磁場**：磁波的感應，及科學上採證磁波，均是高科技的行為，一般人無從認識及瞭解，一個不具備敏銳觀察，及不用心體會的居民，很多都會排斥磁學理論的。

3. **效應**：陽宅的磁波感應，是有一定時間的，它不是特效藥的針劑，一個鐘頭後即可痊癒，一般人都是在發生了凶兆，才緊急應用到風水學，所以風水學往往僅形成凶兆的驗證學術，無法廣泛有效地去預占凶禍，這是一般人誤解其效應的結果。

4. **忽略**：陽宅不是迷信，磁場感應吉凶，也是存在的，凡宅外的曜煞，磁波的干擾，射線的強弱等等，無非都可應驗吉凶，但一般人都忽略了，如某甲發生車禍意外喪生，命理家會從命盤上找出凶兆，風水家會從宅地上看出端倪，自認理性的人會說，是他自己騎車不小心的，又如某乙發生傳染病症，命理家及風水家，也能找出病情的印證，自認理性的人，也會說是他自己不小心感染的，那麼，每天有幾萬輛車子，在不斷流通，為什麼偏偏某甲會車禍意外，每天醫院有那麼多人在出入，為什麼偏偏某乙會感染病症，命耶？運耶，自己疏忽耶？在風水學上，既然有如此一門學問可占測預卜，為何事先不稍加避禍趨吉，會導致自認理性者，存有如此忽略的觀念，其來有自。

(三)陰陽宅感應之比較

	陰　　宅	陽　　宅
時間	承受感應較慢，感應後的吉凶較長。	承受感應較快，感應後的吉凶較短。
距離	由祖先靈波傳導，無遠弗屆。	僅限定於居住空間之磁波。
媒體	是祖先們的靈波重疊吉凶，及地理磁波。	僅限於地理磁波
範圍	整個家族之吉凶，影響深遠。	僅限於個體家庭範圍。
層次	牽涉層面較廣，包括遺傳。	牽涉層面較窄，僅現況吉凶。
印證	非常艱鉅。	較容易。

從文化演進過程而論，陽宅學是先形成的原因：

1. 過於神化死後的世界。
2. 慎終追遠精神的感召。
3. 誇大渲染墓葬的效果。
4. 鄉野傳奇的穿鑿附會。

等因素，造成目前民間「重陰宅而輕陽宅」的觀念，現代人買一幢陽宅，很少事先鑑定吉凶，只是以方便的觀點，去選擇而已。但是對於葬禮，卻是不惜斥資，不但尋覓吉利風水地，更大事舖張，所圖爲何？在風水的理念上，這是風水學的畸形發展，實應積極導正的。

綜合言之，歷經幾千年來的風水學、經過宅地環境，人類行爲之變遷後，應再更進一層的科學探討，摒棄不合時宜的玄異怪談，採用科學實證後的理論定義，進入風水學的眞正核心，才是我們今日學院派風水家的職責所在。

二、何謂陽宅風水，對人類是否有影響？

釋：

(一)陽宅風水：

陽宅指的是我們的生活空間範圍，陽宅風水範圍又稍廣，乃包括了內在的居住空間，及外在的生存環境，人類欲求生活品味的提高，不可不對內外「生活場」做一番研究，這種新的研究學術叫做「陽宅風水學」又叫做「居家環境面面觀」，簡稱之爲「環境學」、「陽宅學」。

(二)影響意義：

在人類哲學的研究範疇中，有二個研究方向，一是精神方面，二是物質方面，所以人類在生存的過程裡，除了精神的修養之外，還要具備對環境的抗衡能力，例如居住危機的認識及防範等，都具有實質意義的。

(三)影響程度

(1)時間：

空間的影響媒介，主要是磁場的產生與吉凶，所以時間上不像職業病、藥物作用等那麼快速，一棟宅第住進之後，約二年至三年才會感受這種「場」的影響力。

(2)程度

陽宅中物品、傢俱包羅萬象，居住者移動頻繁，所以陽宅學是一門精密的科學工程，這種研究就是在探討每個住民的特有體質，對每一幢空間範圍中的每一方位，所產生的每類磁波感受，僅以每個陽宅內的陳設物而言，內容就非常繁複，例如微波爐、電磁爐、瓦斯爐在每一方位中，所產生的溫度波、射線差異的比較，就得讓研究者投入半生心力。科技在突破，宅第內傢俱的種類，也不斷在增加，陽宅學研究者，研究的項目也不斷地隨著增列，以前居民對陽宅學不重視、不認知，主要的就是沒有充分瞭解這個關鍵，所以作者一直在強調：「陽宅的研究是異業的集合，是綜合科技與方位學的配合。」只有突破，

沒有秘笈。當有一天，有人告訴你，在某方位的抽水馬桶，通風設備應如何配合，使用習慣應如何養成，對某特性體質的人，會有某種影響，到這個時候，陽宅學才是進入另一新紀元。

瓶頸突破

一、風水學的起源朝代，不太可考《尚書·周書·召誥》上說：「太保
　　朝至洛，卜宅，厥既得卜，則經營。」是否由此可證，風水地理
　　這行業，應尊奉周公為祖師爺？

答：

(1)卜地造宅與風水地理並不完全一樣。

　　　卜地造宅乃是「相山陰陽，觀脈流泉」而已，即承襲上古的築巢觀
念，避免猛獸侵襲，探視環境吉凶，再以龜卦或貨幣等類似物品，卜卦
可否。

　　　風水地理乃是在三國時代，才漸趨重視，一方面由於戰亂動盪及帝
王統治的需求，而有所謂天人感應哲學，又加入讖緯符命災異之說，是
風水地理的築基，後來雖歷經起伏興衰，但其學仍不絕如縷，迄今各派
紛歧。

(2)由「下羅經」訣找出風水地理的祖師爺。

　　　地理師在下羅經準備格方位時，有「下羅經訣」，曰：「拜請九天
玄女娘娘、楊公仙師、鬼谷仙師、天門開、地門開……。」

　　　又見《古今圖書集成》收有《黃帝宅經》一書，不論作者是否假借黃
帝，但由此已可知風水地理的祖師爺，至少有：①九天玄女娘娘②楊公
仙師③鬼谷仙師④黃帝等四人。

　　　由此可見，就各行各業的習俗而言，風水地理的祖師爺，經考據後，
並非周公，應首推九天玄女娘娘，鬼谷子、楊筠松等，殊不論其是否為神
話人物，祖師爺乃習俗上之供奉罷了。

二、成為一位風水學者應具備那些條件？試分述。

答：

(1)治學態度：

　風水是一門學問，又承襲幾千年來的各種雜技在其中，站在研究的立場言，除了本身態度要嚴謹外，尚應具備有「多聞闕疑，慎言其餘，多見闕殆，慎行其餘。」的治學之道。

(2)道德品格：

　人類追求富貴，自古皆然，尤其在今日的功利社會之下，經濟的標準觀與昔日不同，雖不必至「萬般皆下品，惟有讀書高」的酸儒地步，但也不能存有「一朝得志，語無倫次」的反感言行。

　「君子坦蕩蕩，小人長戚戚。」如能樂天知命，承天應運，不挾術以唬人、誆人、弄人，則俯仰無愧了。

三、做為一位陰宅堪輿家，時下常受評議，試各抒己見。

答：

㈠陰宅造作的弊端：

　(1)改造：陰宅改造困難，常遭家族中各房壓力，地理師介入時有糾紛。

　(2)私心：純粹尋地點穴，不合經濟利益，不枉一身所學，只好同流合污。

　(3)名穴：名穴難尋，地理師私心作祟，有真穴場，自己不用，寧贈他人？

　(4)勾結：喪葬繁文縟節多，風俗習慣紛雜，地理師爲了因應社會，需與各有關行業掛勾，如擇日館、禮儀社、誦經團、棺木業……等，難免人在江湖身不由己。

(5)**吹噓**：人人偏愛名穴，真正穴場供不應求，只好信口雌黃，胡亂吹
　　　噓，壞了名家本色，淪爲三等術士。

(6)**葬地**：公墓用地缺乏，商人與地理師聯手炒作墓地，如公墓公園化，
　　　納骨塔，又預售圖利，如投資公司，有何風水穴地可言。

（人類的聲音是死板的鈴聲，人間的面孔是畫廊的肖像，每一個人
無例外的，在鈴聲中飄來，又在畫廊中逸去。）

想想陽世間人如此的爭名逐利，違背風水學初衷，縱得羈魂有靈，
也會留下惑人的淒楚？

(二)堪輿師個人修爲：

做爲一位入流的陰宅堪輿家（其實陰陽宅風水師均同），應術德兼
修，術者，授業也；德者，品德也。

（古之作者，寄身於翰墨，見意於篇籍，不假良史之辭，不託飛馳
之勢，而聲名自傳於後。）

我們至少也該發出微弱可聞的聲音，給這個無以名之的年代，作一
無可奈何的註脚，才對得起萬里江河，對得起千年的祖宗魂魄，也才對
得起歷經久遠年代的風水學術。

四、風水地理派別紛歧，初學者應從那一門派或那一本書入手？

答：

地理的門派主張很多，較明顯地有八宅派、飛星派、玄空派等，地理
的書籍論著更是不勝枚舉，古代都有學習專著發表。「學而不思則罔，思
而不學則殆。」風水學家，如僅不斷的向外涉獵追求，不反求諸己，自加
精思，則必迷惘，無所心得。

所以作者認爲地理風水並無門派、書藉之限囿，只要能得到驗證之結
論者，都是參考實驗之寶典。

第二章　磁場的理論

本章主要在瞭解風水與磁學的關係，進而印證陽宅風水對人類的影響力。

整體表解

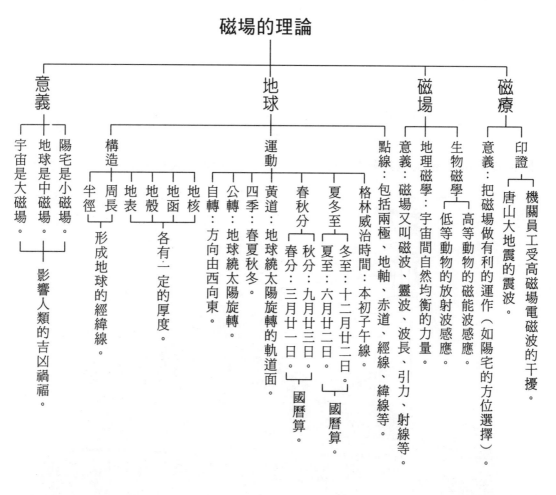

磁場的理論

意義
├─ 陽宅是小磁場。
├─ 地球是中磁場。┐
└─ 宇宙是大磁場。┴─ 影響人類的吉凶禍福。

地球
├─ 構造
│ ├─ 地核
│ ├─ 地函
│ ├─ 地殼 ┐
│ ├─ 地表 ┴─ 各有一定的厚度。
│ ├─ 周長 ┐
│ └─ 半徑 ┴─ 形成地球的經緯線。
└─ 運動
   ├─ 自轉：方向由西向東。
   ├─ 公轉：地球繞太陽旋轉。
   ├─ 四季：春夏秋冬。
   ├─ 黃道：地球繞太陽旋轉的軌道面。
   ├─ 春秋分 ┐秋分：九月廿三日。┐
   │   └春分：三月廿一日。┴─ 國曆算。
   ├─ 夏冬至 ┐冬至：十二月廿二日。┐
   │   └夏至：六月廿二日。 ┴─ 國曆算。
   └─ 格林威治時間：本初子午線。

點線：包括兩極、地軸、赤道、經線、緯線等。

磁場
├─ 意義：磁場又叫磁波、靈波、波長、引力、射線等。
├─ 地理磁學：宇宙間自然均衡的力量。
├─ 生物磁學 ┐低等動物的磁能波感應。
│   ┴─ 高等動物的放射波感應。
└─ 意義：把磁場做有利的運作（如陽宅的方位選擇）。

磁療
├─ 印證 ┐唐山大地震的震波。
│   ┴─ 機關員工受高磁場電磁波的干擾。

本章內容

一、意　義

　　我們人類居住在地球，上承受宇宙星曜引力磁場，下承受地球引力磁場，並與二十四節氣及出生時刻，形成獨特個性而生存，又因地球運動軌跡影響，來鑄造了人類吉凶禍福之軌跡，謂之命與運的基本法則。

　　研究風水學基本上應瞭解，我們居住環境內的磁場關係，首先應從地球環境上探討。

二、地　球

1.構造

　　(1)半徑：約六千三百公里。

　　(2)周長：約四萬公里。

　　(3)地表

　　　　①海洋占面積：百分之七十。

　　　　②陸地占面積：百分之三十。

　　(4)地殼

　　　　①厚度：約三十公里。

　　　　②結構：以硬岩為主。

　　(5)地函

　　　　①厚度：約二千九百公里。

　　　　②結構：固體狀態。

　　(6)地核

　　　　①厚度：約三千四百公里。

　　　　②結構：內核為固體，
　　　　　　　　　外核為液態。

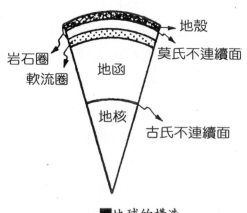

■地球的構造

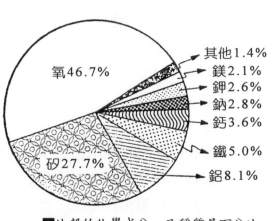

其他1.4%
鎂2.1%
鉀2.6%
鈉2.8%
鈣3.6%
鐵5.0%
鋁8.1%
氧46.7%
矽27.7%

■地殼的化學成分，又稱質量百分比

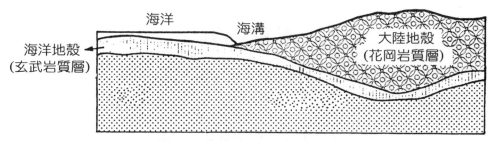
■大陸地殼與海洋地殼的比較

2. 運動

(1)自轉：地球自身由西向東旋轉，一週是一日，二十四小時。

(2)公轉：地球繞太陽旋轉，繞一週是一年，三百六十五天。

(3)四季：地軸傾斜，加上公轉的結果，產生了四季的變化。

(4)黃道：地球繞太陽軌道呈橢圓形，此軌道面稱為黃道。地軸和公轉
　　　　的軌道面成六十六度半傾斜的角度，使地表各處受熱不同。

(5)春分、秋分：每年太陽直射赤道二次，此時晝夜平分。

　①春分：每年國曆三月二十一。

　②秋分：每年國曆九月二十三。（春分、秋分有時相差一天）

(6)夏至、冬至：

　每年太陽直射北回歸線叫夏至，直射南回歸線叫冬至。

　①夏至：每年國曆六月二十二日。

　②冬至：每年國曆十二月二十二日。（夏至、冬至有時相差一天）

(7)格林威治時間

　世界上時間的參考標準，又稱本初子午線，即經度零度經過之地
　方。

3. 點線

(1)兩極：假設地球的南北頂端各有一點。

(2)地軸：連接兩極的一條假想直線。

(3)赤道：距離兩極等遠，而環繞地球的一個假想大圓圈。

(4)緯線：與赤道平行的一些圓圈，都是同心圓。

■地球變化莫測的氣候

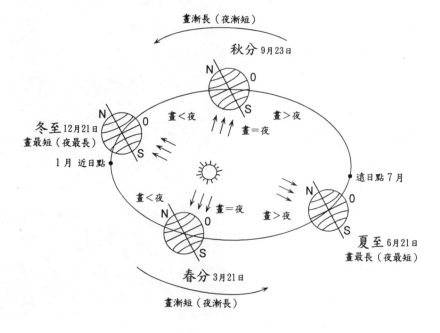

■地球的公轉軌跡與節氣的關係

(5)經線：南北兩極間沿地表的聯線，以半個圓圈爲準，通過英國倫敦
　　　格林威治天文台的經線爲零度，向東稱東經，向西稱西經，
　　　各爲一百八十度。

地球雖然分爲岩石圈、水圈、大氣圈、生物圈等，彼此間均應維持其精密微妙的平衡。

但由於我們對居家環境觀念的漠視，地球也漸漸地顯示出一些警兆，這些警兆與我們的陽宅空間有絕對的關係。第一是，空氣中的二氧化碳、甲烷等，善於吸收地球輻射的氣體愈來愈濃，地表所吸收的輻射，形成地表溫度愈來愈熱。第二是，南極上空的臭氧層逐漸減少，裂開的臭氧洞，使致命的紫外線穿越而過，對生物造成直接威脅。

第三是，地下飲用水的抽取過度，導致地層下陷，形成未來海水倒灌的危機。第四是，工業廢水的大量排放，污染水源，影響河川生態的改變。第五是，工業廢氣進入空中，和水滴結合成酸雨，摧殘林源，失去森林庇蔭，會使許多生物絕跡。

全球環境與個人的居家環境有着密切的關係，居家環境的吉凶，不就等於陽宅風水的優劣嗎？所以環保的觀念，景觀的維護都是陽宅學研究過程中，不可忽略的，應瞭解的項目之一。工業區、都會區、機場、遊樂區、高速道路等等的開闢與興建，雖使我們在生

■地球上的電離層，產生的極光與流星

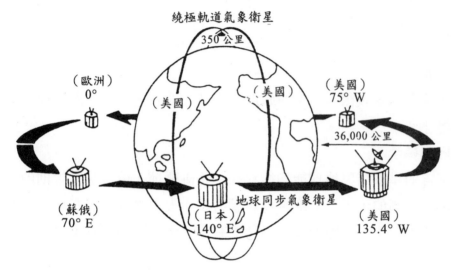

■研究節氣而發射地球同步氣象衛星的運轉

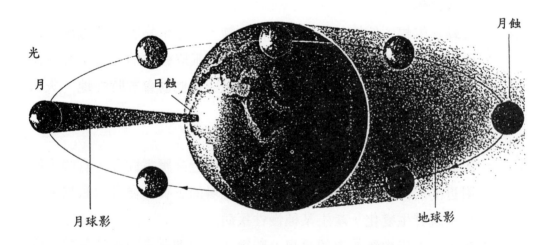

■因地球的自、公轉，而形成日蝕與月蝕的過程

活及享樂方面大有進展，但也因破壞自然，而付出相當的代價，自然與進步的演進過程裡，如何不干擾生態的平衡，如何使每人宅第居住空間更安全舒適，是陽宅風水學術的第一課題。

三、磁　場

(一)意義

磁場名稱定義很多，又叫磁波、靈波、波長、引力、射線等，簡稱「場」。

(二)地理磁學

宇宙的星曜間與地球能均衡存在，不亂碰撞，這就是有規則的引力牽制。我國的十天干，應視爲影響人的十大引力線，十二地支，應視爲影響人的十二大磁場圈，爲什麼有十天干，而不引證十二天干，涵義有：

1.十二地支大於十天干：所以人類不會向上飄浮。

2.十二地支大於十天干：因尚相差二天干，此謂之流星劃過，爲不定性之引力，故不列入。

(三)生物磁學

1.低等動物

蜜蜂、蝙蝠、信鴿、侯鳥等多種生物，都是依靠體內的磁場與外間磁場的感應，作爲導航。因此，當他們飛經強力的無線電發射站、或雷達站等地方，磁場感應受到擾亂，他們就會暫時性地，失去導航能力了。

2.人體磁波

人體同樣是有磁場的，據研究報告，住近高壓電線等，有強力磁場附近的居民，若長時期受到強力電磁場的影響，便會引致血液和神經系統發生變化，產生某種慢性疾病。

人類，一連串複雜的吉凶禍福，關鍵在於地理磁學一定軌跡的不斷運轉，及生物磁學一定數據的不斷遺傳，而產生循環蛻變，瞭解這種磁場，

不啻解開亙古來天意的秘密？

四、磁　療

㈠意義

瞭解磁場之存在及重要性，如何把磁場作有利之運用，就是風水學所探討之方位吉凶。

㈡印證

1.理論

人類生活在地球上，無時無刻不受到地磁的影響，地磁強度雖然只有零點五高斯，但如果長期有意識地，使人體順著地磁南北方向，地磁場便可使人體器官細胞有次序化，產生生物磁化反應，生物電流增加，於是器官機能得到調整，達到一定治療作用。

2.實例

⑴一九七六年唐山大地震時，震波殃及北京，當時一位科學工作者，因突感天搖地動，就鑽到桌下躲避，天亮後他突然發現，病痛了幾個月的韈囊腫，奇蹟似地痊癒了，後來經過分析，認為此病之癒，是與他在地震時，受變化的地磁有關。

⑵七十九年五月二十六日新聞報導指出一篇研究報告其中說，臺電及電信局的員工，因接近高磁場的電磁波，使患白血病及腦瘤而死亡的比例，高於常人的一點六倍至三倍，高磁場的波長，會因能量、強度、時間，之不同而變化，長期工作的接觸者，會使病變細胞敏感，而加速分裂，使病情擴張嚴重。

中國文化深厚，中國人才濟濟，有許多被視為神秘之事，其實早已有人明白其中原因，但在有限之古代資訊，及封建觀念下，無法普及，有如陽宅方位學，就在如此的情況下，被罩上了一層神秘之紗。

科學釋義

一、風水磁場。

釋：

　　風水學在羅盤發明之前，是僅限制在觀察自然節氣，減少山川間災害的經驗法則而已，根本談不上什麼理氣，更無庸言及磁場方位，而古代的卜宅，方法更妙，不過以龜甲等工具，占卜所欲築城位置的吉凶，此和今日的風水術相去不啻萬里。

　　尤其在西漢、東漢、唐、宋時期，儒生暢言怪異，方士之學方興，經典也改成了圖籙、陰陽五行、煉丹成仙之說流行，風水觀念遂由簡易避災，加入怪、力、亂、神，所以今日我們研究風水學，除了要把古代理論加以篩選之外，更應著手於磁場對人體感應的深淺程度，當然這其中採證過程困難重重，但也僅如此，才能使風水學成為一門更使人重視的學術。

二、磁場感應。

釋：

　　磁場感應乃風水學最重要及最深奧的一環，風水傳統理論中，叫做形氣與理氣，包括下列要素：

(1)小磁場：指人體的特性，又叫靜電。

(2)大磁場：指空間環境所含的電波，包括氣流、溫度、濕度、煞波等。

(3)磁場感應：大磁場對小磁場的影響。

(4)風水學：藉由磁場感應，所產生的人類行為規範，謂之。風水學在古代的學術中又分為陰宅學與陽宅學，所以嚴格言，經由

陽宅與陰宅的磁場感應，產生對人類的吉凶禍福呈顯，就叫做風水學了。

所以聰明者，應陰陽風水並重，因爲陰宅、陽宅禍福的判斷，並無二致，然而在效果上，陰宅墓氣是從死去親人的骨骸靈波，來感應陽宅上的親人，力量影響深遠，但應驗較遲緩；宅第宅氣，最直接在周遭感應我們，力量雖僅限家中各人，但應驗很快。故清代名風水家葉九升說，陰陽宅理論都在形氣、理氣，一體一用，不可偏廢。

三、磁波感應。

釋：

人類爲一個小單位的「生物電磁場」，地球是一個內含無數磁力線的「電位磁場」，所以人類的命運無時無刻都受地球場及星際場所牽制影響，這種原理就叫做「磁波感應」。

地球磁場的存在，已由萬有引力定律等說明，殆無疑義，人體是活的有機體，受到空間電磁場作用，會影響生物細胞核內電子、質子的電波。

宇宙空間常變化的電磁場，與人體內生物電磁場的交互作用，就引起人類健康與行爲的週期變化，俗云：「自作孽不可活。」是不合物理觀念的，因爲人類的各類行爲反射，是宇宙、地球、空間電磁場的作用而引起的，是空間電磁場的不協調，我們受到影響才會情緒變化，才會生病，才會衝動，才會意外的，瞭解「磁波原理」之後，與自然的抗衡，應是我們探討陽宅風水的核心理論，與神聖任務。

四、節　氣。

釋：

季	春	季		夏	季		秋	季		冬	季	
節	立春	驚蟄	清明	立夏	芒種	小暑	立秋	白露	寒露	立冬	大雪	小寒
氣	雨水	春分	穀雨	小滿	夏至	大暑	處暑	秋分	霜降	小雪	冬至	大寒
農月	正月	二月	三月	四月	五月	六月	七月	八月	九月	十月	十一月	十二月
地支	寅	卯	辰	巳	午	未	申	酉	戌	亥	子	丑

五、十二值位。

釋：

十二值位	吉凶	用　　　　　　　事
建	吉	上樑、入學、結婚、動土、立柱、醫療、出行。（正羅猴）
	凶	掘井、乘船。
除	吉	祭祀、藥配。
	凶	婚姻、出行、掘井。
滿	吉	嫁娶、移徙、裁衣、開店、祭祀、出行、栽植。
	凶	葬儀。
平	吉	嫁娶、造屋、移徙、裁衣、相談。
	凶	掘溝、栽植。
定	吉	祭祀、嫁娶、移徙、造屋、備人、買牛馬。
	凶	訴訟、出行。
執	吉	造屋、播種、嫁娶、掘井。
	凶	移徙、出行、開庫。
破	吉	出獵。
	凶	此日大凶、諸事不取。
危	吉	
	凶	諸事不吉。
成	吉	造屋、嫁娶、入學、出行、開店、播種。
	凶	訴訟、爭鬥。
收	吉	入學、嫁娶、造屋、買賣、移徙、播種。（正羅猴）
	凶	葬儀、出行、鍼灸。
開	吉	入學、嫁娶、造屋、移徙、開業。
	凶	葬儀不淨之事凶。
閉	吉	築堤、埋池、埋穴。
	凶	開店、出行。

瓶頸突破

一、地理師對陽宅的鑑定原則是什麼？

答：

1. 就位置言

(1)山地的陽宅，以觀山脈爲主，脈氣重於水局。

(2)平地的陽宅，以觀水局爲主，水法優先於脈。

2. 就大小言

所謂大小論乃指「基位」與「宅位」，基位指街巷道路，宅位指入門之氣，都市的房屋雖論基位重於宅位，但就大小言，坐地五十坪以上者之建築，才宅基並論，一般在五十坪以內之建築（尤其是公寓房間），只論宅不論基。

3. 就種類言

(1)商店與住家：住家內有臥室，商店是客人來往眾集的公共場所，一靜一動，二者有別。

(2)獨資與合夥：合夥經營有眾人之運氣，故宅局應以最主要的執行股東爲主，獨資僅老闆的個人宅命卦相配即可。

4. 就比率言

陽宅影響就比例上來論，是最新的研究項目，如整棟建築物的型狀，與我們各人住家吉凶感應占百分之幾？又如公寓建築內，第一樓大門的影響，占其他層樓的影響各百分之幾？分析精微，實非一時一地所能研究透澈。

二、地理對人類有影響嗎？如何影響？

答：

1. 空間磁學

(1)有規則的引力磁場

　①軌跡的引力：

　　為宇宙星球座標與地球有序運行的均衡引力。

　②磁場的引力：

　　包括由南北極磁場產生的磁力綫，及地殼中各種物質的射線。

(2)無規則的引力磁場

　①理論提出

　　Ⓐ太陽黑子磁能（包括太陽熱氣、輻射和能量）(black enage)。

　　Ⓑ北極光（不同形狀的爆炸射線）(aurora borealis)。

　　Ⓒ彗星週期波(Edmund Halley)。

　　Ⓓ大顯像管。

　　　（太陽風吹過地球磁場時會產生電流，這些帶電粒子加速滑向地球。）

　　Ⓔ黑子氣候（準兩年振盪）(Quasi-Biennial Oscillation)。

　②影響事實

　　Ⓐ中斷或干擾我們的電力。

　　Ⓑ影響信鴿辨識方向能力。

　　Ⓒ影響精神症患者的行為。

　　Ⓓ擾亂人類脫氧核糖核酸。

　　Ⓔ影響氣候冷熱的溫度差。

2. 生物磁學

(1)低等動物的放射波感應

　如蜜蜂、蝙蝠、信鴿、候鳥等多種生物，都是依靠體內的磁場與外間

磁場的感應，作爲導航。

(2)高等動物的磁波能感應

　　據實驗報告事實中指出，住近高壓線等，有強力磁場附近的居民，及從事此類職業的員工，若長期受到強力磁場的影響，便會引致血液和神經系統發生變化，產生某種慢性疾病。

　　由此可以說，地球的地理磁場波影響人類的生物磁場波，人類的行爲規範禍福吉凶，無時無刻地受覆載的地球磁場所牽制、影響，基於此，我們就發明了星相學、命理學、風水學等，無非是要經由此類學術，來預測這種磁波感應的吉凶禍福罷。

三、請問教授，爭議頗多的金字塔療法及大陸特異功能是否與磁學有關，不知教授對這方面有否更詳細的詮釋。

答：

1.「波」的存在證明

　　作者教授陽宅風水時，爲了證明生物磁波的存在性，選擇本會研究班學員，及南投縣婦女大學第二期學員中做實驗，結果研究班學員每人都有感應，尤其是黃乙穎、楊明哲學員感應最強烈明顯，婦女大學以洪淑玉、劉春梅、林麗琴、魏麗貞等十三人感應最強烈，不僅有壓迫感，也有氣流流竄之感覺，由此可證明「波」是存在的。

2.金字塔療法

(1)原理：

　　把任何物體，放在鋼管組成的金字塔形空間裡，都能活性化，例如肉可保更新鮮，鈍的剃刀刃，可以再度轉化鋒利等等。

(2)實例：

　　珍妮佛・芭倫罕塔在一九八八年患癌症後，便在印度接受「金字塔療法」，結果癌症不藥而癒。

■本會研究班學員正在印證生物磁波的存在，及反射作用。

■南投縣婦女大學第二期居家環境班學員，印證生物磁波的存在，及反射作用。

(3)推廣：

「珍」於是決心當護士，並以金字塔療法來指導患者，使他們恢復纏疾，效果良好，包括一些有日常生活壓力者，在金字塔型的鋼管中冥坐，心神恢復亦極快速。

3. 特異功能

(1)原理

任何物質都是由原子核個體，聯結原子鍵組織形成，原子核內是由中子與質子組成，原子核內能放射出電磁的能量，因爲電磁不斷環繞著原子核旋轉，這種微小粒子非肉眼所能見，但卻都具有能量，而物質的差異，其實就是釋出能量強弱不同的差異。

由此可知，「物質」包括動植物、石塊、紙張、金銀銅鐵等等，都蘊藏著代表各自特異性質的能量，這些能量又以不同頻率的波動在幅射。

人體的本質是一個綜合電磁場，除了外表是肉體結構外，還有內在存著電磁場的生物能量，這些能量也是有強弱之分，若天生麗質者，經由發掘途徑，有效的訓練後，就能隨心所欲的把生物能量收放自如，瞬間放功，把聯結原子核的原子鍵打破分解，再使之重組，此種現象謂之「特異功能」。

(2)種類

廣義來講，特異功能又叫做超能力，何謂超能力，其種類可分爲：肉體的超能力、精神的超能力、能量的超能力等，再詳述如下：

①肉體的超能力

一般平凡的人，肉體的負荷量是一定的，例如一位長跑選手，在未經過長跑訓練前，他可能無法持續長跑二個小時，但經過幾次嚴格訓練後，從一小時、二小時、三小時……，漸漸地激發了體能潛力，而能一次耐力長跑四小時，這就是一般肉體能力與肉體超能力的差異。

②精神的超能力

　精神層次的能力，例如意志力、適應力、記憶力、忍耐力……等均是，未經過特種部隊訓練的人，可能在面對惡劣的環境會有意志力、忍耐力崩潰的時候，但如一位通過嚴格特種訓練過的人，就能比較勇敢的，接受大自然的磨練，這種差異，也就是他精神超能力被激發出來了。

③能量的超能力

　這種能力又稱為特異功能，如細分則又包

■在金字塔中冥坐，並感受電磁場，謂之金字塔療法。

括：超視覺特異功能、超聽覺特異功能、超嗅覺特異功能、超觸覺特異功能、超知覺特異功能及超能量特異功能六種，其中又以超能量特異功能境界最高，應用最廣，意義最深刻，我在北京所實況記錄的，就是屬於這類的特異功能。

　　也就是能把自身的能量，以特別方法在刹那間釋放，改變其他物質的原子鍵，使其變換、移位、重組，達到自己所欲形成的結果。

　　但超能力與神通（靈魂學）不一樣，超能力是以現象世界的人和事物為主，神通（靈魂學）是以不同次元的靈魂空間為主，比較如下：

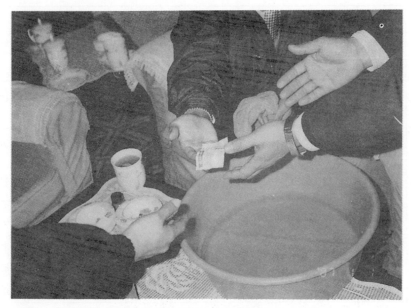

■特異功能者把撕破又經咀爛的名片，重新組合完成。

■特異功能者以超能力使藥丸從密封完整的玻璃瓶中穿透掉落。

		超能力（特異功能）	神通（靈魂學）
1	對象	由眼所見的人、事、物等。	肉眼看不見的靈異世界。
2	印證	可以馬上用實驗來印證效果。	無法用實驗來探測，僅能自我體認。
3	能量	人類自我潛能的開發，或天生或後天，但主動權在人類自己。	(1)感應神靈等不同次元生靈的頻率。 (2)主動權在神佛，人類本身趨於被動，故「誠者靈」，才能發揮神效。
4	憑藉	精神潛能的啓發，但非人人都能夠。	依賴符咒及儀式，並劃分有各門派之別，但也應有靈媒體質者，才能溝通。
5	優劣	眼見爲真，無法作假矇騙。	修道者本身所言所見，故各派宗教皆有立規修法，目的在防止誑言詐騙。

　　宇宙之大，要以有限的所謂現階段科學的知識及儀器，去瞭解無限空間的無限知識，是不夠的，當親眼所見人類的無限潛能發揮之後，探討生物本質的神秘境界，就更向前邁向一大步了，天人合一的幻想，在未來世界裡，應該是可以實現的。

第三章　九星的理論

───講座焦點───

　　本章主旨在說明九星學派與吉凶應對，並配合八卦理論，而論斷陽宅宅運。

整體表解

九星的理論

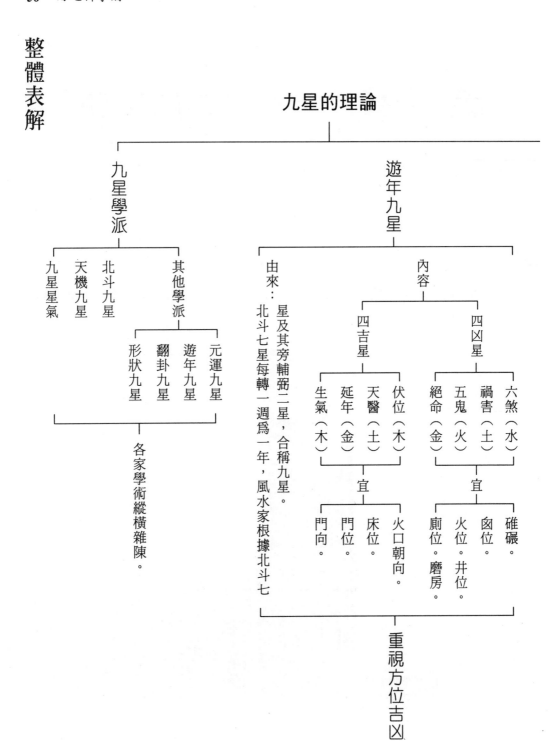

九星學派

　其他學派

　　元運九星
　　翻卦九星
　　遊年九星
　　形狀九星
　　　各家學術縱橫雜陳。

　北斗九星
　天機九星
　九星星氣

遊年九星

由來：
星及其旁輔弼二星，合稱九星。
北斗七星每轉一週為一年，風水家根據北斗七

內容

四吉星

　生氣（木）
　延年（金）
　天醫（土）
　伏位（木）
　　宜
　　　門向。
　　　門位。
　　　床位。
　　　火口朝向。

四凶星

　絕命（金）
　五鬼（火）
　禍害（土）
　六煞（水）
　　宜
　　　碓磑。
　　　囷位。
　　　火位。井位。
　　　廁位。磨房。

重視方位吉凶。

（續）九星的理論

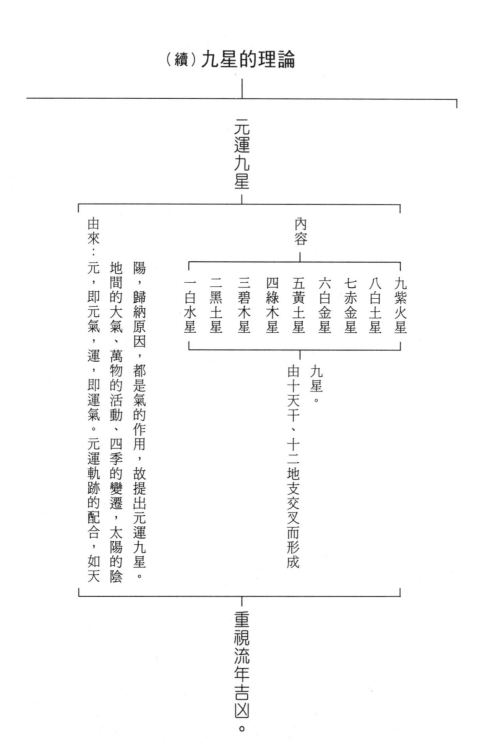

元運九星

內容

九紫火星
八白土星
七赤金星
六白金星
五黃土星
四綠木星
三碧木星
二黑土星
一白水星

九星。

由十天干、十二地支交叉而形成

由來：元，即元氣，運，即運氣。元運軌跡的配合，如天地間的大氣、萬物的活動、四季的變遷，太陽的陰陽，歸納原因，都是氣的作用，故提出元運九星。

重視流年吉凶。

本章內容

第一節　九星淺論

一、九星學派

在理氣中，風水家均把九星理論視爲尋龍點穴的必備知識，故各派學說縱橫。茲分析如下：

1. 九星星氣
   (1)提倡：葉九升君
   (2)內容：

   ①葉九升曰：「天氣中有種『星氣』，代表九種氣化在我們四週交互流行感應。」

   ②明、冷謙註《歸原錄》曰：「天地之內，氣化流行一皆九星所主治」並且認爲其在混沌未開之先，有先天氣母，以虛無爲相，氣化爲九星，以成天地，此爲九星之作用。

2. 天機九星
   (1)提倡：廖金精君
   (2)內容：提倡九星穴形，在風水學上用以辨識地穴的分類。

3. 北斗九星
   (1)提倡：①首創者：道教。　　②續創者：風水家。
   (2)內容：道教《延命經》首先把北斗七星的內容提出，包括：

   ①貪狼（子）。　　②巨門（丑亥）。　　③祿存（寅戌）。　　④文曲（酉）。
   ⑤武曲（巳未）。　　⑥破軍（午）。　　⑦廉貞（辰申）。

   之後風水家又加入了⑧左輔⑨右弼，而形成了北斗九星，爲各門派風水學說的主要體系基礎。

4. 其他學派
   後來又因五術學家雜陳，故九星理論就加入了形狀九星、翻卦九星、遊年九星及元運九星等主張。

二、學說異論

	形狀九星(形體九星)	翻卦九星(理氣九星)
提倡	楊筠松等學說	王德薰等學派
內容	《撼龍經》曰：「貪、巨、武星並輔、弼、祿、文、廉、破地中行；九星之中有三吉，三吉之餘有輔弼；不知星曜定錙銖，福禍之門教君識。」 此乃看主脈之星氣行龍之氣體走勢，取有聚氣之枝龍而立穴。 　　　星體形狀分爲 (1)貪狼星屬木　(2)巨門星屬土 (3)祿存星屬土　(4)文曲星屬水 (5)廉貞星屬火　(6)武曲星屬金 (7)破軍星屬金　(8)左輔星屬金 (9)右弼星屬水	(1)融會納甲、九星的生死，是依後天卦之洛數而納之，以辨星辰之生死。實際應用於羅經測量上，二十四山必須依三劃卦的「納甲法」，歸入八卦裡，如圖所示。 (2)先天卦之納甲，應用理氣來看來龍之淨化法。 　洛數：1,3,7,9 奇陽數所配之 　　　　卦的納甲山爲淨陽山。 　洛數：2,4,6,8 偶陰數所配之 　　　　卦的納甲山爲淨陰山。
風水異論	《地理人子須知》反對楊氏說法，曰：「如觀幹龍及龍祖星，亦當用楊氏九星爲善。蓋幹龍稟氣厚，不可以一星拘之。」主要說明雖觀龍可以九星分類，但不能每座山形皆僅以一星定義，而謂形狀九星流於偏頗。	風水家用翻卦九星的理論者，主張天上的星曜所代表的吉凶意義，必相應地上龍穴附近山川形勢，這種說法，是否成立，實足起疑。

	遊年九星	元運九星
提倡	八宅派風水家	元運水法派
內容	依房宅坐向來決定開門方位。	（見下表）
風水異論	孟浩天曰：「今術家不知『氣口』之義，誤以遊年星論數。入宅方向，如遇貪、巨、武；便謂三吉方，宜開大門。如乾宅坤門，坤宅乾門，艮宅兌門，兌宅艮門，坎宅巽門，巽宅坎門，震宅離門，離宅震門，俱在中腰及左右兩角，並無正門，以致氣口不順，反福爲禍，誠可慨也。」	(1)此爲機械式的歷史必然論，所衍生的時空說法，亦即古人宇宙認識不清的結果，怎能做爲氣運運行的依據？ (2)三元甲子起源何時？創始者說明乃自皇帝即位甲子年甲子月甲子日之時，爲西元2679年，時間與黃帝即位之年有誤。 (3)我國歷代各以立春爲歲首，每年干支是從歲首算起的，即不同的歲首，便有不同的干支，由此可知，人命的出生年干支，並沒有標準依據的。

遊年九星（內容表）：

九宅星卦名	貪	廉	武	文	祿	巨	破	輔
乾	兌	震	坤	坎	巽	艮	離	乾
艮	坤	坎	兌	震	離	乾	巽	艮
坎	巽	艮	離	乾	兌	震	坤	坎
震	離	乾	巽	艮	坤	坎	兌	震
離	震	兌	坎	坤	艮	巽	乾	離
巽	坎	坤	震	兌	乾	離	艮	巽
坤	艮	巽	乾	離	震	兌	坎	坤
兌	乾	離	艮	巽	坎	坤	震	兌

元運九星（內容表）：

三元	1862上—1923元	1924中—1983元	1984下—2044元
統年管數	60年	60年	60年
九宮	一二三 白黑碧 坎坤震	四五六 綠黃白 巽中乾	七八九 赤白紫 兌艮離
統年管數	20年20年20年	30年 30年	20年20年20年
九運	一二三 運運運	四五六 運運運	七八九 運運運
九星	貪巨祿 狼門存	文廉武 曲貞曲	破左右 軍輔弼
二十四山	甲乙子 癸壬未 申坤卯	乾、戌、辰、巽、亥、巳	艮寅午 丙庚酉 辛丁丑

三、作者見解

我們知道各風水學派，提出九星理論者，雜論分歧，包括：(1)九星星氣(2)天機九星(3)北斗九星(4)形狀九星，又叫形體九星(5)翻卦九星，又叫理氣九星(6)遊年九星(7)元運九星等。

兹綜合分析如下：

1. 節氣：

(1)自然界

因地球自轉、公轉而形成四季的變遷，太陽光、熱、與氣的強弱，謂之節氣。

(2)生物氣

我們人類也受氣的影響，舉凡脈動，血液流量、鐵離子、磷酸鹽的電位，神經系統表面上負電波的傳導等，也都與自然界的電磁波有關係。

2. 作用

所以如地域不同的居民，其生活方式當然互異，其心境狀態也隨之改變，即使白天和夜晚，我們腦部活動也會發生變化，朝南或朝北的房子，宅第中的溫度、濕度等，都會使我們有不同的感受與反應。

3. 內容

於是先哲就根據節氣的轉移道理，理出一個定位法則，謂之九星。包括：一白水星，二黑土星，三碧木星，四綠木星，五黃土星，六白金星，七赤金星，八白土星，九紫火星。

4. 特色

在定位盤上，五黃居於正中央，除了五，從一到九的數都包圍著五，此圖就叫做各星的定位圖，而且每年、每月的星位都會改變。

例如：正中央屬於「五」的地方，也可能是「四」或「九」，如果是四的那一年，稱之為四綠之年，如果是九的那一年，稱之為九紫之年，又例如在四綠這一年出生的人，就叫做四綠木星入命，在九紫這一

年出生的人，就叫做九紫火星入命。

　　又根據筆者，長年考據結果，風水學上以遊年九星及元運九星最爲廣泛，應驗力也高，故特分析此兩派學說。

(1)遊年九星：著重於方位吉凶之測定。

(2)元運九星：著重於流年吉凶之測定。

第二節　遊年九星

一、九星的由來

　　北斗七星（大熊星座），乃環繞北極星，自東向西旋轉的七顆星，每轉一週，便是一年，吾人夜視星象，遙望北方天體，以北極星爲圓心，以北斗爲半徑，畫一圓形，北斗運行的時間，恰好是一月。堪輿家就根據北斗七星，及其旁輔、弼二星，演變成貪狼、巨門、祿存、文曲、廉貞、武曲、破軍、左輔、右弼等九星。

二、九星的特性（詳如下頁）

三、九星的吉凶（詳如次頁）

二、九星的特性

		俗稱	九星	五行	作用	影　　　　　　　　　　響
本命吉方	四吉星	生氣	貪狼	木	積極擴散	活動力強，精力旺盛，有衝勁魄力，但性慾也強，得五子。 宜屋高，安門床，並灶口，向之四吉方切忌安坑。
		延年	武曲	金	組合內聚	隨和安逸，有耐性，具説服力，懂得讚賞別人，自己也受肯定和滿足（外緣佳）。得四子並早婚，宜屋高，來路安門床，灶向正西而獲吉。
		天醫	巨門	土	建設往來	生活安逸穩定，吃飽睡好，煩惱少，身健，貴人多助，得三子。 宜屋高，開門，安床，坐東而會凶。
		伏位	輔弼二星	木	緩和擴散	對賺錢敏感，家庭觀念重，男性在家中體貼，聽父母及太太的話，但性慾減少，女多男少。 宜安置房床，只生女。
本命凶方	四凶星	絕命	破軍	金	雜亂內聚	憂鬱苦悶，沈默寡言，易生心理病，絕嗣多病。 犯之不吉，與震巽離相剋。
		五鬼	廉貞	火	狂暴向上	失竊、火災、意外，煩燥與人衝突，無意中得罪別人，人緣不佳，做事徒勞無功。
		禍害	祿存	土	腐蝕往來	易被瑣碎雜事干擾，口舌、意外、疲倦虛弱，對自己無信心、懶散，腸胃不佳。
		六煞	文曲	水	破壞向下	是非、疾病、意外、失眠、判斷錯誤，男性若門向、爐向皆向此方，則喜吃喝嫖賭。
説明		五行乃指應驗時間，如生氣（木），則主應驗在屬木的年、月。				

三、九星的吉凶

	俗稱	九星	五行	應驗年月	調整及應驗	房份吉凶	其　他　特　徵	吉凶方位應驗
四吉星	生氣	貪狼	木	甲乙亥卯	求財得子催官出貴	發長房		①門向 ②門位 ③床位 ④書房 ⑤火口
	延年	武曲	金	庚辛巳酉丑	却病延年	發三房	四子登科，中年富壽。	
	天醫	巨門	土	戊己辰戌丑未	却病除災	發二房	三子登科。	
	伏位	輔弼	木	甲乙亥卯				
四凶星	絕命	破軍	金	庚辛巳酉丑	疾病意外	敗長房	來路去水在此方，主意外死亡。	①廁位 ②火位 ③囪位 ④碓磑 ⑤磨房 ⑥井位
	五鬼	廉貞	火	丙丁寅午戌	官訟是非	敗長房	來路去水在此方應驗	
	禍害	祿存	土	戊己辰戌丑未	爭鬥仇殺	敗二房		
	六煞	文曲	水	壬癸申子辰	耗散偷竊	敗三房		
房份說明	1.長房代表一、四、七。 2.二房代表二、五、八。 3.三房代表三、六、九。 　如：排名第五位的兄弟謂之二房。							

第三節　元運九星

一、九星的由來

九星本於節氣，又稱九星乃氣也。元者，指元氣，運者，指運氣，元運合起來，乃指充滿在宇宙天地間的大氣、萬物的活動、四季的變遷、太陽的陰陽等全部都是氣的作用。

人類具有高度智慧，但也不能無視於天地間大氣的活動生存，不管文明如何發達，人類仍在自然孕育下成長，吉凶也隨著天地間氣的動態而變化，例如寒帶、熱帶居住者，其生活方式當然互異，白天、夜晚人類的腦部活動機能，也會有變化，這就是元運九星提出的理論基礎。

二、九星的特性

1. 九星的內容：

(1)九星：由天之氣的十干，和地之氣的十二支，交叉而生成九個星，此九星和夜空中閃爍的星不同。

(2)定位：

一白水星。

二黑土星。

三碧木星。

四綠木星。

五黃土星。

六白金星。

七赤金星。

八白土星。

九紫火星。

(3)說明：

　①一、二等數字爲星的略稱。

　②定位盤中，南、北方位與真正地圖的南、北方位不同，剛好相反，因爲在風水學定位盤，是把「南」當太陽、或天，把「北」當水、或地。

2. 九星與八卦

九　星	五　　　　　　　　行	八　卦	八　方
一白	水星（陽）	坎	正北
二黑	土星（陰）	坤	西南
三碧	木星（陽）	震	正東
四綠	木星（陰）	巽	東南
五黃	土星（陰，陽）	（無卦）	中央
六白	金星（陽）	乾	西北
七赤	金星（陰）	兌	正西
八白	土星（陽）	艮	東北
九紫	火星（陰）	離	正南

三、九星的圖示

1. 圖示：

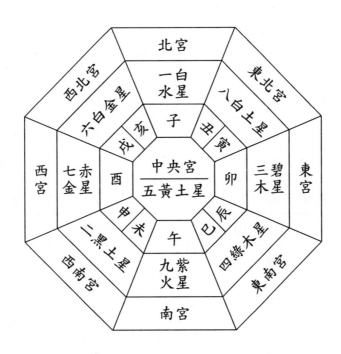

（為了習慣，作者按照地圖的習慣用法排列方位。）

2. 說明：

元運九星重在改運，凡陽宅流年中逢凶，則應用元運九星之法，以趨吉避凶，因此種改運法牽涉陰德甚鉅，及衰運之轉移，堪輿師本身要有承受之能力，故學者宜精，用者宜慎。

科學釋義

一、太極

釋：

太極乃天地、自然的結構，我們所居住的自然界，是由各種氣所組成，我們的地球是以太陽為中心而運轉，並產生四季、畫夜的變化。命運學中，稱象徵中心的太陽為太極，換句話說，太極就是萬物的中心根源，具有最大的力量，居於宇宙的正中央，支配著自然的氣，而影響人類的命運。

二、陰陽

釋：

若把太極看作太陽，太陽乃唯一，但太陽有明、暗，有陰、陽等二面，我們知道，天為陽，地為陰，如同氣溫有寒暑，時日有晝夜，人類有男女，位置有高低、有遠近、有左右，任何事物都有陰及陽的相反二面，摒棄陰陽道理，則命運學、風水學皆不成立了。

三、五行

釋：

由天地自然的氣，再細分為木、火、土、金、水等五種形態組合，其內容如：

(1)木：象徵木性現象，表示木生長發展的春天。

(2)火：象徵火性現象，表示如火般灼熱的夏季。

(3)土：象徵土性現象，表示四季中育成、包藏等的土性。

(4)金：象徵金性現象，表示如冷澈堅涼的秋季。

(5)水：象徵水性現象，表示如潛性水冰的冬季。

四、十天干

釋：

甲：木之陽	乙：木之陰
丙：火之陽	丁：火之陰
戊：土之陽	己：土之陰
庚：金之陽	辛：金之陰
壬：水之陽	癸：水之陰

五、十二地支

釋：

十二地支指子、丑、寅、卯、辰、巳、午、未、申、酉、戌、亥。

六、九星五行

釋：

五行爲木、火、土、金、水所形成，再與九星性情配合，屬性如下：

(1)生氣貪狼：屬《木》　　(2)延年武曲：屬《金》

(3)天醫巨門：屬《土》　　(4)伏位左輔：屬《木》

(5)絕命破軍：屬《金》　　(6)五鬼廉貞：屬《火》

(7)禍害祿存：屬《土》　　(8)六煞文曲：屬《水》

《註》「右弼」屬性不定，《宅鏡》鮮用「右弼」星名。

瓶頸突破

一、有謂：「一年開始於一月一日的元旦，結束於十二月卅一日的除夕。」但命運學及風水學上的理論，是採立春為分界，即「新年的開始是翌年立春的前一日。」而且，每月也不是由一日開始，試說明之。

答：

　　風水學及命理學是注重節氣的，所以特別注重實際季節之變化，其分界點如下：

節氣名稱	國　曆　日　期
立　　春	2月4日左右
驚　　蟄	3月6日左右
清　　明	4月5日左右
立　　夏	5月6日左右
芒　　種	6月6日左右
小　　暑	7月8日左右
立　　秋	8月8日左右
白　　露	9月8日左右
寒　　露	10月9日左右
立　　冬	11月8日左右
大　　雪	12月8日左右
小　　寒	1月6日左右

二、例如民國75年為丙寅年，五黃土星居中央宮，試寫出75年完整之
　　年盤。

答：

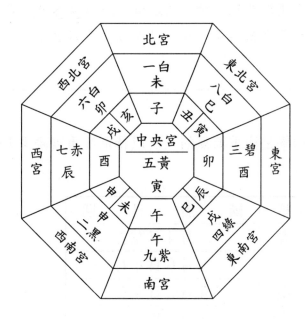

三、試寫出民國八十年至一百年的年命九星及正月九星的代表？

答：

年份	年命九星	正月九星	年份	年命九星	正月九星
80	九紫火星	五黃土星	91	七赤金星	八白土星
81	八白土星	二黑土星	92	六白金星	五黃土星
82	七赤金星	八白土星	93	五黃土星	二黑土星
83	六白金星	五黃土星	94	四綠木星	八白土星
84	五黃土星	二黑土星	95	三碧木星	五黃土星
85	四綠木星	八白土星	96	二黑土星	二黑土星
86	三碧木星	五黃土星	97	一白水星	八白土星
87	二黑土星	二黑土星	98	九紫火星	五黃土星
88	一白水星	八白土星	99	八白土星	二黑土星
89	九紫火星	五黃土星	100	七赤金星	八白土星
90	八白土星	二黑土星			

四、八十一年有報載：霧峯分局自八十年搬入新辦公室之後，員警常有是非不稱心，如測出其宅向為西南向開門，試以九星節氣理論分析其主因？

答：

1.九星原理

每一棟建築物，每年都有一流年「宅運」，宅運即指住宅的三元九運關係，不過往昔陽宅理論，都是兼合在陰宅理論中，行文又習慣用「陰宅」的術語來代入「陽宅」，故「宅運」又被稱之爲「山運」，意思就是指，以宅的「坐山」方向的「卦位五行」，與「三元九運」的值運紫白，二者之間的生尅關係，來推論宅第的吉凶，而且這是指大範圍的吉凶，是與「運」的年代相同，「吉」，乃包括二十年宅運俱吉，「凶」，乃二十年宅運俱凶。

2. 分局宅向

霧峯分局在霧峯鄉中正路與吉峯路口，面向中正路，爲西南向，其特色不論其他，僅專論建築方向，八十一年節氣，爲壬申年，公元一九九二，行下元七運，向西南宅第爲土宅生金運，表凶氣，應驗吉凶參半，故有小是非，並非大凶，尚可更改。

3. 趨吉避凶

　　整個下元六十年，宅五行都屬「金」，如此大小二運的五行都是金，謂之「金金相比」，只要扶金即可使元運更旺，所以最宜在中央位、東北位、六白位、七赤位等地方，有特殊裝修佈置，即可扶金。

　　特殊佈置最簡單有效的是，放置盆景，以利光合作用，或置魚缸取水金相生，或稍加粉飾一番也可。

第四章　宅命卦相配
（八宅明鏡）

──講座焦點──

　　本章重點主要在闡述，東西四命與東西四宅的配合應用，除了命卦公式之外，應再瞭解宅卦的涵義，為陽宅方位學的基礎。

整體表解

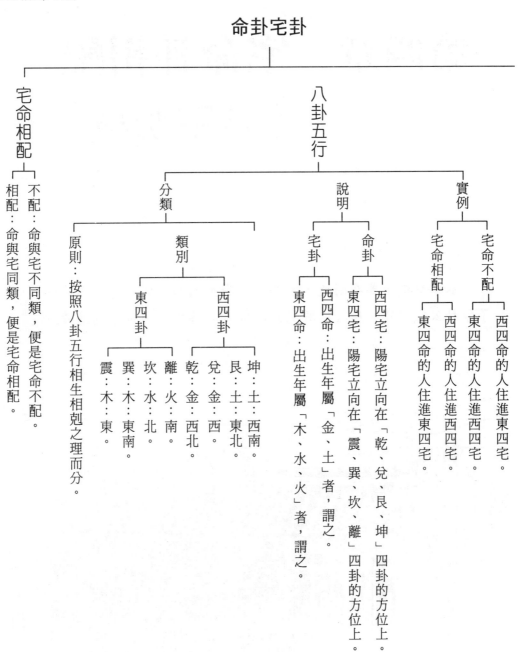

命卦宅卦

宅命相配
　相配：命與宅同類，便是宅命相配。
　不配：命與宅不同類，便是宅命不配。

八卦五行

分類
　原則：按照八卦五行相生相剋之理而分。
　類別
　　東四卦
　　　離：火：南。
　　　坎：水：北。
　　　巽：木：東南。
　　　震：木：東。
　　西四卦
　　　坤：土：西南。
　　　艮：土：東北。
　　　兌：金：西。
　　　乾：金：西北。

說明
　宅卦
　　東四命：出生年屬「木、水、火」者，謂之。
　　西四命：出生年屬「金、土」者，謂之。
　命卦
　　東四宅：陽宅立向在「震、巽、坎、離」四卦的方位上。
　　西四宅：陽宅立向在「乾、兌、艮、坤」四卦的方位上。

實例
　宅命相配
　　東四命的人住進東四宅。
　　西四命的人住進西四宅。
　宅命不配
　　東四命的人住進西四宅。
　　西四命的人住進東四宅。

（續）命卦宅卦

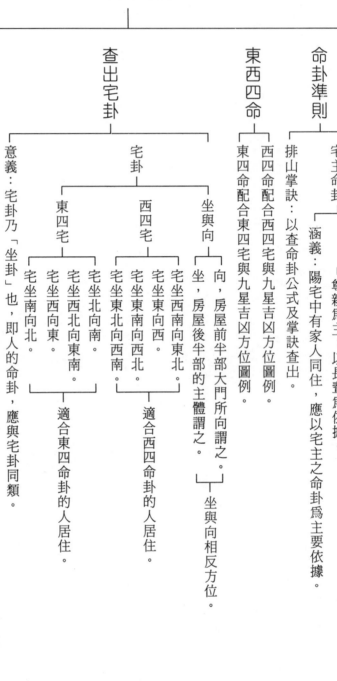

命卦準則

宅主命卦

方法

花甲納音：採五行生剋及陽宅鑑定方法之配合而應用。

掌財爲主：以主宰經濟大權者爲依據。

尊親爲主：以長輩爲依據。

涵義：陽宅中有家人同住，應以宅主之命卦爲主要依據。

排山掌訣：以查命卦公式及掌訣查出。

東西四命

西四命配合西四宅與九星吉凶方位圖例。

東四命配合東四宅與九星吉凶方位圖例。

查出宅卦

意義：宅卦乃「坐卦」也，即人的命卦，應與宅卦同類。

宅卦

坐與向

坐，房屋後半部的主體謂之。

向，房屋前半部的大門所向謂之。

坐與向相反方位。

西四宅

宅坐西南向東北。

宅坐東南向西北。

宅坐東北向西南。

宅坐北向南。

適合西四命卦的人居住。

東四宅

宅坐西北向東南。

宅坐西向東。

宅坐南向北。

適合東四命卦的人居住。

查出命卦

公式

男命：8減民國出生年相加之數。

女命：民國出生年相加之數減2。

答案：2、5、6、7、8爲西四命。

1、3、4、9爲東四命。

準則

例如：在國曆二月四日左右之前出生，以舊的一年來計算，在二月四日之後出生，便以新的一年計算。

如在新舊年頭交接時出生，則應以「立春」作爲新年的開始。

依據：以男女的出生「年」爲準。

本章內容

第一節　命卦宅卦

一、宅命相配

八宅明鏡一書曰：「人之生命不同，宅之宜忌各異，故祖孫或盛或衰，父子或興或廢；夫婦而前後災祥不同，兄弟而孟仲休咎迥別；或居此多坎坷，或居彼得安寧，實皆命之合與不合有以致此也！」

因此，命與宅同類；便是相配，命與宅不同類，便是不配。

二、八卦五行

(1)分類：

八宅明鏡就以八卦五行，把命與宅分類，八卦中的五行產生了相生相剋的現象，因此，八卦就分成了兩個體系，也就是説，因五行相生，五行相剋之理，把八卦分成東四卦，與西四卦。

①東四卦爲：震、巽、坎、離。

②西四卦爲：乾、兌、艮、坤。

此二體系，形成對立相敵，水火不容。

類別	八卦	五行	方位
東四卦	震	木	東
	巽	木	東南
	坎	水	北
	離	火	南
西四卦	乾	金	西北
	兌	金	西
	艮	土	東北
	坤	土	西南

⑵說明：

　①命卦

　　A. 東四命：

　　　凡人的五行以出生年計算，如屬「木、水、火」者，謂之。

　　B. 西四命：

　　　凡人的五行以出生年計算，如屬「金、土」者，謂之。

　②宅卦

　　A. 東四宅：

　　　凡陽宅立向在「震、巽、坎、離」四卦的方位上，謂之。

　　B. 西四宅：

　　　凡陽宅立向在「乾、兌、艮、坤」四卦的方位上，謂之。

　　　瞭解了東西四命與東西四宅之後，便很容易分辨出「宅」與「命」，是否相配了。

⑶實例

　①宅命相配：如東四命的人住進東四宅，或西四命的人住進西四宅，謂之，主吉利。

　②宅命不配：如東四命的人住進西四宅，或西四命的人住進東西宅，謂之，主不利。

三、查出命卦

⑴依據

　風水學計算命卦，是以出生「年」爲準，亦即同一年出生的人，他們的命卦都是一樣的，但男女有差異。

⑵準則

　　有些人在歲尾年頭，即二個年頭交接時出生，而不能確知應該當作舊的一年計算，還是應該當作新的一年計算？此時應以「立春」，作爲新年的開始。

　　「立春」的界線是國曆二月四日或五日，在此之前出生，便當作舊的一年算，在此之後出生，便當作新的一年算。

　　如民國40年國曆2月3日出生，應視為39年出生，民國40年國曆2月6日出生，應視為40年出生。

(3)公式

卦　名	坎	坤	震	巽	△	乾	兌	艮	離
數　目	1	2	3	4	5	6	7	8	9
說　明	男命5視為「坤」卦，女命5視為「艮」卦。								

《男命》　　　　　　　　　│《女命》
　8－（民國出生年相加之數）　│　（民國出生年相加之數）－2

　　（以上皆算至個位數，如最後結果等於0，則當作9來算，如不夠減時，應加9再減。）

東四命：答案為1、3、4、9皆為東四命。

西四命：答案為2、5、6、7、8皆為西四命。

(4)實例

①男命民國47年出生者，為何命卦？

　　8－（4＋7）
　＝8－（11）
　＝8－（1＋1）
　＝8－2
　＝6

答：命卦為西四命。
　　乾卦。

②女命民國47年出生者，為何命卦？

　　（4＋7）－2
　＝（11）－2
　＝（1＋1）－2
　＝2－2
　＝0（視為9）

答：此命卦為東四命。
　　離卦。

(5)男女命卦速查表（1－100）年

男女命卦速查表（ 1 － 100 ）年

西元	民國	男命卦	女命卦	西元	民國	男命卦	女命卦
1912	1	7兌	8艮	1962	51	2坤	4巽
1913	2	6乾	9離	1963	52	1坎	5艮
1914	3	5坤	1坎	1964	53	9離	6乾
1915	4	4巽	2坤	1965	54	8艮	7兌
1916	5	3震	3震	1966	55	7兌	8艮
1917	6	2坤	4巽	1967	56	6乾	9離
1918	7	1坎	5艮	1968	57	5坤	1坎
1919	8	9離	6乾	1969	58	4巽	2坤
1920	9	8艮	7兌	1970	59	3震	3震
1921	10	7兌	8艮	1971	60	2坤	4巽
1922	11	6乾	9離	1972	61	1坎	5艮
1923	12	5坤	1坎	1973	62	9離	6乾
1924	13	4巽	2坤	1974	63	8艮	7兌
1925	14	3震	3震	1975	64	7兌	8艮
1926	15	2坤	4巽	1976	65	6乾	9離
1927	16	1坎	5艮	1977	66	5坤	1坎
1928	17	9離	6乾	1978	67	4巽	2坤
1929	18	8艮	7兌	1979	68	3震	3震
1930	19	7兌	8艮	1980	69	2坤	4巽
1931	20	6乾	9離	1981	70	1坎	5艮
1932	21	5坤	1坎	1982	71	9離	6乾
1933	22	4巽	2坤	1983	72	8艮	7兌
1934	23	3震	3震	1984	73	7兌	8艮
1935	24	2坤	4巽	1985	74	6乾	9離
1936	25	1坎	5艮	1986	75	5坤	1坎
1937	26	9離	6乾	1987	76	4巽	2坤
1938	27	8艮	7兌	1988	77	3震	3震
1939	28	7兌	8艮	1989	78	2坤	4巽
1940	29	6乾	9離	1990	79	1坎	5艮
1941	30	5坤	1坎	1991	80	9離	6乾
1942	31	4巽	2坤	1992	81	8艮	7兌
1943	32	3震	3震	1993	82	7兌	8艮
1944	33	2坤	4巽	1994	83	6乾	9離
1945	34	1坎	5艮	1995	84	5坤	1坎
1946	35	9離	6乾	1996	85	4巽	2坤
1947	36	8艮	7兌	1997	86	3震	3震
1948	37	7兌	8艮	1998	87	2坤	4巽
1949	38	6乾	9離	1999	88	1坎	5艮
1950	39	5坤	1坎	2000	89	9離	6乾
1951	40	4巽	2坤	2001	90	8艮	7兌
1952	41	3震	3震	2002	91	7兌	8艮
1953	42	2坤	4巽	2003	92	6乾	9離
1954	43	1坎	5艮	2004	93	5坤	1坎
1955	44	9離	6乾	2005	94	4巽	2坤
1956	45	8艮	7兌	2006	95	3震	3震
1957	46	7兌	8艮	2007	96	2坤	4巽
1958	47	6乾	9離	2008	97	1坎	5艮
1959	48	5坤	1坎	2009	98	9離	6乾
1960	49	4巽	2坤	2010	99	8艮	7兌
1961	50	3震	3震	2011	100	7兌	8艮

四、查出宅卦

(1)意義

　　《八宅明鏡》曰：「宅之坐山爲福德宮，人各有所宜，東四命居東四宅，西四命居西四宅，是謂福元。如西而居東，東而居西，雖或吉，不受也。」

　　亦即人的「命卦」應與「坐卦」同類，「宅卦」及「坐卦」也。

(2)宅卦

據卦各五行言：坎爲水，方位北；坤爲土，方位西南；震爲木，方位東；巽爲木，方位東南；乾爲金，方位西北；兌爲金，方位西；艮爲土，方位東北；離爲火，方位南。應用在陽宅風水上，各派分歧，並有籠統現象，經作者一再實驗印証，各宅卦方位與五行之配合，主要是視大門位，及大門向爲決定。

①東四宅：

　　A.宅坐南向北，大門北位北向。

　　B.宅坐西向東，大門東位東向。

　　C.宅坐西北向東南，大門東南位東南向。

　　D.宅坐北向南，大門南位南向。

　　（以上適合東四命的人居住。）

②西四宅：

　　A.宅坐東北向西南，大門西南位西南向。

　　B.宅坐東南向西北，大門西北位西北向。

　　C.宅坐東向西，大門西位西向。

　　D.宅坐西南向東北，大門東北位東北向。

　　（以上適合西四命的人居住）

③坐與向

　　　坐，房屋後半部的主體稱爲「坐」；向，房屋前半部大門所向稱「向」。

坐與向則爲相反之方位，在宅卦中，如坤卦、方位西南，則陽宅取西南爲吉位吉向，並應配合大門方位及方向。

如圖：

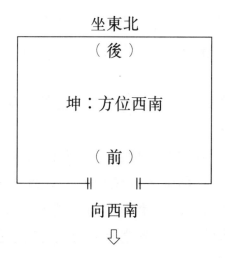

```
            坐東北
        ┌─────────────┐
        │    （後）    │
        │             │
        │  坤：方位西南 │
        │             │
        │    （前）    │
        └──┤  ├──┤  ├──┘
            向西南
              ⇩
```

（3）方位論點

如上圖，宅第坐東北，向西南，依八卦言，東北屬艮，西南屬坤，那麼本宅卦到底是艮宅還是坤宅呢？

有如下方位論：

①取坐派：稱「艮宅」。

②取向派：稱「坤宅」。

③取山派：

偏艮宅，又稱「丑宅、寅宅」，偏坤宅，又稱「未宅、申宅」，此及以一卦管三山而視之。所以作者認爲一棟宅第稱「何宅？」並非論辯重點，乃是學派見証，而名稱應用不同罷。如以八宅派的東西四宅言，宅卦是取坐山，故乾宅爲向東南，巽宅爲向西北，初學者，易把向東南看作東四命，乾宅看作西四命，二者混淆不清，所以作者認爲此有缺點，應把宅向與宅卦名稱配合較爲易學，如乾門爲西北門，當然視爲「乾宅」爲西四宅卦，這樣一來，就不容易混淆了，等到熟悉應用之後，深入研究時，再以八宅派理論（宅卦取坐山）看待。

五、東西四命

　　（東西四命。配合東西四宅與九星吉凶方位圖）

(1)東四命、東四宅

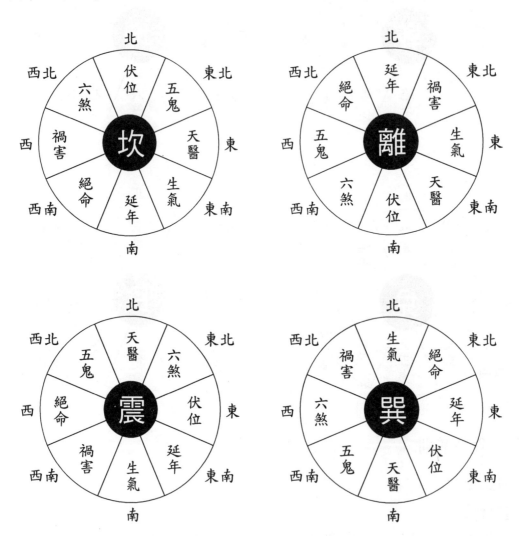

⑵西四命、西四宅

六、命卦準則

⑴排山掌訣

【實例】

　①男命 42 年次，宅向應以何方爲吉，何方爲凶？

　②女命 42 年次，宅向應以何方爲吉，何方爲凶？

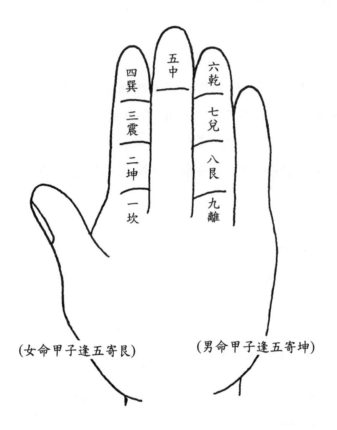

（女命甲子逢五寄艮）　　　（男命甲子逢五寄坤）

【說明】

　　①男命 42 年次，代入公式：8－（ 4＋2 ）＝2……（西四命）

　　　答：應以坤、乾、兌、艮爲吉，以坎、震、巽、離爲凶。

　　②女命 42 年次，代入公式：（ 4＋2 ）－2＝4……（東四命）

　　　答：應以坎、震、巽、離爲吉，以坤、乾、兌、艮爲凶。

⑵宅主命卦

「宅主命卦」乃在「宅主」的認定，並在鑑定陽宅時，依「宅主」的命卦爲準則，其依據有：

①如父母在堂，則以父親爲宅主，如父親去世，則以母親爲宅主，如父母皆去世，則以丈夫爲宅主。

②掌財爲主

　　一宅中，如父母已居退休，則以宅中實際上負擔家計者之命卦爲主要鑑定依據。

③花甲納音

A.涵義

　　所謂六十花甲納音，乃五行生剋與陽宅鑑定方法之配合應用。羅庚三盤皆有六十甲子，六十甲子的納音五行，對陽宅有著極大的用處，因爲各宮都包含了「金、木、水、火、土」五行，於是與年命相配，便發生了生剋的關係，應用此生剋關係，可做爲鑑定陽宅之依據。

B.内容

　⑷五行相生

　　木生火。火生土。土生金。金生水。水生木。

　⑻五行相剋

　　木剋土。土剋水。水剋火。火剋金。金剋木。

　㈢六十花甲子納音歌表

甲子	乙丑	丙寅	丁卯	戊辰	己巳	庚午	辛未	壬申	癸酉
海中金		爐中火		大林木		路傍土		劍鋒金	
甲戌	乙亥	丙子	丁丑	戊寅	己卯	庚辰	辛巳	壬午	癸未
山頭火		澗下火		城頭土		白蠟金		楊柳木	
甲申	乙丑	丙戌	丁亥	戊子	己丑	庚寅	辛卯	壬辰	癸巳
泉中水		屋上土		霹靂火		松柏木		長流水	
甲午	乙未	丙申	丁酉	戊戌	己亥	庚子	辛丑	壬寅	癸卯
沙中金		山下火		平地水		壁上土		金箔金	
甲辰	乙巳	丙午	丁未	戊申	己酉	庚戌	辛亥	壬子	癸酉
復燈火		天河水		大驛土		釵釧金		桑柘木	
甲寅	乙卯	丙辰	丁巳	戊午	己未	庚申	辛酉	壬戌	癸亥
大溪水		沙中土		天上火		石榴木		大海水	

C. 應用：（納音在陽宅學的應用）

例如某甲爲甲寅年生，納音爲水，假如用了納音屬土的方向，則是水被土剋，如果用納音屬金的方向，便是金生水，這就是生剋吉凶之理。如鑑定陽宅時，限於地域環境無法擇取吉向命卦，爲了彌補此缺失，就必須平分納音五行。

夫命如爲東四命，妻命如爲西四命，則雖以夫的命卦爲主體，但在立向時，必須使納音五行，與妻的年命納音相生。所以夫命爲東四命，必須使納音五行，與妻的年命納音相生。所以夫命爲東四命，爐灶在西位，妻爲西四命，爐灶火口則應向西、西南、西北、東北了。

科學釋義

一、年干與節氣。

釋：

有些派別對「宅命相配」存著不同的意見爭執，有派別認為：

(1)應以「生肖」為準則。

(2)應以「出生年」為準則。

(3)應以「出生年」的命卦五行，再配合出生的「季節」來推斷。

以生肖為準則者，認為如馬年出生者，均屬同一命卦，但他忽略了同屬肖馬者也有年歲的不同，如79年肖馬者，有1歲、13歲、25歲、37歲、49歲、61歲、73歲等，又有男女性別的不同而有差異，如男55年次（肖馬）應屬西四命，43年次（肖馬）應屬東四命，女55年次（肖馬）應屬西四命，43年次（肖馬）應屬西四命，故以生肖為準則者，誠屬太籠統了。

又主張，以「出生年」的命卦五行，配合出生的「季節」來推斷者，認為如夏天的「木」，因火氣重，故不宜再處火旺之南方，但冬天的「木」命屬寒木，需要火來暖身，便喜火旺的南方，由此就論斷，同屬「震木」命卦的宅主，卻會因彼此出生季節的不同，方位喜忌也因而有了差異，這種「命卦配合季節」之論點，當然分類較為精細，但在風水書籍中如《陽宅十書》、《八宅明鏡》、《陽宅三要》、《飛星派》、《玄空派》等，均是純以「出生年」為推算準則，並未把出生季節因素包含在內。

此誠如星相命理上的流年影響較大，流月次之，流日、流時影響程度更細微，道理是一樣的，所以應該還是以「出生年」的命卦五行來作為準則，配合花甲納音在陽宅方面的應用即可。

二、卦位與宅卦。

釋：

陽宅風水有很多派別，例如「八宅派」、「飛星派」、「玄空派」等等，每一派別都有不同的理論及法則。

一、八宅派：

1.理論：

是先用羅經來測度宅第坐向，然後取其坐山來定宅分乾、坎、艮、震、巽、離、坤、兌八宅。

2.宅卦

類別	宅卦	五行	本宅坐山
東四宅	坐東方的震宅	木	坐東方‧甲卯乙三山
	坐東南的巽宅	木	坐東南‧辰巽巳三山
	坐南方的離宅	火	坐南方‧丙午丁三山
	坐北方的坎宅	水	坐北方‧壬子癸三山
西四宅	坐西南的坤宅	土	坐西南‧未坤申三山
	坐西方的兌宅	金	坐西方‧庚酉辛三山
	坐西北的乾宅	金	坐西北‧戌乾亥三山
	坐東北的艮宅	土	坐東北‧丑艮寅三山

二、飛星派：

　　1.理論：

　　　　飛星派是另一個陽宅風水學派，它與八宅派最顯著的不同是：

　　　　⑴八宅派以東西四卦的生剋關係來論斷吉凶。

　　　　⑵飛星派是以坐星、向星及年月飛星的組合來推算宅運。

　　2.比較：

　　　　⑴八宅派

(2)飛星派

北

向星 ← 8 坐星 ← 9　六	4 5　一	6 7　八
7 8　七	9 1　五	2 3　三
3 4　二	5 6　九	1 2　四

西（左側）　東（右側）

南

三、玄空派：

　　1.理論：

　　　玄空派在推論宅運，是以宅運盤爲依據，羅經上有二十四個山向，每一個山向有九個宅運盤，以 24 × 9 ＝ 216，可知共有二百一十六個宅運盤，都是根據洛書數理推算出來的。

　　2.應用：

　　　(1)把九星分吉凶之別，如一、六、八爲三吉；二、三爲小凶，五、七爲大凶，四、九吉凶兼半。

　　　(2)每宮有坐星、向星，又有年星、月星的飛臨，故要推算某宮的禍福吉凶，必須看該宮各星的五行生剋關係。

瓶項突破

一、試問有一乾命卦的人，宅位以何方位為吉？何方位為凶？

答：

　　乾命卦者為西四命，故宅位應以西北（乾）西（兌）西南（坤）東北（艮）的方位為吉；而南（離）東南（巽）東（震）北（坎）的方位為凶。

二、男命 28 年次，某堪輿師做陽宅鑑定時，試答下列問題：
　　A.大門應處何位，朝向何方。
　　B.如瓦斯爐的位置於凶位，依此命卦，應在何方位。
　　C.如廁所的位置於凶位，依此命卦，應在何方位。

答：

　　28 年次為兌卦，為西四命，選西四宅。

　　A.大門位置─┬─西位，　　┬─正西。
　　　　　　　　├─西南位，向─├─西南。
　　　　　　　　├─西北位，　　├─西北。
　　　　　　　　└─東北位，　　└─東北。

　　B.瓦斯爐應置於：正東、東南、正北、正南等位。

　　C.廁所應置於：正東、東南、正北、正南等位，並注意勿置於本宅之文昌位。

三、一個家庭內，因數人命卦各有不同，有些屬於東四命，有些屬於
　　西四命，在這些複雜的命卦前提下，風水學主張宅卦應以宅主的
　　命卦配合為準則，那麼「宅主」的定義何在？其理由如何？各抒
　　己見。

答：

1. 宅主的定義

(1)傳統的風水學主張以「尊親」為宅主，即父母健在以父親為主，父不
　　在母在，則以母親為主，父母均不在，則丈夫為主，依次類推。

(2)另外有人主張應以「實際上負擔經濟」的人為宅主，即父母如為半退
　　休狀態時，則應以丈夫的命卦為主，作為依據。

2. 採納的理由

(1)一家之主為全家的支柱：所以其個人順利，全家均能蒙受其益，如宅
　　運對宅主不利，則全家也會連帶遭殃。

(2)宅主的射線可蔭及全家：如夫與妻之命卦不符合時，仍應以夫之命卦
　　為主，因為丈夫的射線，可被妻方吸收，如宅主「宅命相配」，當然
　　做妻子者，也會符合相配的。

(3)作者根據實驗，認為應以「實際上負擔經濟的人為宅主」較有實效。

　　①與父母同住：

　　　A. 如父母未退休，則以父親為宅主。

　　　B. 如父母已退休，則以丈夫為宅主，並兼顧父母之健康吉利方
　　　　位。

　　②無父母同住：當然是以丈夫為宅主。

第五章　陽宅的方位

——講座焦點——

　　本章重點在說明陽宅方位理論的由來，演進到羅經的初步使用，並認識陽宅的製圖等。

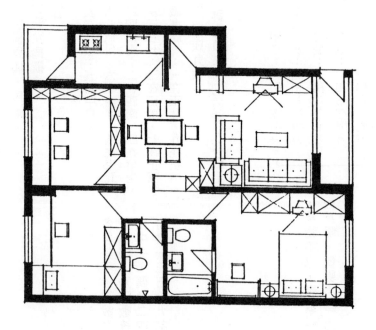

整體表解

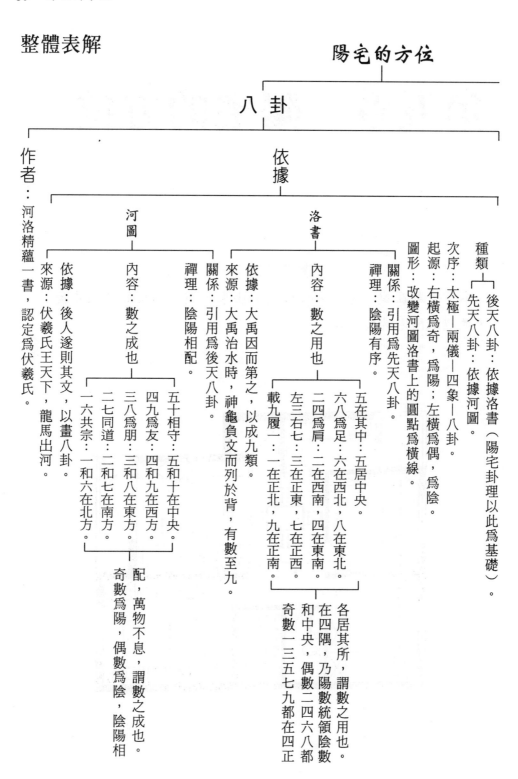

陽宅的方位

八卦

依據

作者：河洛精蘊一書，認定為伏羲氏。

種類
- 後天八卦：依據洛書（陽宅卦理以此為基礎）。
- 先天八卦：依據河圖。

次序：太極—兩儀—四象—八卦。

起源：右橫為奇，為陽；左橫為偶，為陰。

圖形：改變河圖洛書上的圓點為橫線。

洛書

關係：引用為先天八卦。

禪理：陰陽有序。

內容：數之用也
- 五在其中：五居中央。
- 六八為足：六在西北，八在東北。
- 二四為肩：二在西南，四在東南。
- 左三右七：三在正東，七在正西。
- 載九履一：一在正北，九在正南。

奇數一三五七九都在四正和中央，偶數二四六八都在四隅，乃陽數統領陰數，各居其所，謂數之用也。

來源：大禹治水時，神龜負文而列於背，有數至九。

依據：大禹因而第之，以成九類。

河圖

關係：引用為後天八卦。

禪理：陰陽相配。

內容：數之成也
- 五十相守：五和十在中央。
- 四九為友：四和九在西方。
- 三八為朋：三和八在東方。
- 二七同道：二和七在南方。
- 一六共宗：一和六在北方。

奇數為陽，偶數為陰，陰陽相配，萬物不息，謂數之成也。

來源：後人遂則其文，以畫八卦。

依據：伏羲氏王天下，龍馬出河。

（續）陽宅的方位

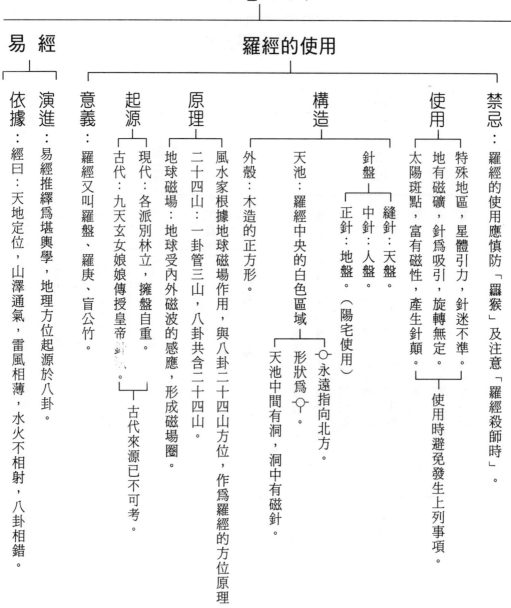

易　經

依據
經曰：天地定位，山澤通氣，雷風相薄，水火不相射，八卦相錯。

演進
易經推繹爲堪輿學，地理方位起源於八卦。

羅經的使用

意義
羅經又叫羅盤、羅庚、盲公竹。

起源
古代：九天玄女娘娘傳授皇帝軒轅。

現代：各派別林立，擁盤自重。

古代來源已不可考。

原理
地球磁場：地球受內外磁波的感應，形成磁場圈。

二十四山：一卦管三山，八卦共含二十四山。

風水家根據地球磁場作用，與八卦二十四山方位，作爲羅經的方位原理。

構造
外殼：木造的正方形。

天池：羅經中央的白色區域

針盤

縫針：天盤。

中針：人盤。

正針：地盤。（陽宅使用）

永遠指向北方。

形狀爲◯。

天池中間有洞，洞中有磁針

使用
太陽斑點，富有磁性，產生針顚。

地有磁礦，針爲吸引，旋轉無定。

特殊地區，星體引力，針迷不準。

使用時避免發生上列事項。

禁忌
羅經的使用應慎防「羅猴」及注意「羅經殺師時」。

（續）**陽宅的方位**

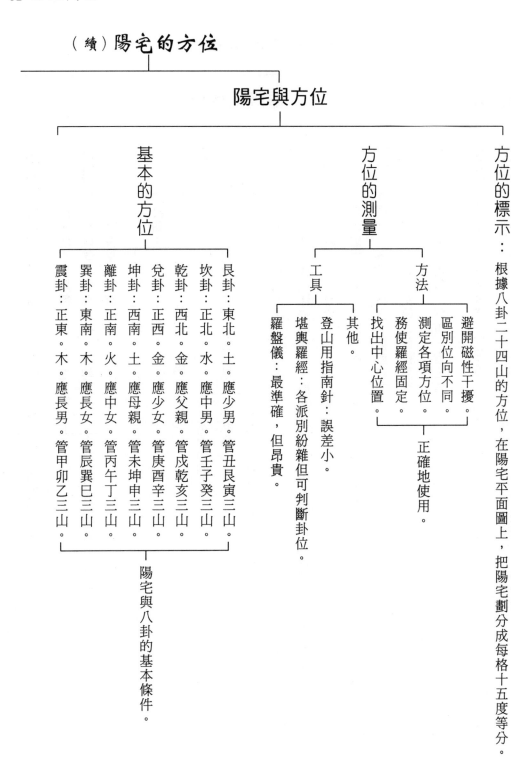

陽宅與方位

方位的標示：根據八卦二十四山的方位，在陽宅平面圖上，把陽宅劃分成每格十五度等分。

方位的測量

方法

避開磁性干擾。

區別位向不同。

測定各項方位。

務使羅經固定。

找出中心位置。

正確地使用。

工具

其他。

登山用指南針：誤差小。

堪輿羅經：各派別紛雜但可判斷卦位。

羅盤儀：最準確，但昂貴。

基本的方位

艮卦：東北。土。應少男。管丑艮寅三山。

坎卦：正北。水。應中男。管壬子癸三山。

乾卦：西北。金。應父親。管戌乾亥三山。

兌卦：正西。金。應少女。管庚酉辛三山。

坤卦：西南。土。應母親。管未坤申三山。

離卦：正南。火。應中女。管丙午丁三山。

巽卦：東南。木。應長女。管辰巽巳三山。

震卦：正東。木。應長男。管甲卯乙三山。

陽宅與八卦的基本條件。

本章內容

第一節　易經與八卦

一、易經

堪輿學是從易經演繹而來的，地理方位則起源於八卦，八卦是以河圖、洛書爲根據，所以研究堪輿地理，必以易經及八卦爲規矩。

易經繫辭傳説：「河出圖，洛出書，聖人則之。」

尚書洪範篇説：「河圖者，伏羲氏王天下，龍馬出河，遂則其文，以畫八卦；洛書者，禹治水時，神龜負文而列於背，有數至九，禹遂因而第之，以成九類。」

二、八卦

1.作者

河洛精蘊一書，認定爲伏羲氏。

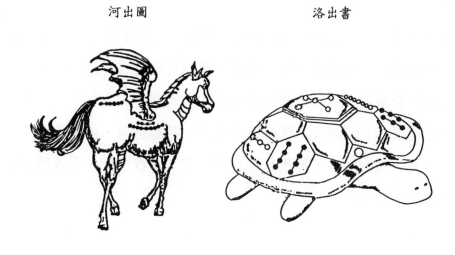

河出圖　　　　　　　　　洛出書

《龍馬出河，遂成河圖》　　《龜背負文，遂成洛書》

2.依據

河圖與洛書

河圖，洛書的各種法則，不特在堪輿學中，常應用到，即在中國其他術數上，亦常引據，「河出圖，洛出書，聖人則之。」，可見，河圖、洛書爲中國術數的根源。

河　圖	洛　書
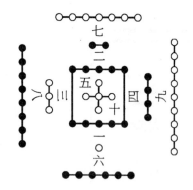	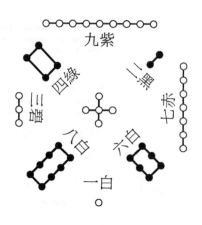

【說明】

(1)河圖內容

　　東方：三和八，屬木。

　　西方：四和九，屬金。

　　南方：二和七，屬火。

　　北方：一和六，屬水。

　　中央：五和十，屬土。

(2)易經陰陽

　　凡奇數代表陽，偶數代表陰。

　　陽：一、三、五、七、九

　　陰：二、四、六、八、十

(3)陰陽相配

　　在河圖的每一方位，都有一奇一偶，這就是所謂陰陽相配，宇宙間萬物存在，都有著陰陽的配合，才能滋生繁殖。

【說明】

(1)洛書內容

　　載九履一：正南爲九，正北爲一。

　　左三右七：正東爲三，正西爲七。

　　二四爲肩：西南爲二，東南爲四。

　　六八爲足：西北爲六，東北爲八。

　　五在其中：正中爲五。

(2)數的陰陽

　　陽：一、三、五、七、九都在四正和中央。

　　陰：二、四、六、八都在四隅。陽數統領陰數各居其所，此爲數之用。

3.起源

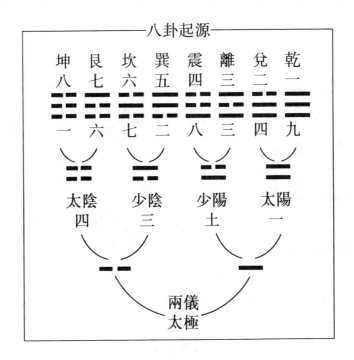

【說明】

　　在河洛精蘊一書中，指出伏羲氏，以河圖爲濫觴，而畫八卦，改變圖的圓點爲橫線。

　　首先伏羲氏在右邊畫一橫，一是奇，代表陽，即兩儀中的陽儀。

　　然後伏羲氏在左邊畫二橫，二是偶，代表陰，即兩儀中的陰儀。

4.次序

　　由上圖可知八卦起源次序是：太極→兩儀→四象→八卦。

5.種類

　　(1)先天八卦：依據河圖。

　　(2)後天八卦：依據洛書，（陽宅卦理，以此爲基礎）。

第二節　羅經的使用

一、意義

羅經又叫羅盤、羅庚、盲公竹，此乃堪輿學上必備的儀器。

二、起源

1.古代：

據《羅經正解》記載，在黃帝氏蚩尤的時候，因蚩尤學會邪術，大佈雲霧，黃帝迷失方向，因而九天玄女娘娘傳授黃帝針法，但此已不可考了。

2.現代：

演進迄今，遂有蔣盤和楊盤兩種式樣，後來流行的，又把各派別的羅經，合併成一個羅經盤面來綜合對照使用。

(1)優點：可將各派羅經的基本形式歸納。

(2)缺點：把羅經盤面複雜化，使人望而生畏。

三、原理

1.恆星運動

(1)說明：

恆星每天也像太陽和月球一樣東升西落，這當然是由於地球自轉的關係，這個自轉運動，就是把北極星當轉軸，二十四小時由西向東轉一周，所以天空中的星象，看起來由東向西二十四小時轉一周。

(2)圖示

以照相機對準北極星附近，整夜曝光的結果，由此可看出星星已畫了
圓周的一半，時間是十二小時了。

2.地球磁場：

我們拿著磁針，在地球上各個地方去測量，磁針所指方向的傾斜
度，都有差異，這就是地球磁場的作用。

地球的磁場以磁軸線爲中心，向外發射，外以大氣圈爲範圍，團團
圍住地球，另外又有太陽系及其他周圍環繞的行星，對其產生不同的引
力，構成地球的運轉。風水家就根據恆星運動與地球磁場，與磁針的相
互感應作用，發明了羅經。

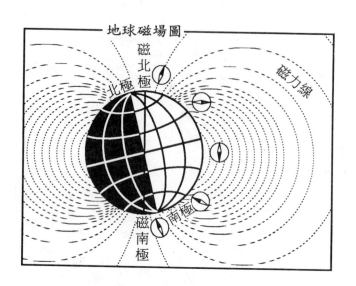

【說明】

1. 內磁波：

　　磁軸線的引力，叫做內磁波。

2. 外磁波：

　　地球外的行星引力，叫做外磁波。

3. 地球磁場：

　　內磁波與外磁波的相互作用，謂之地球的磁場。

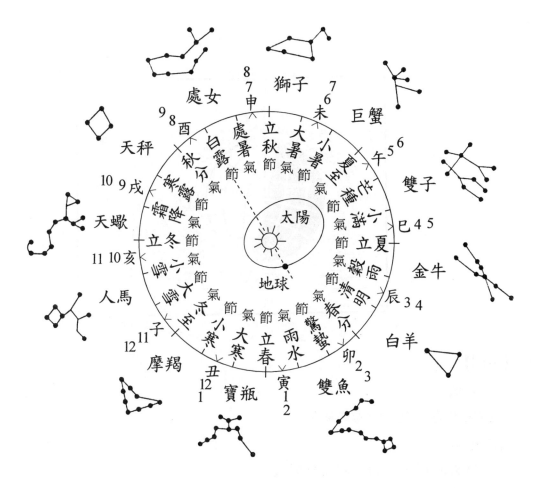

【說明】

地球繞日公轉的軌跡叫做黃道，黃道十二宮是地球軌跡通過的十二星座，爲西洋占星派所採用。

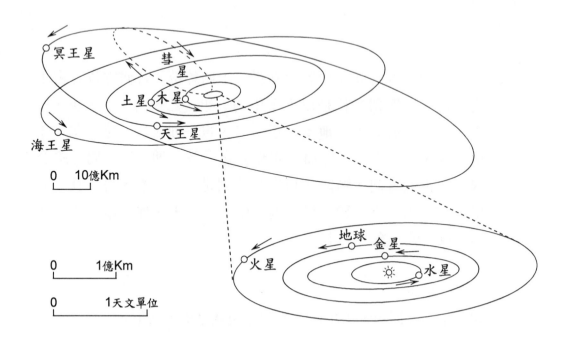

【說明】

在圖中看到太陽系全貌，右上圖是地球軌跡的放大，從本圖我們可以瞭解四個原則：

(1)行星軌跡幾乎在同一平面上。

(2)太陽系是有規律的扁平運行系統。

(3)行星的質量與地球相似，比重在四～五左右，構成元素大部是岩石和金屬。

(4)由一定軌跡，一定質量，及一定元素的恆常運行，與地球間產生恆定的磁場。

3. 二十四山

(1)涵義

①二十四

將三百六十度的圓周均等的劃爲二十四等份，每個方位各占十五度，這二十四個方位是以天王中的「甲、乙、丙、丁、庚、辛、壬、癸」，加上十二地支「子、丑、寅、卯、辰、巳、午、未、申、酉、戌、亥」，再加上四個卦名「乾、坤、艮、巽」組合而成。從正北方起，順時鐘依序的排列是「子、癸、丑、艮、寅、甲、卯、乙、辰、巽、巳、丙、午、丁、未、坤、申、庚、酉、辛、戌、乾、亥、壬」。

②山

山者，坐也。

如「子午」即指子山午向，換句話說就是坐子向午。

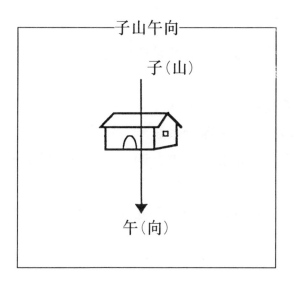

此宅即子山午向宅，由大堂出門，即指向也。

⑵名稱

此表乃二十四山與後天八卦名稱的配合。

坎卦	壬山丙向 子山午向 癸山丁向	震卦	甲山庚向 卯山酉向 乙山辛向	離卦	丙山壬向 午山子向 丁山癸向	兌卦	庚山甲向 酉山卯向 辛山乙向
艮卦	丑山未向 艮山坤向 寅山申向	巽卦	辰山戌向 巽山乾向 巳山亥向	坤卦	未山丑向 坤山艮向 申山寅向	乾卦	戌山辰向 乾山巽向 亥山巳向

⑶兼山

堪輿師使用羅盤，並且格好方位之後，如果羅經中之線在二山之間，叫做「兼山」。

如「未兼坤」：羅經中的線恰好在未山與坤山的範圍內，即未山偏向坤山，謂之，如未山偏向丁山，謂之「未兼丁」。

四、構造

1.外殼

一般羅盤的外殼是用木造的，木造的上方彩上紅色，而底部及四周則彩以黑色，木造的形狀爲正方形，在木造的表面，每一邊的中間打一小洞，然後在東西及南北向各置一條線，這二條線是白色的，有點像羽毛球拍上的線條，而這二條線的交點正好在天池之上。

2.天池

羅經中央的白色區域，謂之天池。

天池的中間有一個小洞，洞中有一根很小的鐵器，鐵器上有一根永遠指向南北的磁針，這根磁針在指北方那一端的形狀是 —○— ，整根磁針的形狀是 —○— ，顏色除了中間部分是銅色之外，其餘都是灰黑色。

天池的上面有條紅線，這條紅線的一端，再加上左右各一點紅點，灰黑色磁針如能與天池面的紅線條，上下垂直密合而 —○— 又在紅線條

左右各一點紅點的那一端，成垂直的話，那麼 —〇— 所指的方向即為北方。

3.針盤

羅盤有 24 方位，地理家對羅盤使用，有天、地、人三盤的說法，但在陽宅的使用上，僅一針、一盤即已足夠。

(1)正針－地盤。

是磁針指於地盤正午的方位，以正針為主的二十四方位，稱為地盤，在陽宅方面，僅以地盤為主。

(2)中針－人盤。

磁針指在地盤正丙的方位，以中針為主的二十四方位，稱為人盤。

(3)縫針－天盤。

磁針指在地盤午丁二字的中間，以縫針為主的二十四方位，稱為天盤。

由於磁針所指的南北，與地球的真正南北有差度，所以用縫針夾於地盤丙午之間，使它縮小磁場子午方向，與地球子午線間的角度。這在陰宅方面，作用在分金坐度，消砂納水。而正針、縫針、中針之間，各差半位，這便是地磁力線的子午向與地理子午線的方向，不能一致之因。

因為地磁的磁極，不在地軸之兩端，而與地軸相差十五度。

五、使用

1.認定子午線：

以天地定位為標準，羅經中央部分有一個類似指南針的白色空地，謂之「天池」。

天池中央有根指針，在這根磁針所指南北方向的卦位上，畫一紅線，這一條紅線叫做「天地定位」，又稱「子午線」。

2.正上方看盤：

看指北針的重疊，必須垂直看，也就是眼睛在羅經的正上方往下看

才標準，如果由側面看，則目視誤差極大。

3.四方靠穩定：

羅經的四方，任何一方都可當依靠之方，以求其持握穩定。

4.注意事項：

羅經磁針定向應避免下列因素影響，而發生針顛、針迷現象。

(1)太陽斑點，富有磁性，產生針顛。

(2)地有磁礦，針爲吸引，旋轉無定。

(3)特殊地區，星體引力，針迷不準。

六、禁忌

羅經，因本身有磁場相吸斥，故堪輿師在使用時，即打開羅經的一刹那，應非常慎重，主要在避免季節與磁場的相衝剋，而導致身體的傷害，此情況俗稱「犯羅猴」。

另外在下羅經格方位時，應唸各門派密傳之「下羅經口訣」。

（此法雖有法則，但其中部分口訣，有志者專研之。）

第三節　陽宅與方位

一、基本的方位

1.八卦方位

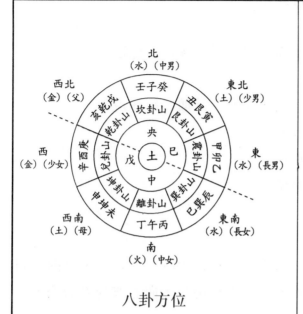

八卦方位

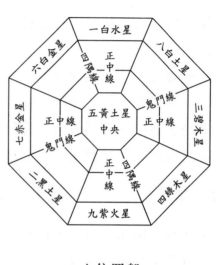

八位羅盤

【説明】

陽宅八卦 Refer page 116

八卦：堪輿學以「先天八卦」為
體，「後天八卦」為用，因
此堪輿學的卦位，必須以「
後天八卦」為主。

八宅：八卦純管二十四山，名為「
八宅」，八宅又分東西四
宅；東四宅：乾、坤、艮、
兌。西四宅：坎、離、震、
巽。亦即後天八卦為「一卦
管三山」，如陰卦之巽卦，
含管「辰、巽、巳」三山。

五行屬性

金：乾卦及兌卦。

土：艮卦及坤卦。

木：震卦及巽卦。

水：坎卦。

火：離卦。

【説明】

西北（六白金星）

正西（七赤金星）

西南（二黑土星）

正南（九紫火星）

東南（四綠木星）

正東（三碧木星）

東北（八白土星）

正北（一白水星）

2.陽宅方位

(1)圖示

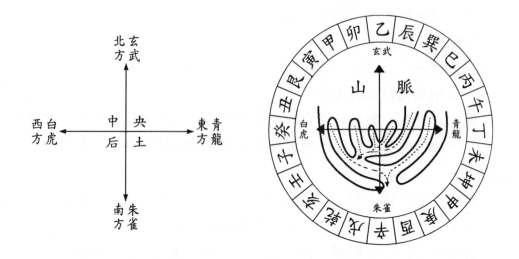

(2)説明

①龍虎：中國古代皇位乃坐北朝南，故有「南面而哭，謂之國殤」，而廟宇的建築地都向南方，所以在陽宅上，有左龍、右虎的講法，這是以基本上正南向陽宅而言，所以又説「龍怕臭，虎怕鬧」，有陽宅常識的地理師，如也人云亦云，而談這種説法，就大錯特錯了。

②方位：在堪輿上常見的五個方位代表神爲，「青龍（東）、白虎（西）、朱雀（南）、玄武（北）、后土（中）」。

但這個方位並非固定不移的，它乃是活用的，所以嚴格講起來，應該是玄武在我們的背後，朱雀在我們的前面，青龍在我們的左邊，白虎在我們的右邊。

③實例：假使有一個風水，是坐南朝北的，則玄武指南方，朱雀指北方，青龍指右方，白虎⇨指左方。

又有一風水是坐乙向辛，屬震卦山（如上圖），則前方爲朱雀，後方爲玄武，左方爲青龍，右方爲白虎。

二、方位的測量

1.工具

在測量方位時，可利用下列的主要工具：

(1)羅盤儀：最精準。

(2)堪輿羅經：有標示二十四山，可快速地判斷方位及卦位。

(3)登山用指南針：誤差小。

除此之外，一般玩具性質的指南針，方位刻度盤沒有標準，或者無準星，或照門有歪斜等，將會使測量出來的方位，產生較大的偏差。

2.方法

(1)找出中心位置：測定陽宅方位的時候，本身應該站在整間宅第的中心點上，整間宅第不包括屋外的圍牆及院子部份。

(2)羅經務必穩定：羅經或指南針，應儘可能使其平穩，如握在手中時，應穩定不動，等磁盤轉動靜止之後，再將度數及二十四山的文字方位，註記在平面圖上。

(3)測度各項方位：測定陽宅各項主要設備的方位，如大門、瓦斯、臥室、浴廁、辦公桌、電視機、冰箱等，均不可省略。

(4)區別位向不同：位，指位置；向，指方向。

如陽宅屋向正東，門位在正東，門向可能向正東、東北、正南、正北等。

(5)避開磁性干擾：鐵器類、金屬製品等等，都會影響羅經及指南針之磁性，使其方向不準，應儘量避開。

羅盤儀

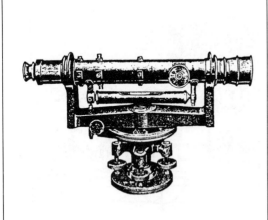

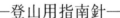

登山用指南針

堪輿羅經

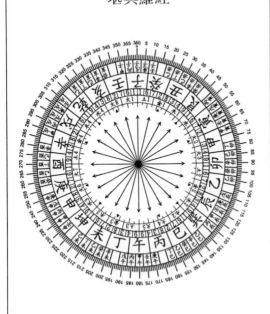

【說明】

(1)第一層顯示方位名稱。

(2)第二層即是以地球磁力線為基準，一般稱為地盤，用以測量屋內各種器物之方位。

(3)第三層即是地盤之納音層。

(4)第四層即是以地球子午線為基準，一般人稱為人盤，用以測量屋外形勢。

(5)第五層即是天盤。

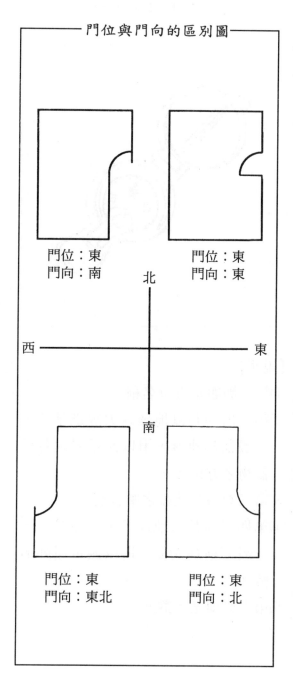

門位與門向的區別圖

門位：東
門向：南

門位：東
門向：東

北

西 ─── 東

南

門位：東
門向：東北

門位：東
門向：北

門向的平行線

三、方位的標示

1. 方位

陽宅鑑定中，慣用二十四方位，俗稱「二十四山」，而每個方位所代表的度數如下：

①三盤與二十四山

三盤 二十四山	天　　盤	地　　　　盤	人　　盤
子	1 － 15	352.6 － 7.5	346 － 360
癸	16 － 30	7.6 － 22.5	1 － 15
丑	31 － 45	22.6 － 37.5	16 － 30
艮	46 － 60	37.6 － 52.5	31 － 45
寅	61 － 75	52.6 － 67.5	46 － 60
甲	76 － 90	67.6 － 82.5	61 － 75
卯	91 － 105	82.6 － 97.5	76 － 90
乙	106 － 120	97.6 － 112.5	91 － 105
辰	121 － 135	112.6 － 127.5	106 － 120
巽	136 － 150	127.6 － 142.5	121 － 135
巳	151 － 165	142.6 － 157.5	136 － 150
丙	161 － 180	157.6 － 172.5	151 － 165
午	181 － 195	172.6 － 187.5	166 － 180
丁	196 － 210	187.6 － 282.5	181 － 195
未	211 － 225	202.6 － 217.5	196 － 210
坤	226 － 240	217.6 － 232.5	211 － 225
申	241 － 255	232.6 － 247.5	226 － 240
庚	256 － 270	247.6 － 262.5	241 － 255
酉	271 － 285	262.6 － 277.5	256 － 270
辛	286 － 300	277.6 － 292.5	271 － 285
戌	301 － 315	292.6 － 307.5	286 － 300
乾	316 － 330	307.6 － 322.5	301 － 315
亥	331 － 345	322.6 － 337.5	316 － 330
壬	346 － 360	337.6 － 352.5	331 － 345

我們知道，風水上將圓周 360 度用八干四維十二支的符號，二十四等分，每等分佔 15 度，但因對 0 度起點看法的不同，三盤遂各有各的等分劃分法，（如上圖），由圖中可知，三盤之間的差異，如以地盤為準，則人盤偏西 7.5 度，天盤偏東 7.5 度。

②羅經與方位

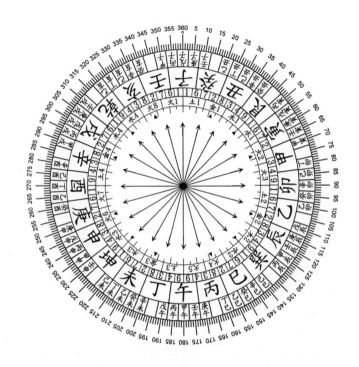

【說明】簡易羅經的八方位

　　　壬、子、癸、（337.5 ～　22.5 度）＝北

　　　丑、艮、寅、（　22.5 ～　67.5 度）＝東北

　　　甲、卯、乙、（　67.5 ～ 112.5 度）＝東

　　　辰、巽、巳、（112.5 ～ 157.5 度）＝東南

　　　丙、午、丁、（157.5 ～ 202.5 度 ）＝南

　　　未、坤、申、（202.5 ～ 247.5 度）＝西南

　　　庚、酉、辛、（247.5 ～ 292.5 度）＝西

　　　戌、乾、亥、（292.5 ～ 337.5 度）＝西北

2.方法

(1)按照宅第比例縮小，畫出其周邊線條。

(2)宅第如有缺角的地方，以虛線補平。

(3)把兩條對角線連接，在連接處找出正確的本宅中心點出來。

(4)再畫上對分線。

(5)找出宅第其中一邊周長的一半位置，與中心點銜接，形成八個方位。

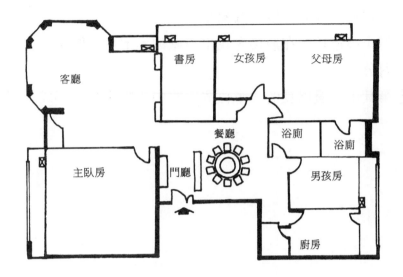

■按照宅第比例縮小，畫出周邊線條及隔間。

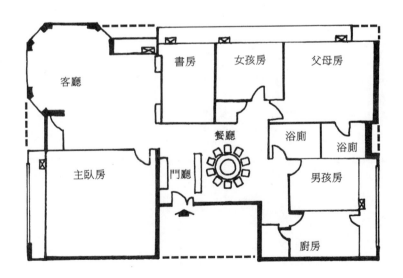

■宅第的缺角處，以虛線補平。

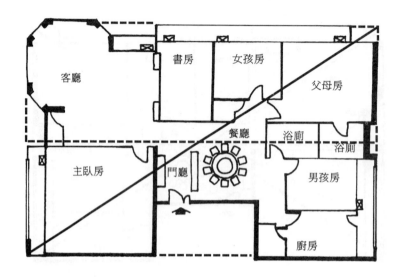

■銜接宅第四對角，成二條直線。

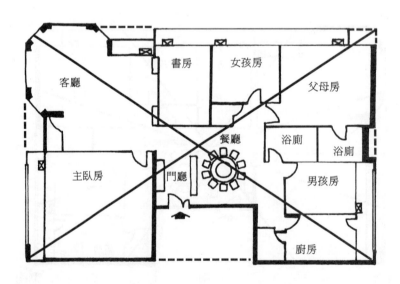

■四對角以二直線銜接，二對角線交叉處即為本宅的中心點。

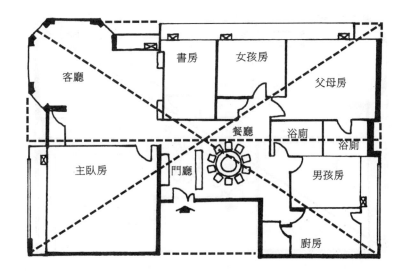

■找出中心點後，再畫上對分線，注意對等分的平均。

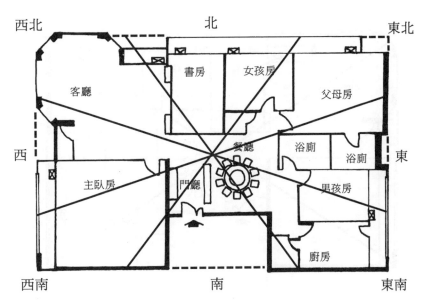

■把宅第畫分為八個方位圖。

科學釋義

一、先天八卦與後天八卦之比較。

釋： p 116

	河圖（後天八卦爲用）	洛書（先天八卦爲體）
位 數	16 共宗，居北爲水。 27 同道，居南爲火。 38 爲朋，居東爲木。 49 爲友，居西爲金。 50 相守，居中爲土。	載九爲一：九爲離火在正南，一爲坎水在正北。 左二右七：三爲震木在正東，七爲兌金在正西。 二四爲肩：二爲坤土在西南，四爲巽木在東南。 六八爲足：六爲乾土在西南，八爲艮土在東北。 五爲土在中央。
體 用	後天八卦合河圖之數，陽宅應用據此，爲用也。	先天八卦合洛書之數，爲體也。
陰 陽	陽卦：乾坎艮震。 陰卦：巽離坤兌。	陽卦：乾兌離震。 陰卦：巽坎艮坤。
卦 位	先天八卦與後天八卦的卦位不同，如乾坤對離坎。	

二、陽宅八卦卦象。

釋：

　　陽宅方面在八卦卦象的應用上是採用後天八卦

八卦	陰陽	五行	方位	人　　物	身　　　體	數　　　目	五色
乾	陽	金	西北	老父、長者	首、骨、肺	一、四、九	赤　色
坎	陽	水	北方	中男	耳、血、腎	一、六	黑色
艮	陽	土	東北	少男	手指、骨、鼻、背	五、七、十	黃　色
震	陽	木	東方	長男	足、肝、髮	四、八、三	黑　色
巽	陰	木	東南	長女	肱、股、風疾	五、三、八	青綠色
離	陰	火	南方	中女	目、心、上焦	三、二、七	赤紫色
坤	陰	土	西南	老母、農夫	腹、脾、胃	八、五、十	黃、黑
兌	陰	金	西方	少女	舌、口、肺痰	二、四、九	白　色

　　此表乃江慎修與周左宇的後天八卦配合經絡而編，對於以陽宅來判斷人體疾病有甚大幫助。

三、磁偏角。

釋：

磁針指北的方向叫「磁北極」，磁針指南的方向叫「磁南極」。

磁北極和磁南極相連的一條直線叫做「磁軸線」。

地理上南北極相連的一條直線叫做「地軸線」。

而「磁軸線」和「地軸線」並不完全一致，因此地理上的北極，和磁針所指正北的方向，二者之間，是有一差距的，這個差距所形成的角度，叫做「磁偏角」。簡而言之，「磁偏角」就是地理的北極方向，和磁針所指正北方向之間的角。

磁偏角

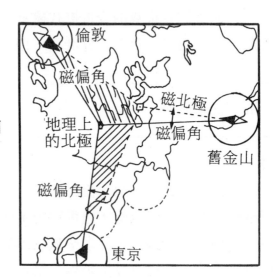

四、天地人三盤。

釋：

我們已知道磁偏角造成了磁針並不完全指北的事實，根據歷代史實記載如下：

1.正針：又稱「地盤」，唐朝風水師邱延翰，以羅經測出正北極的位置。

2. 縫針：又稱「天盤」，唐朝風水師楊筠松，以羅經測出偏東 7 度半的磁
　　偏角。

3. 中針：又稱「人盤」，十二世紀風水師賴文俊，以羅經測出偏西 7 度半
　　的磁偏角。

　　風水上將圓周 360 度，用八干四維十二支的符號，二十四等分，如二十四山的子山天盤為 1 － 15 度，地盤為 352.6 － 7.5 度，人盤為 346 － 360 度，主要就是在磁偏角變異的記載，而產生天、地、人三盤的不同罷了。

　　根據阮印長推算的今古歷代磁針，角度漸生差異圖說，他認為歲移三十釐，都一百二十年差一分計之，則三針歸一針。

　　五、風水派別。

釋：

　　目前地理風水派別，流行的是三合、三元、九星、綜合等，有時都會在論述風水理氣問題時，因派別的不同，而互相攻訐，主要的爭論點乃是對天、地、人三盤作了許多毫無意義的爭辯，到底孰對、孰錯，從磁偏角的事實來看，三盤會發生差異，只不過是磁偏角的問題而已，因各代風水家觀察結果不同之緣故，一些陽宅家不去認識此問題的核心，卻在卦例，數字上推求前人之意，當然要大費唇舌，演變成派別林立，各擁山頭了。

六、試以目前科學觀念解釋下列名詞涵義：

　　1.內磁波。

　　2.外磁波。

　　3.地球磁場。

　　4.地理磁場。

　　5.二十四山。

　　6.天地定位子午線。

釋：

　　1.內磁波：地球磁軸線的引力。

　　2.外磁波：地球外的行星引力。

　　3.地球磁場：內磁波與外磁波的相互作用。

　　4.地理磁場：在地球上特定地區的磁波感應作用。

　　5.二十四山：

　　　　即指二十四個方位，將圓周三百六十度，用八干四維十二支的符號，二十四等分，每等分占十五度，包括「子、癸、丑、艮、寅、甲、卯、乙、辰、巽、巳、丙、午、丁、未、坤、申、庚、酉、辛、戌、乾、亥、壬」。

　　6.天地定位子午線：

　　　　羅經上，磁針的部位有一個像指南針的結構，形狀為圓形，叫做天池，中央有一條紅線，永遠指在「子午」的方向，這一條紅線叫做「天地定位子午線」。

七、何謂「羅猴」？對其提出研究報告。

釋：

1. 羅猴：堪輿師相地使用羅盤時，自古就有在什麼日子不開羅盤之說，一般稱此為「羅猴日」，如在羅猴日，強開羅盤，程序又犯錯，即沖犯因羅盤磁場，與不利節氣結合的刑煞之氣，此稱「犯羅猴」，簡稱「羅猴」。

2. 研究：堪輿師犯煞氣，有二種情況，一為節氣有凶剋與羅盤磁場抵觸，謂之犯羅猴；二為在墓地鑑定風水地理期間，因某原因而沖犯陰靈，謂之沖煞。

   (1)症狀

   犯羅猴與沖犯陰靈時的症狀類似，都有心悸、胸悶、莫名熱、頭暈現象。

   (2)羅猴

   羅猴是節氣關係，與羅經磁場方位抵觸而形成，分年羅猴、季羅猴、月日羅猴及時羅猴，其中以時羅猴最易碰到，故又稱「殺師時」，所以時下職業性堪輿師，都有各自門派防羅猴之法，如攜帶符式，各派避邪品等。

   (3)沖煞

   煞、邪氣、陰魂均屬於靈魂學研究範圍，不是每個人都會觸犯此煞靈，但自己有志於五術之餘，也應藉機學習，因為有時處理「蔭尸」、「吊水鬼」、「牽亡魂」、「鎮祖煞」等等時，都會應用。

   很多堪輿師處理風水時，無形中犯煞，自己仍不自知，等到煞靈累積一段時間後，身體逐漸虛弱，元氣已失，當然就會生病了。例如：有的堪輿師在探測方位，觀龍尋穴時，不小心踏空石頭，幾乎跌倒，因而驚悸，這時，在周遭陰煞，就會趁驚悸之餘，沖犯其身，這種事實，不

勝枚舉，茲爲舉例，乃有提醒作用。

　　由此可知，風水學家不僅研究理論體系，更應實務操作，瞭解大地奧秘，而對於屬於靈魂學研究範圍的羅猴，沖煞等，可用：

　　1. 制羅猴密法。

　　2. 破穢法。

　　　等方法化解之。

　　（此二法牽涉手印、咒語、節氣日及符式，有志者，專研之）。

瓶頸突破

一、試寫出八卦卦名及讀音？

答：

乾　　坎　　艮　　震　　巽　　離　　坤　　兌

ㄑㄧㄢˊ　　ㄎㄢˇ　　ㄍㄣˋ　　ㄓㄣˋ　　ㄒㄩㄣˋ　　ㄌㄧˊ　　ㄎㄨㄣ　　ㄉㄨㄟˋ

二、易經八卦是從河圖、洛書、演繹而來的，試就河圖、洛書之謎，
　　各抒己見。

答：

1.河圖、洛書涵義：

　　　伏羲氏統一天下，有一天，河裡跳出來一匹龍馬，在牠的背部近尾處有一點白、六點黑的斑點；在背部近頭處有七點白、二點黑的斑點；在左背上，有三點白、八點黑的斑點；在右背上，有九點白、四點黑的斑點；在背部中央，有五點白、十點黑的斑點；於是伏羲氏便令人作河圖。

　　　大禹治水時，洛水裡浮出了一隻神龜，龜背中央，有五點黃斑；龜背右後方，有六點白斑；龜背正右方，有七點赤斑，龜背左後方，有八點白斑；龜背近頭處，有九點紫斑；龜背近尾處，有一點白斑，龜背近右肩處，有二點黑斑，龜背左方，有三點碧斑；龜背近左肩處，有四點綠斑。

2.我個人的見解：

　　地理的方位起源於八卦，八卦是從河圖、洛書演繹而來，至於河圖、洛書是誰構成的？產生於什麼時代？到現在還是一個古文明的謎。這個簡單的圖形，卻是中國陰陽學說最基本原理，當然一位睿智的地理學家絕無法相信，有龍馬出河、神龜負文這類神話之推論，及相信伏羲氏這類神話人物的存在，故據己見，以爲這套成爲八卦基礎的河圖、洛書圖形，乃後代學者研究出來後，再朔古編套神話來冠以神奇，使人深信不疑，殊不知此舉已愚弄了堪輿界幾千年，堪輿風水方面，類似這種現象，還有很多，不勝枚舉，是福？是禍？還是堪輿家的傳統習性乎。

三、何謂堪輿？堪輿與易經八卦有何關係？

答：

　　堪輿：《許慎注淮南子天文》一書曰：「堪，天道；輿，地道也。」

　　《朱駿聲說文通訓定聲》曰：「蓋堪爲高處，輿爲下處，天高地下之義也。」由此可見，堪輿乃天道地道兩相配合而成之學說，亦即大地的理氣，配合天象的靈動，所得之應驗，已含有天文與地理的意思，一般有修爲的地理師，「仰以觀於天文，俯以察於地理，是故知幽冥之故」，所以堪輿之學，是以天文星象與山川河勢，互相配合的學問。《葬經》一書曰：「藏風得水」，而後有人曰「風水」，因葬地的好壞，乃視其地是否有「生氣」，「生氣」指生命的元氣，應爲聚氣藏風，勿隨風而散，而《葬經》又曰：「氣乘風而散，界水則止，古人聚之使不散，行之使有止，故謂之風水。」

　　由此所知，今日我們謂「堪輿」、「風水」應爲同義，也就是看地理之義了。堪輿、風水包含陰宅（墓）及陽宅（家）二大項目，因關係家族興衰，不得不慎重其事，但應以何者爲理論之依據，最初當然是河洛精蘊一書，此書理論又以八卦爲基礎，雖然易經內容偏向卜卦，但卦理與八卦原理仍可互通，故學習堪輿，不能不懂易經八卦之理。

　　綜合言之，堪輿的學問乃是理氣與理象之學問，理氣指磁場理論，理象指方位卦象，二者同是地理風水必備的學識。

四、試繪出先天八卦與後天八卦方位圖？陽宅卦理的基礎是那一卦？

答：

1. 先天八卦方位圖

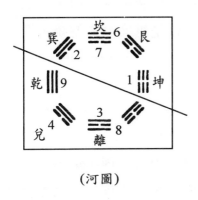

（河圖）

2. 後天八卦方位圖

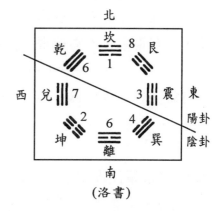

（洛書）

　　3. 陽宅卦理的基礎是依據後天八卦。

五、地理師鑑定住宅求中心點時，是以什麼範圍為標準？

答：

1. 三合院：

　　鑑定時應以內外局並重。

2. 獨棟宅院：

　　圍牆範圍內，宅第大門外的部份不算，求中心點僅由陽宅內部來測定即可。

3. 公寓房間：

　　以自己宅第入門開始的範圍測定，陽台露天部份不算。

六、地理師到一處地方打開羅經鑑定風水時，如逢磁針跳動不停，是
　　否有鬼魅不祥之物？試抒己見

答：

羅經產生針顛，針迷現象，其原因有下列幾點：

1. 太陽斑點太強：因富有磁性干擾性質，而產生顛動。
2. 地底磁礦影響：磁礦的磁波對磁針產生吸引。
3. 特殊地理區域：如航海船隻經過特殊區域時，突然指針不準，或登
　　山隊攀登高山，有迷山現象，乃因此區域，受星力影響，而磁場特
　　異。
4. 其他如亂葬崗、大廟殿堂等，靈波太強區域，也會有針顛現象，此
　　屬靈魂學範圍。

我們知道靈的波長與磁針波長不一樣，能使靈的波長，導致磁針顛
動，是靈魂學求證的一個重要過程。

七、子午線與天地定位子午線各指何意義？

答：

1. 子午線：
　　地球上，赤道是一個大圓圈，圍繞地球，準確地在南北二地極中間，任
　　何通過南極和北極的直線，叫做「子午線」。
2. 天地定位子午線：
　　羅經上面有天池部位，其中央有一條紅線，永遠指在子午的方向，這一
　　條紅線叫做「天地定位子午線」。

八、如果鑑定一陽宅為「坐子向午，屬坎卦山」請指出陽宅的朱雀、
　　玄武、青龍、白虎的位置？並以圖示之。

答：

朱雀在午（南方）
玄武在子（北方）
青龍在卯（東方）
白虎在西（西方）

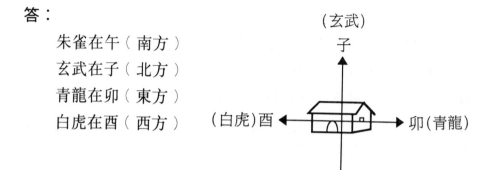

九、地理師應如何從下圖陽宅的平面圖中，尋出陽宅的中心點？

答：

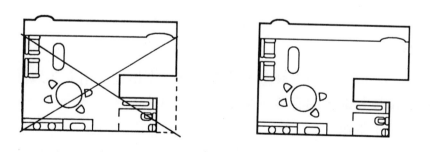

【注意】(1)把凹進的地方補平，並加上補助線。
　　　　(2)最簡單的方式是連接四隅線，交接點即為中心點。

十、試問成為一位風水師，對羅經的使用，應有何認知？

答：

1. 測定方位：

平常我們對方位的測定，並不一定非要羅經不可；如精準度高的指南針等，也是可以運用的。

2. 陽宅羅經：

羅經雖分為三盤（天盤、地盤、人盤），三針（中針、正針、縫針），但在陽宅測量方位時，僅一盤一針已足夠了，亦即是被天地定位之紅線指在「子」、「午」山之中央位置的一層，此謂正針地盤。

3. 職業禁忌：

職業地理師，因接觸凶煞地氣機會較多，為了防止自己被地煞波及，及虔敬天地，故應特別注意，開羅經的「殺師時」及下羅經時的「格羅經口訣」。

十一、一卦管三山，八卦共管二十四山，試問此二十四山是否與東西宅卦有關係？

答：

1. 二十四山

後天八卦名稱與二十四山							
坎卦	壬山丙向 子山午向 癸山丁向	震卦	甲山庚向 卯山酉向 乙山辛向	離卦	丙山壬向 午山子向 丁山癸向	兌卦	庚山甲向 酉山卯向 辛山乙向
艮卦	丑山未向 艮山坤向 寅山申向	巽卦	辰山戌向 巽山乾向 巳山亥向	坤卦	未山丑向 坤山艮向 申山寅向	乾卦	戌山辰向 乾山巽向 亥山巳向

2. 八卦五行與東西宅卦

八卦五行			
類別	八卦	五行	方位
東四卦	震卦	木	正東
	巽卦	木	南
	離卦	火	正南
	坎卦	水	正北
西四卦	坤	土	西南
	兌	金	正西
	乾	金	西北
	艮	土	東北

東西宅卦			
類別	宅卦	五行	本宅坐山
東四宅	坐東方的震宅	木	坐東方・甲卯乙三山
	坐東南的巽宅	木	坐東南・辰巽巳三山
	坐南方的離宅	火	坐南方・丙午丁三山
	坐北方的坎宅	水	坐北方・壬子癸三山
西四宅	坐西南的坤宅	土	坐西南・未坤申三山
	坐西方的兌宅	金	坐西方・庚酉辛三山
	坐西北的乾宅	金	坐西北・戌乾亥三山
	坐東北的艮宅	土	坐東北・丑艮寅三山

3. 二十四山與東四宅卦之關係

　　二十四山是羅盤的構成原理，即一卦管三山，應用在陽宅環境上（外局）適用，並非東西四宅的宅向基礎。

　　如巽卦包含辰山戌向、巽山乾向、巳山亥向，為坐東南向西北，即坐巽（伏位）向乾（禍害），如此在陽宅應用上，便成了坐吉向凶了，由此可見二十四山是羅盤原理應用，並不能與東西宅卦混淆。

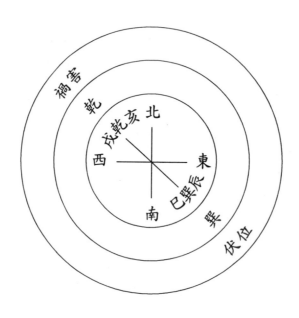

第六章 環境的理氣

──講座焦點──

　　本章重點在強調，由瞭解羅經的測定用法後，並配合易理方位與陰陽關係，再應用於陽宅的結構與格局，來斷定人類居住的吉凶感應。

整體表解

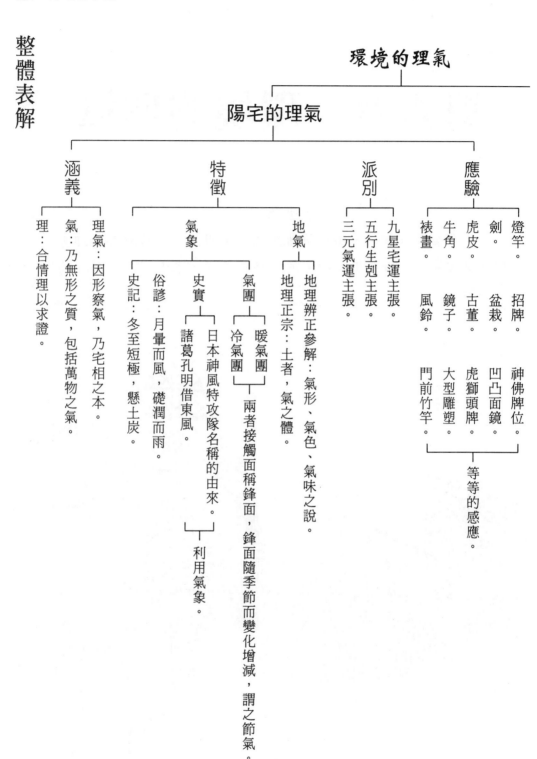

環境的理氣

陽宅的理氣

涵義

特徵

派別

應驗

理：合情理以求證。

氣：乃無形之質，包括萬物之氣。

理氣：因形察氣，乃宅相之本。

氣象

地氣

三元氣運主張。

五行生剋主張。

九星宅運主張。

地理辨正參解：氣形、氣色、氣味之說。

地理正宗：土者，氣之體。

裱畫。

牛角。

虎皮。

劍。

燈竿。

招牌。

盆栽。

古董。

鏡子。

風鈴。

神佛牌位。

凹凸面鏡。

虎獅頭牌。

大型雕塑。

門前竹竿。

等等的感應。

史實

俗諺：月暈而風，礎潤而雨。

史記：冬至短極，懸土炭

日本神風特攻隊名稱的由來。

諸葛孔明借東風。

氣團

暖氣團

冷氣團

兩者接觸面稱鋒面，鋒面隨季節而變化增減，謂之節氣。

利用氣象。

（續）環境的理氣

龍、穴、砂、水

涵義：陰陽宅均有合乎本道的龍、穴、砂、水。

內容

龍

- 高低：分山龍及平洋龍。
- 吉凶：
  - 吉：過峽、行止、三落、起伏、強龍、進龍、福龍。
  - 凶：死龍、弱龍、退龍、逆龍。
- 結構：如樹木、繼承、相對。
- 理象：表尊貴、變化。

穴

- 三面有靠：明堂寬敞。
- 明堂證穴：點穴先定明堂。
- 朝山證穴：前山高低、尺寸、比例合度。
- 水局證穴：宜環抱、朝入、有情。
- 纏護定穴：左右山峰層層包圍謂「纏」。

砂

- 左右兩臂山峰。

水

- 陰陽交會點：乘風則散，界水則止。
- 反射磁場：水波與光線的相互作用，會因方位的不同而生變化。

本章內容

第一節　陽宅的理氣

一、涵義

五術的山學（風水學），應注重理氣之應用。

理：乃合情理以求證。

氣：乃無形之質，包括萬物之氣，氣是中國風水學的理論立足點，《朱熹的朱子語錄》論氣體感應曰：「蓋自天地言之，只有一個氣，自一身言之，我之氣即祖先之氣，亦只是一個氣，所以才有感必應。」葉九升曰：「吉凶感應憑乎星氣，此地理理氣之所由來也。形氣、理氣一體一用，不可缺一，豈可偏廢。」

理氣：萬物因氣所形成，因氣所育使，物而由生，故因形廢氣，乃宅相之本。

二、特徵

1. 氣象：

天氣的變化和人體的活動及行為息息相關，人類自古以來就有許多與天氣有關的觀測行為，例如：

(1)《史記》云：「冬至短極，懸土炭。」意謂在天平兩端懸焦炭和土，冬天時，若測得焦炭較重，即可能下雨。

(2)俗諺：「月暈而風，礎潤而雨。」，是表示月亮周圍若有一圈光環，就表示將颳風，柱子下的礎石，若有水珠凝結，就是快要下雨的前兆。

(3)《諸葛孔明》的「借東風」，《元世祖》東征日本在海上遇風而敗，演變至第二次世界大戰，日本人對風的崇拜，把特攻隊叫做「神風特攻隊」。

　　在自然氣象裡，我們也瞭解到雲與霧、露與霜、寒流、梅雨、颱風，與乾旱等等，都會影響人類生活的吉凶，這其中影響最大的就是氣團，地球上的空氣由於長期停留在某一地區，接收了該地區的特性，形成性質均勻的大塊空氣，就稱為氣團，發源於寒冷大陸地區的冷氣團，既寒冷又乾燥，發源於熱帶海洋地區的暖氣團既溫暖又潮溼。冷氣團在冬季特別強盛，暖氣團在夏季特別活潑，因此不同的季節，便有不同的氣團，也就是有不同的天氣型態產生，人類的意識情緒傾向就會受其影響，進而觸機了人類的行為。例如當冷暖兩不同氣團相遇，兩者間的溫度、濕度和風向，有很明顯的不同時，就會形成交界面，稱為鋒面，鋒面配合宅第立向與宅主命卦，就會有不同的宅運發生，例如 A 鋒面，與 A 宅向、A 宅主，促成宅第內部空間的特殊典型，而釀成火災，例如 B 鋒面，與 B 宅向、B 宅主，促成宅第內部空間的特殊典型，影響居住者的腎上素、血清素變化，反應在情緒方面，而釀成凶殺意外等等。

(4)圖示：

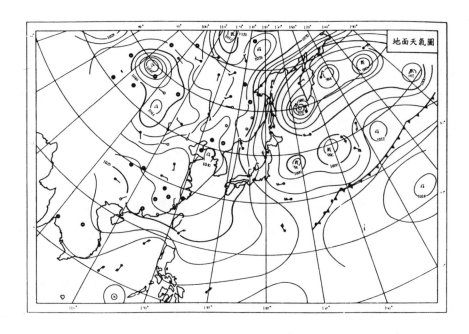

鋒　面	冷　鋒	暖　鋒	滯留鋒	註：其中記號 ⇧、⇩表示鋒面之進行方向
記　號	▼▼▼ ⇩	⌒⌒⌒ ⇧	⌒▼⌒	

【説明】各種鋒面在地面天氣圖上的表示法如上：

【説明】

暖空氣（密度小）和冷空氣（密度大）在垂直面接觸時，冷空氣向暖空氣的下方移動，而暖空氣朝冷空氣的上方移動，其接觸面即為鋒面。

2.地氣：

　　《地理正宗》曰：「土者；氣之體。欲知氣，可觀形；土有形，即有氣。」

　　這種山川地形的氣，據《地理辨正參解》說：「凡山紫氣如蓋，蒼煙若浮，雲蒸靄靄，四時彌留，皮無崩蝕，色澤油油，草木繁茂，流泉甘冽，土香而膩，石潤而明，如是者，氣方踵而未休。」
而人類的風水學依據此理，上覆引力，下載地氣，託諸天地形氣之中，故成風水體系。

　　最近風水學術，又隨著天文物理學的一些新發現，領域也應不斷地擴充，自一九二〇年代，美國天文學家《哈伯》提出「宇宙大爆炸」理論迄今，科學家目前又發現「黑洞」的存在，到底這些「類星體的強烈電磁波輻射」，對我們人體及居住空間的影響有多少，是值得不斷研究印證的。

三、派別

自古風水學上談理氣的派別學說很多，如：

1. 三元氣運主張：

理氣乃爲宅主命卦，配合宅卦及三元氣運之卦數。

2. 五行生剋主張：

理氣乃八卦變爻，與五行生剋之論述。

3. 九星宅運主張：

理氣乃八卦、九宮配合人命，以九星論斷等術法。

我們當然瞭然因形察氣乃宅相之本，氣乃無形之質，故理氣乃依八卦變爻，五行生剋之理爲基準，來決定其吉凶，用三元氣運之衰旺而斷其理氣之得失，以九宮八卦分佈九星以察時運，是故應對各派學者理念，一一求其應驗，並且在各派別中找尋一條可資遵行，及應驗最快速之道，決不可自限門戶之見，忽略主張成果。

四、應驗

風水的理氣，關係福禍的影響，陰宅和陽宅的鑑定，並無二致，而我們至少每天八小時，都在陽宅的空間磁場當中休息，宅氣充滿了我們四週，力量浮泛，時間之應驗極快，睿智的風水家當然也應考慮到此一癥結，去從事研究，實驗和統計分析。

吾一友人喜愛在客廳內掛一些裱畫，有一年元旦，自繪了一幅山水畫，題爲「夕照」，那一年工廠差一點倒閉，旨在畫意不好及題此字之含意，均在表達欲振乏力之感覺。

又有一友人，有一天心血來潮，齋戒沐浴之後，自繪了一幅達摩祖師之圖像，掛在書房裡，自此之後，每逢投機事業及投機行爲皆失敗，旨在達摩祖師本身面壁九年，自律甚嚴，並有戒賭之禪意。有人謂：「此乃湊巧吧？」但我們不應忽略了研究分析其關鍵，是否因人皆有人氣在，聚集精氣神之意念作畫時，人氣會以筆意透於圖畫上，夕照及達摩祖師乃氣之所使，使其形有所成，此與提筆畫符意義是一致的。

撇開靈異或靈魂學範圍不談，但陽宅風水在研究時，這一層風水的精神意念層次，是否也屬於陽宅理氣之範疇呢？但研究時切勿忘記應分辨出，意念之氣與空間之氣的區別。

五、關係

除了理氣之外，陽宅也有言及理象，理氣者，乃陰虛，無形的；理象者，乃陽實，有形的。《楊公》云：「識得陰陽之妙理，天地都來一掌中。」故氣本無象，萬物所成而象之。「什麼人住什麼樣的房子。」是一個邏輯，陽宅上的理氣，配合宅主的特殊命卦，便表現出一種特意的「象」，根據宅第的「象」，就可瞭解宅主的吉凶，二者關係如是，故理氣與理象實在是一體兩面。

第二節　論龍穴砂水

一、涵義

陽宅的龍穴砂水，與陰宅的龍穴砂水原理雖同，但運用不同，因為合乎龍穴砂水的絕好地理，大抵為自然景觀壯麗，人跡罕至之地，此處如做為陰宅靈骨感應之處，則當然相當吉利，如建陽宅而居，蓋也違背了社會繁榮之旨了。

二、龍

１.理象言

風水家延用「龍」寓意有二：

(1)表尊貴之象徵。

(2)取變化之莫測。

　　堪輿家以地脈之行止起伏，美其名曰龍，又以地脈山勢之行止起伏曲折，爲變化而不可測，取象於此，然龍與地脈今觀之皆爲無形之物，而無形之地脈，其屈曲起伏之勢，以龍形附會，乃寓其意也。

2.結構言

　(1)喻樹木：分幹龍、枝龍、結星體。

　(2)喻承繼：分太祖龍、少祖龍、父母龍、穴星地。

　(3)相對論：

　　如樹葉相對環生、砂手層層護衛、竹節對節分生、環水雙送雙迎。

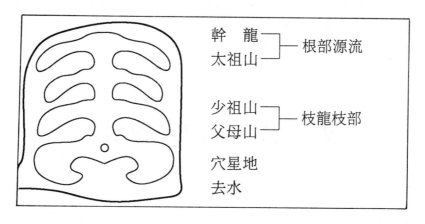

3.吉凶言

　(1)吉格：

　　過峽、行止、三落、起伏、強龍、進龍、福龍，皆謂真龍。

　(2)凶格：

　　死龍、弱龍、退龍、逆龍，皆謂假龍。

　　龍有真假、貴賤、剝換，山爲靜，龍取動，故山活躍起伏爲靜中之動，如硬直死靜則不爲取。

4.高低言

　　龍如以高低論，則又分山龍及平洋龍，山龍在高處不結穴，要落洋方能結穴，穴以藏風聚氣爲止，因爲山高水瀉，水主財，瀉則敗財，乃水破天心之地。

又以陰陽論，山爲陰，平洋爲陽，陰陽配合方爲結穴，故在山高之地，明堂未落洋，乃虛花之地，不宜築宅基。

「山上一朵花，不如平洋一枝草。」山龍不如平洋龍貴氣，故陽宅擇地，乃平洋一穴勝千山，平洋發展容易，水量充足，社會繁榮，此乃平洋之龍反比山龍爲貴之理，今人卻重山龍輕平洋龍，吾未見其明也。

三、穴

1.三面有靠
真正結穴之地的第一條件在有靠，即左青龍、右白虎、後玄武、前方寬敞明堂稱朱雀，如此才有穴星存在。

2.明堂證穴
尋龍先求氣脈，點穴先定明堂，門堂宜正，不正不聚，而且真正明堂又可分爲小明堂、中明堂及大明堂。

3.朝山證穴
朝山謂之穴前之山，朝山與穴具有高低尺寸之比例，朝山高，穴宜高，朝山低，穴宜低，並以案山有情爲主，不可過於逼壓。

4.水局證穴
水局宜聚會，宜環抱，宜朝入，此謂之有情，有情之水才有真穴，否則洩氣。

5.纏護定穴
砂手重重護衛謂之纏護，青龍、白虎爲穴場的第一道左右屏障，其外尚應有外圍層層屏障保護，有如帝位居其中，百官眾臣俯首，侍衛奴隸相隨，不致分離或相背。

陽宅要想尋獲如此穴場建地，比較困難，蓋都市取地困難，何況空地又更難求，另一方面水溝已充分利用，或掩藏入地下爲地下水道，水局如何定出，當然更是千般難尋，所以「真穴待有緣」，無福消受者，雖費盡幾十年心力，亦將望穴浩嘆。

四、砂

砂者，指龍虎邊也，亦即穴場左右兩臂之山，左曰：「青龍」，右曰：「白虎」，穴場最重藏風聚氣，故要有龍虎二砂以抱衛，使之生氣氳氤。而龍虎邊最好要無缺，不得有龍無虎，或有虎無龍，使缺口犯氣洩，而有災應。

五、水

風水學上不論陽宅及陰宅，水局都是很重要的因素之一，原因有下列幾點：

1.陰陽交會點

有水之處，容易陰陽氣交流，附近產生穴場的機會相對增加。《葬經》曰：「乘風則散，界水則止」，乃指地氣到水邊而受水所阻，所以氣止，更由於水形彎曲有度，故又有氣聚的作用。

陽宅或陰宅在此陰陽交會點上，受陰陽電極的相互感應，吉凶應驗相對也迅速。

2.反射磁場

水波經光線照射之後，有反射的磁場，此磁場的射線，對陽宅影響吉凶，也會因水局方位的不同而變化。

故在陽宅磁場方面，水的磁場射波與道路的磁場射波是一致的，所以陽宅在都市中，道路方位，其實就等於水局的方位。

科學釋義

一、陰陽宅龍穴砂水應用比較。

釋：

	陰宅的龍穴砂水應用	陽宅的龍穴砂水應用
龍	地脈的行止起伏變化較大。 可應驗在山龍及人跡罕至之範圍。	地脈的行止起伏變化較小。 最佳之地爲平洋龍的穴場，但也應兼顧交通之方便，環境之繁榮。
穴	三面有靠，可應用於山龍之起伏高低。 明堂及朝案容易選擇，水局及纏護皆清晰並有脈絡可資依據。	靠山及纏護均爲其他整棟建築，目的在阻擋氣流，但也應注意角度氣旋。 水局可由道路取代，及兼顧附近水道流勢。明堂就是平地、空地，在都市中難尋覓。
砂	主要以山形做爲屏障，選擇容易。	可採高大陽宅爲依據，選擇較難。
水	近水、遠水、大水、小水，皆與氣流及反射磁場有關係。	因水的反射磁場感應，與道路的反射感應類似；故在陽宅中道路的縱橫分佈，等於水局形式，再注意水道的流勢即成。

原則上，陽宅應顧及自然環境及人文環境，如此二條件均不利時，再好的龍穴、砂水，也只能望穴場而浩嘆，因爲假設有一絕佳穴場地，不但是蜿蜒有氣的真龍，又是砂環水抱，卻在人跡罕至之地，那麼再怎麼笨也不能到此築屋居住，因爲人文環境不利時，就不適合陽宅了，這點應該首先考慮，否則子女如何就學？主婦到何處買菜？本身如何在深山開商店做買賣？有很多對風水學一知半解者，認爲只要有大地理的穴場，千方百計買下來，認爲就會一路發到底，殊不知此乃荒唐愚昧至極，學風水到了這種痴迷地步，也就是大開文明倒車了。

二、理氣與巒頭。

釋：

風水學最重要的環節是理氣與巒頭。

所謂理氣，是指配合羅經測定易理的方位，與陰陽的關係。

所謂巒頭，是指山勢行走的規律曲度，與外在環境的整體吉凶。

《葉九升》曰：「針盤者，點穴既定，於是向穴中格，其係某龍入首，某水上堂，當立某向，所謂卦向穴中作也。若其上山，不問有穴無穴，是龍非龍，便取出羅盤格者，則其人既不知巒頭，又不識理氣。二者無一，何爲明師。」

中國的易卦陰陽之理，除了解釋季節變化，萬物生滅之外，並能與大氣結構方面有所溝通，一位精通理氣與巒頭的地理師，能很輕易地掌握山脈分佈路線，及最後結穴的環境，甚至從水口山，即能測出入山後的情形。

近年來風水師尋地或點穴或築宅，能夠將地印證卦理者，實爲不多，能夠遠求三、四十里，近求三、四里的更寥寥無幾，所以可感慨的是，地理通乎易理，人皆知之，地理如何通乎易理，人罕知之了。

三、雲的生成。

釋：

1. 原理

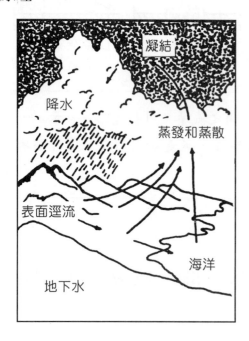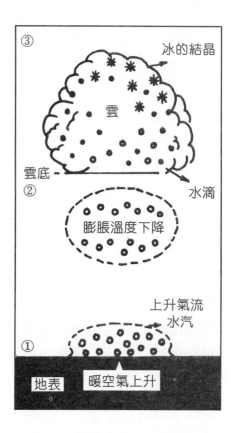

空氣中的水汽，從海洋、湖泊、江河等蒸發而來，飄浮在空氣中，形成水滴，或在 0° 以下形成冰晶體，這些水滴及冰晶體，接近地面者為霧，在空中者為雲。

2. 過程

雲的形成有四大過程：

(1)地面受強烈日照，而使氣流上升形成。

(2)空氣沿地形上升而形成。

(3)空氣在低氣壓中心上升而形成。

(4)空氣在鋒面處上升而形成。

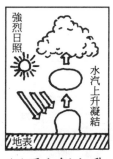
(A)暖空氣上升
形成雲

(B)空氣沿山坡
上升

(C)低氣壓之上
空有雲

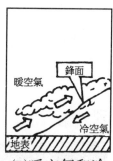
(D)暖空氣和冷
空氣相遇

四、單位面積上空，氣柱的重量，謂之氣壓，用「毫巴」表示，一大
　氣壓約為 1013 毫巴。瞭解氣壓後，風是如何形成，用什麼來測
　定。

釋：

1.形成：

在高度相近的地區，如果氣壓有局部的不同，空氣會由氣壓高的地方，
推向氣壓低的地方就產生風。

2.測定：

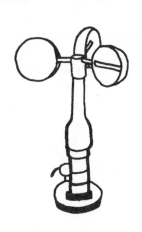

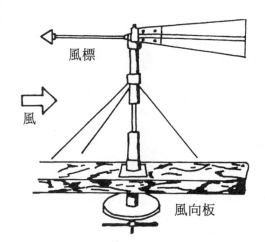

▲ 三杯型風速計　　　　▲ 風標，箭頭所指的方向即為風向

瓶頸突破

一、一堪輿師到某陽宅勘定宅第後，遇見下列情況，各敘述其因？

　　(1)二幢宅第宅前各有一竹竿，一幢已應驗意外凶禍，一幢並無不
　　　　祥之兆。

　　(2)某君於某年在宅後空地，蓋一長方形小屋，之後不久，其次子
　　　　便有精神失常現象。

答：

(1)宅前豎有竹竿，在陽宅學理象部分，稱爲孤寡煞象，又會應驗意外凶
禍，則須有幾種情況：

①位置：須在曜煞位置上，否則沒有關係。

②距離：原則上應在五十公尺內，才會應驗凶禍，其實鑑定時，應該又
　　　　分車水馬龍地區，或寧靜區二種方式，因車水馬龍區，不利氣流已被
　　　　人潮、車潮所沖散，而寧靜地區，則因不利氣流凝聚累積，會有不祥
　　　　應驗。

③仰角：傾斜度在四十五度以內，才會有不利影響，所謂仰角，是以樓
　　　　房高度爲標準而計算，如圖所示：

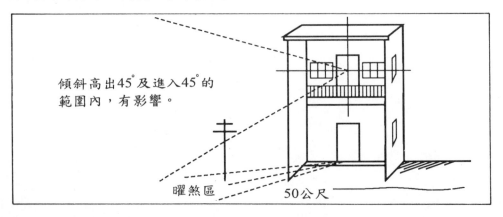

④流運：具備了上述位置、距離、仰角因素之外，還須配合流運，也就是年干與曜煞位置，符合之年度，才會有不利應驗。

所以凡是有符合上述條件者，應詳細找出應驗程度及流年，告示宅主趨吉避凶之道，並且注意氣流程度，由氣流判斷吉凶之大小。

另外還應注意一點的是，凡命造上有意外凶禍流運者，容易選擇此類陽宅居住，在本身凶禍該年，也就是此陽宅的孤寡煞象應驗之年，由此可見吉宅可趨吉，凶宅則應驗災厄，這是風水學與命理學休戚相關之處。

由上所述，凡堪輿師，勘定陽宅時，發現宅前有煞象，不可輕率從事，應依據以上因素，詳加鑑定，並注意宅主的陰德厚薄，才能趨吉避凶。

(2)宅後空地蓋一長方形小屋，使本宅與小屋間，會形成棺木煞象，使氣流凝聚此處，造成不利迴旋，久之會有下列情況—

①宅中之人如有特殊靈媒體質者，首先會受到干擾。

②宅中之人如無特殊靈媒體質者，就不會有精神失常現象那樣嚴重，但也會形成多疑、心勞、緊張等不當情緒。

所以某君在宅後空地蓋一長方形小屋，之後其次子有精神失常現象，此乃顯示其子具有靈媒體質，經棺木煞象等不當陽宅氣流干擾影響，使精神受損而形成。

二、有人說：「進入此宅就覺得怪怪，渾身不自在。」試問這句話的
　　可信度及應驗性可有？各抒己見。

答：

　　人類具有第六感的潛能，導源於體質的特異，所以在各種環境，各種
氣流之下，會有不同的反應，「進入此宅，就覺得怪怪」，此乃潛意識下
的直覺反應，但並非純指有特殊鬼魂存在，原因歸納如下。

　　①此陽宅的理氣失當。

　　②此陽宅的理象不對稱。

　　③此陽宅地靈（地氣）有不當靈波。

　　④此陽宅陰濕之氣太重，使具有特殊體質者，產生孤寒感覺。

　　另外有一點要認同的是，並不是每個人都會有此感覺，也並不是每個
有這種感覺的人的說法都正確。所以一位具有風水修養的堪輿師，聽到有
人說：「進入此宅就覺得怪怪，渾身不自在的。」這句話時，不要被直接
誤導，應詳細按照陽宅鑑定法則勘定，並小心找出原因，如堪定後全然無
錯，就應相信自己的鑑定能力，如有錯誤時，再按正確方位修正。

三、陽宅的龍穴砂水鑑定法與陰宅的龍穴砂水鑑定，是否相同？
如發現適合陰宅的絕佳穴場，是否也可適合陽宅建築，而大富大
貴？各抒己見。

答：

⑴陽宅的穴場與陰宅的穴場原理上相同，但原則上是不同的。

①就龍而言：

陽宅的龍重平洋龍，重宅後的理氣與理象，並非真要依據山龍。

②就穴而言：

所謂穴者，風界此而止，能藏風聚氣也，故居住之地不犯風煞，理氣
祥和，也就合乎穴場真義了。

③就砂而言：

砂者護衛也，但陽宅居住的空間，都是方格形的街道，那來的龍虎砂
纏護，只要能避風煞，左右無尅應，也就合此真義了。

④就水而言：

陽宅的水局，決定者在道路之分佈及水道，我們選擇陽宅居住時，能
避開煞水，如直沖、水弓或淋頭，或斜出不當等，那也合局了。

⑵如發現適合陰宅的絕佳穴場，不一定能適合陽宅建築，就下列條件說
明：

①地點：

陰宅穴場地點，絕對遠離塵囂或在深山大圳之內，人住其中，六親斷
絕，朋友盡疏，如此孤僻，豈言富貴。

②環境：

如此地環境道路尚未整治開發，那更不必說陽人能住了。另一方面言
之，既然是穴場，那麼一定還葬有許多先人墳墓，我們如擇居此地，
不啻與死人同居嗎。

③其他：

此外還有很多日常生活細節，會產生不便之處，如子女每日教育交通，如來往市場買賣，如生意往來，如就業上班，朋友探訪等等，實在是遠離了繁榮，與文明背道而馳。

由此見知，地盡其用，也是風水學上必須瞭解的重要意識項目。

實 務 篇

第七章 環境科學

陽宅風水講究風清水明，忌陰暗潮濕污穢，如果環保意識尚未抬頭，人類在邁向科技的過程中，居住的品質也會受到不良的影響，所以環保觀念，是帶給人類完整陽宅環境的新意識，做為一位睿智的陽宅學者，應該有這份理念。

整體表解

環境科學
├─ 環境與公衛
│   ├─ 意義
│   │   環境問題：凡生存在地球上的生物及非生物，所產生的有相互關係的問題，均謂之。
│   │   公共衛生：凡預防疾病、延長壽命、增進健康與效率的科學與藝術，經由組織的社會力量所推動執行，來保障社會上每個人的健康政策，謂之。
│   ├─ 影響：高密集的工、農業活動後，殘留的剩餘品，會導致生物、非生物的疾病。
│   ├─ 實際：台灣社會
│   │   ├─ 廢棄物量增加。
│   │   ├─ 產業密度過高。
│   │   └─ 人口密度增高。
│   ├─ 項目
│   │   ├─ 公害防治。
│   │   └─ 自然保育。
│   └─ 改進：將環保四大法案完成立法，並採重罰制度。將環境權利列入憲法。
├─ 環境與倫理
│   ├─ 意義：先進國家近來自享受科技豐碩的成果中驚醒，這種成果之下的污染，不只是危害局部的生活環境，更破壞整個地球上的生態體系。
│   └─ 內容：環境倫理
│   ├─ 環境七倫：人與自然關係。
│   └─ 環境六倫：人與社會關係。
└─ 環境與教育
    ├─ 意義：教導居民面對環境問題時的自我行為依據準則。達到能改善環境為目標的教育過程。
    └─ 目標：為個人、群體和社會整體釐定新秩序。提供保護環境及改進環境的有關知識。培養居民環境意識及對環境的關切。

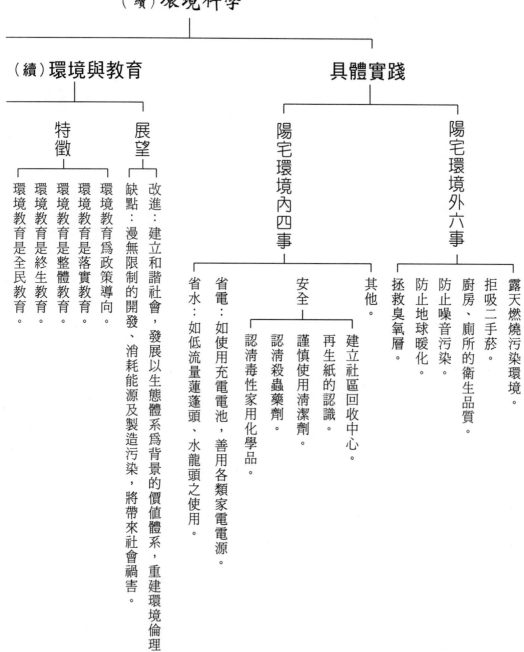

（續）**環境科學**

（續）**環境與教育**

具體實踐

特徵

展望

陽宅環境內四事

陽宅環境外六事

環境教育是全民教育。

環境教育是終生教育。

環境教育是整體教育。

環境教育是落實教育。

環境教育為政策導向。

缺點：漫無限制的開發、消耗能源及製造污染，將帶來社會禍害。

改進：建立和諧社會，發展以生態體系為背景的價值體系，重建環境倫理。

省水：如低流量蓮蓬頭、水龍頭之使用。

省電：如使用充電電池，善用各類家電電源。

安全

其他。

認清毒性家用化學品。

認清殺蟲藥劑。

謹慎使用清潔劑。

再生紙的認識。

建立社區回收中心。

露天燃燒污染環境。

拒吸二手菸。

廚房、廁所的衛生品質。

防止噪音污染。

防止地球暖化。

拯救臭氧層。

本章內容

第一節　環境與公衛

一、意義

環境問題是指關於空氣、水、土地及存在於生存其間之所有生物及非生物，彼此間有相互之關係的問題均是，所以凡都市、鄉村、山、川、動植物等，都是環境的一部份，他們的問題就是屬於環境問題，人類也是環境的成員之一，也無法脫離其所生活的環境而獨自生存，尤其更應探討環境問題。公共衛生是一門預防疾病、延長壽命、增進健康與效率的科學與藝術，經由有組織的社區力量，從事環境衛生、傳染病管制、個人衛生教育、組織醫護事業，以早期診斷與治療疾病，和發展社會機構，以保障人人都足以維持健康的生活水準，如此種種的努力，是為了使每一位國民，都能實現其健康與長壽的天賦權利。

由此可知，我們陽宅學家在積極研究陽宅風水，對人類的影響的此刻，如果一味地眷顧過去，而忽略了大環境的進步觀念，那不啻開歷史的倒車。

時代、科技不斷進步，大量生產、人口繁榮、消費行為等，所帶來的環境污染與自然破壞，已逐漸引起地球自然生態系統的重大變化，潛伏著不可挽救的末日型災難來臨的危機，如何保障公共衛生、公害防治、自然保育是目前陽宅風水學的新課題。

二、影響

高密集的工業、農業等活動，產生各種廢氣、廢水、廢棄物及有毒物質，將物理、化學和生物因子排放在環境中，這些物理、化學及生物因子，可能直接進入生產者，或直接進入人體。例如：

	1952年	1962年	1994年	1995年	1996年
1.	胃炎、十二指腸炎腸炎、大腸炎	肺炎	腦血管疾病	惡性腫瘤、癌分裂	惡性腫瘤、癌分裂
2.	肺炎	中樞神經系統之血管病變	惡性腫瘤(包括淋巴及造血組織之腫瘤)	腦血管疾病	腦血管疾病
3.	結核病	胃炎、十二指腸炎腸炎、大腸炎	意外災害	心臟疾病	肝硬化
4.	心臟疾病	心臟疾病	心臟疾病	高血壓性疾病	心臟疾病
5.	中樞神經系統之血管病變	惡性腫瘤(包括淋巴及造血組織之腫瘤)	肝硬化	慢性肝病及肝硬化	糖尿病
6.	周產期之死因	周產期之死因	高血壓性疾病	支氣管炎肺氣腫及氣喘	高血壓性疾病
7.	腎炎及腎水腫	結核病	糖尿病	意外災害	意外災害
8.	惡性腫瘤	意外災害	支氣管炎肺氣腫及氣喘	糖尿病	支氣管炎、肺氣腫
9.	支氣管炎	自殺及自傷	意外災害	肺炎	肺炎
10.	瘧疾	腎炎及腎水腫	自殺及自傷	自殺及自傷	腎炎及尿毒症

■ 1952～1996 年台灣地區十大死亡原因變遷表

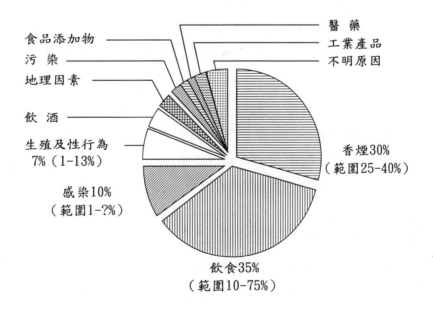

■各種癌症死亡因素比例

(1)鉛污染：汽車排放的廢氣，含有高度的鉛污染，可直接經由空氣、灰塵，到達人類的呼吸道、口腔，也會被植物吸收，人們因攝食蔬菜而侵入人體。

(2)鎘污染：農民引用含有鎘的廢水灌溉，使污染區稻穀含鎘量過多，居民長期使用，造成腎功能受損，骨骼鈣質流失，形成嚴重的常見病症。

(3)汞污染：工廠排放含汞廢水到海裡，累積在該區域的魚類體內，居民長期攝食會使神經系統受傷害，取物時顫抖得十分厲害。

這些被污染者，大多無法恢復原有的功能，這種情況也可稱為殘廢的疾病之一。我們可從 1952 ～ 1996 年台灣地區的十大死因變遷表得知，由於環境衛生不良的因素，而引起的死亡情形愈來愈多，迄今更有直線上升的趨勢，尤其是癌症死亡者。由此可知，環保意識及公共衛生實是不容忽視的問題。

三、實際

童年的回憶往事，白鷺、野鶴、晚鴿。兩三孩童躺在麥草堆土，仰首數著山顛之上的穹蒼，數著，數著……。

現在都變成了台北的、高雄的黑暗天空，連星星也被灰塵蒙蔽了，我們以台灣實際的問題來研究：

1.人口密度增加

人口問題是嚴肅的、整體性的問題，例如將老鼠關在有限的籠子裡，任它繁殖，即使供給充足的食物和飲水，鼠群也會因居住密度提高，而使其正常的社會行為崩潰，如攻擊其他老鼠等。同樣地，人口的不斷增加，也會形成連鎖反應，如垃圾、水肥都會明顯增加，直接地就增加了環境的負荷。

2.廢棄物量增加

台灣地區每人每天垃圾量增加，主要是生活水準提高，物品包裝技術成本增加，增加廢棄物；又物質生活進步，過去可再利用或可回收的物質，均被以垃圾型態丟棄，直接或間接增加垃圾。例如過去汽水瓶以玻璃製之，大多數經由回收管道回收再利用，而近代則以保特瓶取代玻璃，雖然方便了生活，卻因各種因素任使用過後之保特瓶丟棄於環境，增加垃圾重量以及體積。

3.產業密度過高

台灣地區不但人口稠密，畜牧頭數也很稠密，養豬產生數量極大的有機性污染物，簡而言之，每頭豬每天豬糞尿污染量約為五～六人糞尿的相當量，而且這七〇〇萬頭豬中，有 32.23％ 的飼養頭數，都集中於 1％ 的養豬場（約 710 家）中，無怪乎大量的豬糞尿廢水造成河川發臭，下游農、漁業均受其害。

四、改　　進

環境的保護包括公害防治和自然保育兩大項目。

公害防治，係指因人為因素，致破壞生存環境，損害國民健康，或有危害之虞者而言。

其範圍包括水污染、空氣污染、土壤污染、噪音、振動、惡臭、廢棄物、毒性物質污染，及其他經中央主管機關指定公告為公害者。

自然保育，係指對自然資源符合保育目的之保留、保存或利用。所謂自然資源指可再生之生物、水、空氣，及不可再生之礦物、土壤、地質與自然景觀。這裡所稱保留是指對經劃定之地區，以自然資源保護為唯一目的，而禁止任何人為活動；而保存則是指對經劃定之地區，採取措施，以保持自然資源之完整或一定品質，不受人為活動之破壞。

但工商社會進步神速，如此立法尚未臻完備，是否應再增列不足之處呢？主要有下列二點涵義：

(1)四大法案完成立法：

八十一年初環保邁入新紀元，爲了補足環境保護日新月異的變遷，又增列水土保持法，空氣污染防制法，噪音管制法，公害糾紛處理法等，並且付與法律的明文規定。

(2)將「環境權」列入憲法：

環境權是自 1970 年以來的世界性新話題，各國學者都傾向認定「環境權」應與生存權、工作權、財產權同列入基本人權，受同樣的保障。環境權應從憲法落到實體法，也就是「環境基本法」包括一般環保、公害的處理及生態、自然的維護時，就產生了與「財產權」所延伸出來的產業發展相頡頏的問題。

「沒有福祉，就沒有成長」這一句話，道盡了環保與經濟成長之間的雙邊平衡關係。我國憲法第十五條規定「人民之生存權、工作權及財產權應予保障。」如果把「環境權」也列入作爲修憲的項目，應是諸位大公及朝野可接受和企盼的事。

因爲環境是國家的資源，是國民生存及生活之憑藉，其品質之好壞，影響國家與社會之發展，所以任何之開發行爲，應維護環境，使其永爲子孫所利用，因爲環境是祖先、我們及子孫大家共同擁有的。

第二節　環境與倫理

■青山綠水不長在？

一、意義

　　先進國家近來自享受科技豐碩的成果中驚醒，人類的肆意擷取，任意拋棄，不只是危害局部的生活環境，更是破壞整個地球生態體系的平衡，而引起人類生存的危機，因此環境問題成了二十世紀中期以後，經濟發展要解決的最大課題。

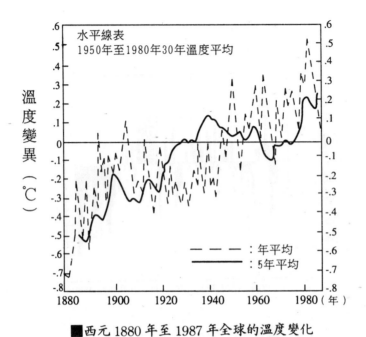

水平線表
1950年至1980年30年溫度平均

- - - - ：年平均
———— ：5年平均

溫度變異（℃）

1880　1900　1920　1940　1960　1980（年）

■西元 1880 年至 1987 年全球的溫度變化

含量（1／百萬）

CO₂

CH₄

1958　1962　1966　1970　1974　1978　1986

■大氣中二氧化碳和甲烷含量在最近四分之一世紀的改變

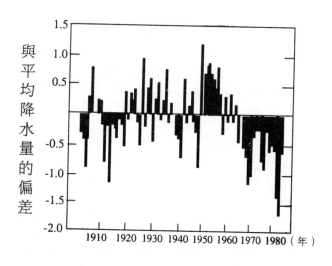

■撒哈拉地區年降水量的變化

二、內容

　　1960 年至 1970 年代開始，環境意識在先進國家的社會中抬頭，各國的改治體制內，更因而有了全面的制度性改革，將環境保護的考慮劃入政治、民間的各種行事之中，現代人類的新人生觀，應再包括「人與社會關係」。「人與自然關係」，來適應和調整彼此間的依存和制衡，進一步地為下一代留下美好的生活空間。

　　孟子滕文公篇中提及五倫包括：

　　「君臣有義，父子有親，夫婦有別，長幼有序，朋友有信」，這種五倫關係，講的都是與自己熟識者，對於不認識的陌生人，卻沒有明顯教化，這是目前民主社會的一種遺憾，所以第六倫應該提倡「人與社會關係」，來喚起全民對公德心的共識，第七倫應該提倡「人與自然關係」，來體認人與萬物一體的意念，這就是環境教育精神發揮的極致。

第三節　環境與教育

一、意義

　　環境教育是以達到改善環境爲目標的教育過程，是一個澄清觀念與形成價值的教育過程，是發展人們瞭解與體認人與文化及生物、物理環境間互動關係所必需的知識、技能和態度。

　　環境教育也教導人們，在實際面對環境問題時如何作決定，暨發展自我行爲依據的準則。來推動整體性、計畫性、長期性環境教育，發展國民正確環境認知，使人人以環境保護爲己任，達成全民擁有健康，祥和之生活環境的總目標。

二、目標

1. 培養意識及關切，在都市和鄉間有關經濟的、社會的、政治的與生態的相互關係。
2. 提供每個人機會，去獲得保護環境，及改進環境所需要的知識，價值觀、態度、承諾和技能。
3. 爲個人、羣體和社會整體創造出，對環境的新行爲型態。

三、特徵

1. 環境教育是全民教育

　　基於「環境維護，人人有責」的觀點，人人都應接受環境教育。不論是年少的或是年老的、鄉村的或是城市的，每個人都應對日常生活中的環境問題，具有正確的認識，並且具有價值判斷能力，愛護及改進環境品質的信念。

2.環境教育是終生教育

由於科學知識與技術不斷進步，人類也不斷地對其環境產生影響和改變，而環境的改變，也產生新的環境問題，如此不斷地反覆循環，當然每人隨時都應從各種教育媒體中，來獲得新的環境保護訊息。

3.環境教育是整體教育

人類的環境包括自然環境和社會環境。

自然環境就是自然世界，由物理因子和生物因子組成，前者包括太陽輻射、大氣、水、土壤和溫度等；後者包括動物、植物和微生物。

社會環境就是人造的，或社會文化環境，但是社會中的各種制度、政治、經濟、法律、習慣都是構成社會環境的因素，社會每一分子的生活行為，都與社會環境有密切的關係。

4.環境教育是落實教育

環境教育的目的之一，就是解決環境問題，這不但包含知識與技術的學習，而且更重要的是以實際行動參與社區環境。也就是使環境教育落實在社區環境中，如果某一社區的環境問題得以解決，進一步整個地區或整個國家的環境問題也能迎刃而解。

5.環境教育為政策導向

由於各國的地理環境、歷史文化背景和經濟發展不同，因此所遭遇的環境問題顯然亦有差異，有些環境問題經常在工業化國家發生，而有些僅在發展中國家出現，各國環境問題不同，則產生不同的環境政策。

四、展望

隨著人類智慧的增長，我們已能深刻瞭解，為求一時之利，漫無限制的開發、消耗能源及製造污染，終將給人類及地球的生態體系，帶來無可挽回的禍害。為求人類的永續生存、免於公害疾病，為求資源的永續利用，與國家的合理發展，實有必要建立健康和諧社會，發展以生態體系為背景的價值體系，重建以「環境倫理」為基礎的道德規範與行為準則。

第四節　具體實踐

一、陽宅環境內四事

1. 省水方面

(1)低流量蓮蓬頭：

使用低流量流蓬頭，每年可節省 53,000 公升的水，如有一萬個家庭改用此設備，便可節省水 530 萬公升。

(2)低流量水龍頭

一家四口，一個月約可節省 1.1 噸的用水量。

(3)節省衛生沖水

抽水馬桶的水箱，經過改造，使得不必每次小小的使用，即沖洩大量的水，一年可節省 11,000 ～ 22,000 公升水量。

2. 省電方面

(1)使用充電電池

隨身聽、手電筒、照相機、刮鬍刀等使用過的電池，容易污染環境，可以改用充電式電池。

(2)正確照明方法

節約用電並不表示不必照明，乃是謹慎選擇開燈時刻、選用適當照明設備，避免不必要的照明用電浪費。

(3)善用家電電源

提高電器用電效率，例如冰箱應放在通風良好，陽光照射不到之處，並遠離灶火地方，背面離牆壁十公分以上，少亂開冰箱，儘量縮短開啓時間。

(4)善用冷氣機

冷氣機電量高，長期使用會引起關節疾病，使人體喪失自動調節體溫的功能，何況冷媒擴散至空氣中，破壞大氣的臭氧層，會增加照射地面的紫外線。

3.安全考量

(1)認識毒性化學物品

毒性物品進入人體時，會累積在身體組織中，長期潛伏之後，會產生各種慢性疾病，如癌、及畸型兒，若隨意傾棄、將導致空氣、水源及土壤的污染，間接或直接影響人體健康。

(2)安全使用殺虫藥劑

殺虫劑是「香水包裝的農藥」，不小心就會造成人體的傷害，尤其兒童勿使其不當接觸。

(3)謹慎使用清潔劑

清潔劑是具有毒性的一種家庭用品，初期產生的毒會顯現在皮膚上，或令人易倦，但日積月累會傷及肝和免疫系統。

(4)再生紙的多層使用

國內每月兩萬餘噸的模造紙市場，若以再生紙取代，相當於每個月少砍 40 萬棵樹，一年下來可拯救 480 萬棵樹木。

(5)建立社區回收中心

社區環境意識的抬頭，與日漸被重視，是理所當然的，爲了避免資源浪費，「有酒矸倘賣沒」應是目前最有效，最親切的聲音了。

4.其他措施

例如：

(1)少用保麗龍製品。

(2)慎用塑膠品。

(3)飲料罐的環保。

(4)寵物的新污染。

(5)自備購物袋。

⑹做好垃圾分類。

等等，以及一些家事常見的新觀念，都可隨時讓我們對這個環境投入關心。

二、陽宅環境外六事

1.拯救臭氧層：

保麗龍的原料、噴霧助劑、冷媒……等等，很多常見產品都含有 CFC，釋入空氣中，將導致地球臭氧層的被破壞，如何防止與拯救是大家共同的責任。

2.防止地球暖化：

CO_2、$CFCS$、CH_4、N_2O、O_3 等等常見氣體都會造成「溫室效應」，會嚴重影響整個地球的生態圈，與每個人休戚相關。

3.防止噪音污染：

在實驗中，長期生活在超過七十分貝的噪音中，身體健康會受到嚴重的危害，例如：神經系統出現頭痛、頭昏、手心冷汗、手腳發抖，消化系統方面的腹痛、食慾不振等。

4.廚房和廁所是環境保護品質的指標：

廚房的料理台、砧板、排油煙機應經常保持乾淨，器皿、調味料的放置加蓋，垃圾的分類等，都應隨時注意處理妥當。

目前的化糞池，其功能如同一座小型水肥處理廠，有腐熟、消化、殺菌的作用，要維持化糞池的正常功能，須每年清理維護一次以上。

5.拒吸二手菸：

菸的有害物質，可分為四大類：

⑴尼古丁：會使血管收縮、心跳加快、血壓上升。

⑵一氧化碳：易造成血管硬化，使血液缺氧、神經反應遲鈍。

⑶刺激物：會抑制氣管纖毛運動，造成病變。

⑷致癌物：不僅囤積在呼吸道中，也會進入血液，在全身各處淤塞成癌。

6.露天燃燒污染環境：

　　廢棄物如任意焚燒，或焚化處理未妥善控制，就會排出粒狀物質如：一氧化碳、碳氫化合物、氮氧化物、鹽酸等，加重了空氣污染，也影響人體呼吸道及肺部功能，導致疾病。

　　近年來，由於醫療與衛生的改良，及產業與科技的高度發展，不但使地球上的人口快速膨脹，同時人類為了追求更富足舒適的生活，自然資源也被超限的開發與使用，大規模的機械化生產結構，及人工合成化學製劑的大量使用，更使得我們唯一賴以生存的地球，產生了環境危機，所以陽宅風水研究者，如果忽略了這個大環境危機，就是慧根不夠，所以千萬不要忽略個人日常的生活行為，使環保理念落實到日常生活中，作者有鑑於此，特地增列此部分課程，冀能再見藍天綠地、青山淨水，這不也是宅第居住的好風水地嗎！

科學釋義

一、板塊運動造成火山噴發，火山噴發影響氣候。

釋：

(1)民國八十年六月三日，日本雲仙岳山脈的普賢岳火山噴發，約有三十多人因走避不及而遭熔岩吞沒。繼日本雲仙岳火山爆發後，菲律賓中部沈寂已久的品納土波火山也告爆發，罹難民眾逾一百多人。

(2)由於海洋板塊和海洋板塊，或海洋板塊和大陸板塊的衝撞，使得環太平洋地區被稱為「火環」，「火環」是火山活動頻繁的地帶，日本的雲仙岳和菲律賓的品納土波山，都位於這個「火環」上。

(3)大規模的火山噴發，會對全球氣候造成長期的冷卻效果，1815年印尼的一座火山爆發，火山噴出的火山灰塵，和二氧化硫進入平流層，阻隔了大量的日照，造成反常的嚴寒氣候，美國東北部的新英格蘭地區，1816年每月都在下雪，即使是夏季也不例外。

二、溫室效應。

釋：

(1)污染：燃燒煤、石油釋放的二氧化碳，以及因都市污染、農地施肥產生的甲烷，最近半世紀顯著增加。

(2)反應：當空氣中的二氧化碳、甲烷等，善於吸收地球輻射的氣體愈來愈濃，地表所反射的輻射熱能，被關在一層透明的罩子裡，無法向太空逸散，這種人工增強的溫室效應，使大氣溫度不斷上升。

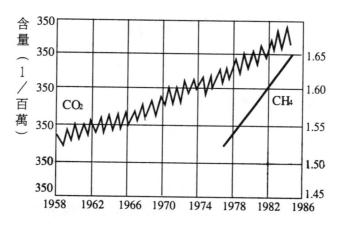

含量（1／百萬）

CO₂
CH₄

350　350　350　350　350　350
1.65　1.60　1.55　1.50　1.45
1958　1962　1966　1970　1974　1978　1982　1986

▲大氣中二氧化碳和甲烷含量，在最近四分之一世紀的改變，二氧化碳含量大小的週期性變化，乃因季節不同所致，並可見得其含量有逐年增加的趨勢。

(3)影響：

一般估計，未來 50 ～ 100 年二氧化碳的成分還會倍增，可能導致全球溫度升高 2℃左右，預料這種改變，將足以使兩極的冰冠大量熔化，大部分濱海地區的城市，將會面臨淹沒的命運。

三、南極臭氧洞。

釋：

1.發現：

科學家們發現，自 1979 年開始，南極上空的臭氧層逐年減少。

2.形成：

每年春天十月天空裂開一個巨大的臭氧洞，致命的紫外線穿越而過，形成對生物的直接威脅。

俗稱高空臭氧層（OZONE），是在地球表面上空九至三十哩處，由臭氧構成的氣體保護層，它的最大作用在於可以隔絕大部分的太陽紫外輻射線，過去工業未發達之前，人類並未察覺它的重要。

　　近幾年，因爲工業界廣泛使用氟氯烴（CFC），及與其性質相近的化學產品，作爲製造冷媒、發泡劑、噴霧劑與電子零件的清潔用具，科學家卻意外發現，這些曾被公認最無害的物質，正是破壞臭氧層的殺手。

　　氟氯碳化物的同系化學物質，在常溫下有的是氣體，有的是液體，而以一般作爲噴霧罐推進劑的（CFC 12）爲例，在一定壓力下，可以作爲其他物質的溶劑，而其均勻溶解、噴灑的特性，非常適合作爲類似髮膠罐的推進劑。

　　但是，氟氯碳化物中逸散到大氣的氯原子，很容易和臭氧的單一氧原子結合，加上高空的冰冷作用，迅速的連鎖反應，很快就會讓臭氧層變得稀薄，形成「破洞」。

　　根據美國環保署報告，估計大氣層內的一氧化二氯，在一九九〇年代的濃度是二 PPb（十億分之二），目前則達三點五 PPb，顯示地球表面人類，使用氟氯碳化物的數量遽增。

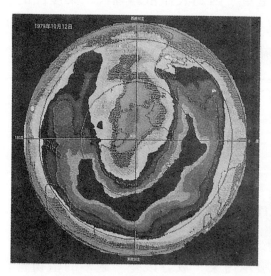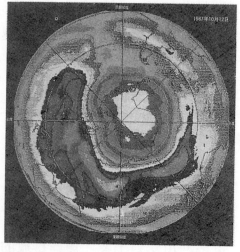

【說明】人造衛星 NIMBUS-7 拍攝之臭氧洞，中央部分含臭氧，僅約通常的百分之四十。

3.影響：

而隨著臭氣層破洞穿透而來的紫外線，一旦過量照射在人體，則會造成皮膚癌、白內障，並使人體的免疫系統失調。

國外醫學報告指出，人類如果在一種紫外線照射下，曝曬過量，人體免疫系統的抗病能力將會減低，類似麻疹、疱疹與結核病等傳染性疾病，發生大流行的可能性大增，而臭氧層只要減少百分之一，將有可能導致十萬人失明。

另外，海洋表面的浮游生物，吸收了大氣中一半以上的二氧化碳，並構成海洋大食物鏈的基層，在臭氧層變薄後，超量的紫外線也將使浮游生物減少，進一步導致魚蝦產量遽減，甚至大氣中二氧化碳無法「消化」，也將加速「溫室效應」，間接又加速海平面的上升，影響到各大陸沿海居民的生活。

4.因應：

多年前，歐美等五十六個工業國家，在簽訂「蒙特婁公約」時，就發現要解決地球溫度遽增，困難重重，因為人類依賴現代工業產品的程度日益加深，而如今北半球的臭氧層也繼南半球，出現裂縫「大開天窗」，保護臭氧層的呼聲因此越喊越響。

四、優養化與酸雨。

釋：

(1)污染：

發生在地面與空中的污染情況更具破壞力。

(2)循環：

許多河川受到工業、農業排放的廢水污染，成分改變，過多的植物營養源進入水體產生「優養化」現象，因而影響到其中生物的生存環境，及水資源的利用。中橫公路上的德基水庫，由於上游林地開發的人為污染，水質逐漸惡化，正面臨優養化的惡運。

(3)酸雨：

工業廢氣進入空中，和水滴結合成飽含硫酸的酸雨，則會摧殘整片森林，或讓湖泊死亡。

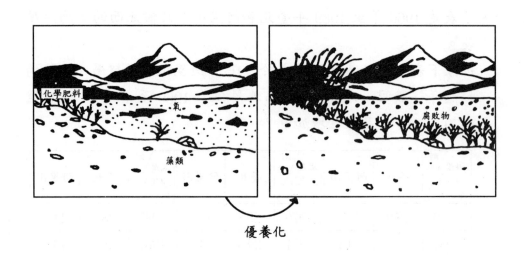

【說明】優養化示意圖：含氮、磷的污水及化學肥料流入河川、湖泊造成藻類過度繁殖，而使原來的生態大幅地改觀，這種過程稱為「優養化」，會使水體缺氧或加速淤積而死亡。

瓶頸突破

一、下表是 1960 年至 1989 年臺北和阿里山 7 月份地面的平均溫度表。

　　根據下表數一數臺北溫度大於 29℃，阿里山溫度超過 14.5℃ 的「熱年」數目，以 10 年間隔為單位（1960 至 1969、1970 至 1979……），是否在增加中？

溫度(℃) 年	臺北	阿里山	溫度(℃) 年	臺北	阿里山	溫度(℃) 年	臺北	阿里山
1960	28.9	13.7	1970	28.8	14.6	1980	28.8	14.3
1961	29.0	14.1	1971	29.5	14.0	1981	28.4	13.9
1962	28.9	14.0	1972	27.9	14.5	1982	28.1	14.7
1963	27.9	13.6	1973	28.8	13.8	1983	29.9	15.0
1964	29.2	13.7	1974	28.4	13.3	1984	29.6	13.9
1965	28.3	14.0	1975	28.6	13.4	1985	28.6	13.9
1966	28.9	14.0	1976	28.1	13.6	1986	29.1	14.2
1967	29.3	14.9	1977	29.3	14.2	1987	29.0	14.5
1968	28.4	13.9	1978	29.5	13.8	1988	31.0	14.6
1969	28.7	14.2	1979	29.2	14.6	1989	29.8	14..3

答：

　　臺北溫度大於 29℃，阿里山溫度超過 14.5℃ 的「熱年」，數目統計如下表，由此可知熱年的數目在增加中。

測站＼年	1960 ～ 1969	1970 ～ 1979	1980 ～ 1989
臺　北	2	4	6
阿里山	1	2	3

二、計算臺北和阿里山過去每隔 10 年(1960 至 1969、 1970 至 1979 ……)的平均溫度。

答：

臺北和阿里山過去每隔 10 年的平均溫度如下表：

測站＼年	1960 ～ 1969	1970 ～ 1979	1980 ～ 1989
臺　北	28.75℃	28.81℃	29.23℃
阿里山	14.01℃	13.98℃	14.33℃

由此可見阿里山和台北最近 30 年的溫度均有上升趨勢，但台北地區上升較大。

三、已知地球自轉軸的傾科角，每隔四萬一千年會上下擺動，如圖
　　(A)、圖(B)，請解答下列問題？

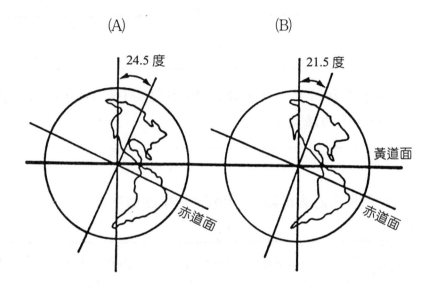

(1)(A)圖中，地軸傾斜 24.5°，那麼：
　　陽光最北可直射北緯幾度？此緯度是何名稱？
　　陽光最南可直射南緯幾度？此緯度是何名稱？
(2)(B)圖中，地軸傾斜 21.5°，那麼：
　　陽光最北可直射北緯幾度？
　　陽光最南可直射南緯幾度？

答：
(1)陽光最北可直射北緯 24.5 度，即北回歸線處。
　　陽光最南可直射南緯 24.5 度，即南回歸線處。
　　可知在圖(A)中，此時整個地球，可被陽光直射的區域，共包含緯度 49
　　度的範圍。

(2)陽光最北可直射北緯 21.5 度。

陽光最南可直射南緯 21.5 度。

可知在圖(B)中，此時整個地球，可被陽光直射的區域共包含緯度 43 度的範圍。

四、試述森林大火對環境及生態影響，預估三個月後及一年、三年可能發生的後果。

答：

(1)森林大火會加速大氣中二氧化碳濃度的增加，會使土壤的侵蝕作用加驟，而對氣候產生重大的影響，尤其是雨量的減少，使全球沙漠化。

(2)天然的森林大火後，需要陽光的植物大量生長，其後因生長太緊密而逐漸枯萎，地上又會生出其他種類植物的幼苗，而形成二代林，離開的動物也漸漸回來，但人爲的焚燒森林，會使表土因雨水沖刷而流失，永遠也不會恢復原狀了。

五、從下欄任選十項組成一個生態系統，說明其相互間關係。

寶特瓶、化學工廠、人、水藻、老鷹、養豬場、核能發電廠、公園、水庫、牛、垃圾場、蝴蝶、螞蟻、汽車、鼠、啄木鳥、飛機、微生物、麻雀、泥鰍、高麗草、松樹、貓頭鷹、螃蟹、蛇、稻田、青蛙、農藥、蚊子、蝦子、紅蟲、蜜蜂。

在此生態系統中，假設處於平衡狀態，有何因素，平衡將遭受破壞？

答：

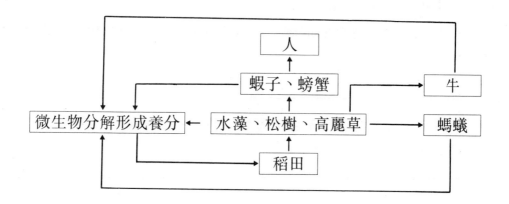

　　上列圖示的生態系統平衡，如加入農藥或化學工廠的廢水污染，平衡將受破壞。

六、為什麼全球溫度只升高了 2℃，就足以使兩極冰冠大量溶化？

答：

1. 根據美國環境保護局的報告，在西元 2035 ～ 2075 年間，大氣中二氧化碳的濃度，將達到產業革命前濃度的兩倍，即 600 ppm，而氣溫將上升 2 ～ 3℃。

2. 若地球的平均溫度上升 2 ～ 3℃ 的話，兩極附近的溫度變化，將會比赤道激烈，在熱帶只有 3℃ 以下，洛杉磯或東京等緯度 35 度附近是 4℃，巴黎、溫哥華等，北緯 50 度附近超過 5℃，而兩極的溫度將上升 10℃ ～ 12℃ 之間。

3. 為什麼緯度愈高，溫室效應愈強烈？因為兩極寒冷的原因，不只是陽光照射量少，冰雪把太陽能反射回去的作用，更使極地區難保溫暖。但是溫室效應使氣溫上升、冰雪融化，如此兩極反射太陽熱能的量減少，吸收太陽能的量增加，因而就發生冰雪面積縮小的循環效果。

七、雨中漫步、饒富詩意，在雨中散步會有不良影響嗎？

答：

1. 空氣中含有二氧化碳氣體，下雨的時候，雨水中都溶有一些二氧化碳，產生碳酸，雨水就會具微弱的酸性，但是這樣的雨水還不致影響湖泊的生態、農作物的收成或毀損建築，故還不能稱為酸雨。

2. 所謂酸雨，是因人類大量使用煤、石油等化學燃料，而產生了二氧化硫、氮氧化物等污染物，在空氣中經過複雜的化學反應，而形成硫酸或硝酸氣懸膠，吸附於雲層之中，所下的雨水 PH 值如小於 5，便稱為酸雨。

3. 根據環保署的調查，顯示臺灣地區已有明顯的酸雨現象，下次要在雨中散步，請記得撐把傘，以預防淋雨禿頭。

八、為何南極在每年春天十月，會出現臭氧洞？

答：

1. 當氟氯碳化物進入平流層，足夠的紫外線就使它分解，而產生氯原子，這個氯原子可與臭氧產生化學反應：$Cl + O_3 \rightarrow ClO + O_2$，其中 ClO 再與氧原子反應回復成氯原子，又可與臭氧反應，因此一個氯原子可以破壞上萬個臭氧。

2. 大氣中的氫氧化物，如二氧化氮可與 ClO 反應，生成 $ClNO_3$ 來阻止 ClO 繼續破壞臭氧，另外甲烷也可與 Cl 反應成 HCl 來減少 Cl 破壞臭氧層，而 $ClNO_3$ 和 HCl 皆易溶於水中，可隨著雨水又回到地表。

3. 在南極的冬天因為永夜的關係，沒有紫外線可分解氟氯碳化物，而且氣溫相當低，使得已產生 $ClNO_3$ 與冰的 HCl 反應，形成不溶於水的 Cl_2，Cl_2 在黑暗的冬天不會作用，但它是光的敏感物質，一到春天馬上又分解成 $C1$ 來破壞臭氧，因此南極才會在每年十月出現臭氧洞。

九、就陽宅師言，研究風水地理，不能忽略環境意識及社區意識，以各位睿智的眼光觀察，是否能說明環境生態被破壞及社區秩序被破壞的實例？

答：

1. 台灣的稻田中，由於大量使用農藥，青蛙和泥鰍已不多見。

2. 社區中的停車位被強占移作其他用途，住宅區與工業區、風化區密集不分。

十、以陽宅師觀點說明下列實例：

1. 某甲宅第有客人常來訪問，在客廳內賭博抽菸，某甲配偶因受了二手菸的影響，犯了氣管癌，是否陽宅風水有問題？

2. 某地區因稻米的鎘污染，很多人蒙受其害，試問是否陽宅風水有問題？

3. 住在鬧區內臨近街道的臥床，常受噪音干擾，女主人因而腦神經衰弱，試問是否主臥床位置不對？

答：

　　進步征服了自然，但過度的進步，又使人類懷念起自然，上述題目，我們可以明顯看出與環境的污染、公害的影響有關係，陽宅風水探討的範圍，廣義言之，是大環境空間對居民的影響，狹義言之，是個人宅第對家人的影響，從事陽宅研究者，當然對陽宅空間所能產生的吉凶因素，應全盤洞悉，一一過濾，如此環境教育才能更顯出其重要性。

　　環保署在八十一年二月份又決議，今後重大污染行為將要溯及既往，從污染開始就執行罰款，改變現行被發現污染事實，才開始執行罰款的措施，這項辦法實施後，工廠倘被發現污染，所開罰單動輒上千萬元。

　　環保署又鎖定染整業、造紙業，因爲造紙業所排放的廢水量幾占工業
廢水量四分之一，染整業所排放的廢水量，也占工業廢水量 15％，所以
這兩事業體，將爲稽查重點，環保署這種鎖定重污染事業，全面掃蕩並採
行重罰原則，正是環境學教育的先驅。

第八章　水的歸納

────講座焦點────

　　本章重點在瞭解陽宅水局的應用，所謂風水指有風必有水，
水的來去正確，稱合局，水的來去錯誤，稱流破，故應用及鑑定
時不可不慎。

整體表解

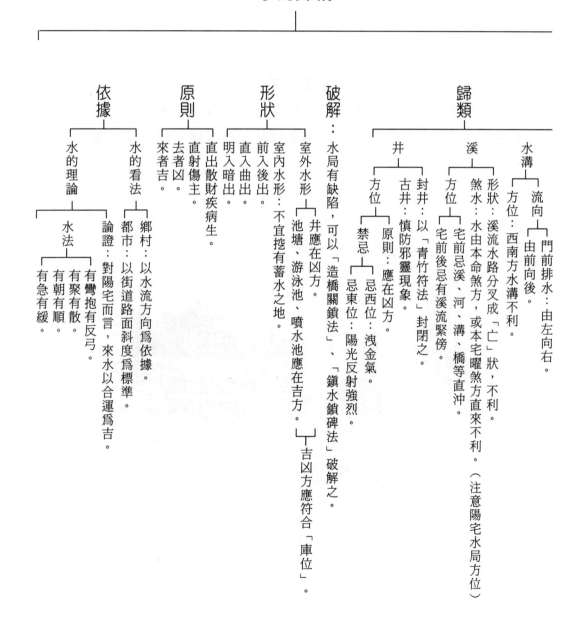

水的歸納

依據

水的理論

水法

有彎抱有反弓。
有聚有散。
有朝有順。
有急有緩。

水的看法

都市：以街道路面斜度爲標準。
鄉村：以水流方向爲依據。
論證：對陽宅而言，來水以合運爲吉

原則

來者吉。
去者凶。
直射傷主。
直出散財疾病生。

形狀

室內水形

明入暗出。
直入出出。
前入後出。
室內水形：不宜挖有蓄水之地。

室外水形

池塘、游泳池、噴水池應在吉方。
井應在凶方。

破解：

水局有缺陷，可以「造橋關鎖法」、「鎮水鎖碑法」破解之。吉凶方應符合「庫位」。

歸類

水溝

流向

門前排水：由前向後。
由左向右。

方位

方位：西南方水溝不利。

溪

形狀

形狀：溪流水路分叉成「亡」狀，不利。
煞水：水由本命煞方，或本宅曜煞方直來不利。

方位

宅前忌溪、河、溝、橋等直沖。
宅前後忌有溪流緊傍。（注意陽宅水局方位）

井

古井

封井：以「青竹符法」封閉之。
古井：慎防邪靈現象。

方位

原則：應在凶方。
禁忌
忌東位：陽光反射強烈。
忌西位：洩金氣。

（續）水的歸納

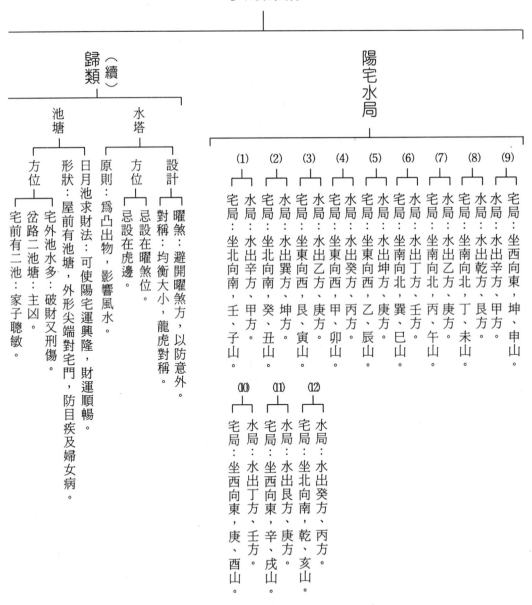

（續）歸類

池塘

方位
- 宅前有二池：家子聰敏。
- 岔路二池塘：主凶。

形狀
- 宅外池水多：破財又刑傷。
- 宅外有池塘，外形尖端對宅門，防目疾及婦女病。

日月池求財法：可使陽宅運興隆，財運順暢。

水塔

原則：為凸出物，影響風水。

方位
- 忌設在虎邊。

設計
- 曜煞：避開曜煞方，以防意外。
- 對稱：均衡大小，龍虎對稱。
- 忌設在曜煞位。

陽宅水局

(1) 宅局：坐北向南，壬、子山。
水局：水出辛方。

(2) 宅局：坐北向南，癸、丑山。
水局：水出巽方。

(3) 宅局：坐東向西，艮、寅山。
水局：水出乙方。

(4) 宅局：坐東向西，甲、卯山。
水局：水出癸方、丙方。

(5) 宅局：坐南向北，乙、辰山。
水局：水出坤方。

(6) 宅局：坐南向北，巽、巳山。
水局：水出丁方。

(7) 宅局：坐南向北，丙、午山。
水局：水出乙方、庚方。

(8) 宅局：坐南向北，丁、未山。
水局：水出乾方、艮方。

(9) 宅局：坐西向東，坤、申山。
水局：水出辛方、甲方。

(10) 宅局：坐西向東，庚、酉山。
水局：水出癸方、丙方。

(11) 宅局：坐北向南，乾、亥山。
水局：水出艮方、庚方。

(12) 宅局：坐西向東，辛、戌山。
水局：水出丁方、辛方。

本章內容

一、依據

㈠水的理論

1. 水法

　　水有直有曲、有急有緩、有朝有順、有聚有散、有彎抱有反弓等變化無窮。葬經曰：「乘風則散，界水則止。」，由此又可見水與氣流有關係，水既引導了氣，所以風水家便應從水流格局，分出吉氣及煞氣，使居住者的陰陽電極調和，產生有利影響。

2. 論證

　(1)《寶照經》曰：「水直朝來最不祥，一條直是一條鎗；兩條名爲插脇水，三條云是三刑傷；直來反去拖刀煞，徒流客死少年亡；時師只說下砂逆，禍來極速怎堪當；塍圳街路如此樣，極宜遷改免災殃。」

　(2)《楊公》也曰：「左邊水射長男絕，右邊水射少男亡；水直若然當面射，中男離鄉死道旁；東西南北水射腰，房房橫死絕根苗；貪淫男女風聲惡，曲背駝腰家寂寥。」

㈡水的看法

1. 在都市：因前門是道路，對於來去水的看法，以街道路面的斜度爲標準，可判斷街水的來去。

2. 在鄉村：以溝水、田水、池水、河水，做爲判斷之依據。

㈢作者見解

　　堪輿之道，砂水並重，砂明水秀，即有可尋之地，惟砂之發福較遲，水之應驗較快，故堪輿家皆首先重視水也。

但陽宅與陰宅之看水局有不同點，陰宅位居深山幽谷，自然山明水秀，陽宅處在都會重心，那來明潭水澤，所以陰陽宅水局鑑定，原則上有不同的地方。除此之外，茲分析如下：

1. 相同鑑定法：

水法皆自防水觀念的演進而來，有情水與無情水是鑑定的初衷，再配合風景美、曲線美、陰陽美、順逆美等要求，就可明知一二，進一步分析時，再以羅經格出，出水、入水的方位，而論斷吉凶。

2. 相異鑑定法：

⑴陰宅：依實際的水位、水流、水向、水質而鑑定。

⑵陽宅：

A.都市陽宅：依道路方位格局，兼顧本宅內外附近水溝（包括地下道）而鑑定。

B.鄉村陽宅：有獨棟式建築，或建築基地較大者，應注意本宅附近水道的出入水格局，並兼顧道路方位而鑑定。

二、原則

以九星論來路、去水之關鍵，有下列原則以論水路：

1. 來者吉。
2. 去者凶。
3. 直射傷主。
4. 直出散財疾病生。

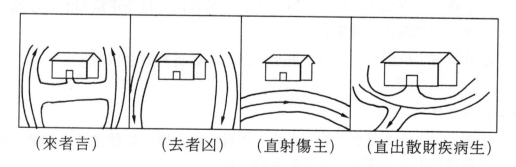

（來者吉）　　　（去者凶）　　　（直射傷主）　　（直出散財疾病生）

三、形狀

1. 明入暗出：明溝流入，暗溝流出。
2. 直入曲出：流入的水宜直入，流出的水應曲折，但仍應避免直射。
3. 前入後出：整個房宅的排水，應從前門入，後門出。
4. 室內水形：不宜挖池、噴水、造瀑布，尤忌在客廳內噴水。
5. 室外水形：池塘、游泳池、噴水池應慎擇方位，井應開在凶方，亦不宜修造在東北及西南方。

四、破解

　　如逢水局惡劣缺陷時，可以「造橋關鎖法」及「鎮水鎖碑法」來破解。

　　（此二類法有志者專研之）。

五、歸類

㈠井

1. 方位

(1)禁忌

A.忌東位：

因東位陽光早上反射強烈，射線強，會影響判斷力及理解力，故最好不要在東位挖井。

如已挖則應加蓋，或不要在東位開窗，或在此處設臥室、書房、會議場等，以免影響思路。

B.忌西位：

西位挖井，謂「迫虎開口」，因水池乃洩氣也。

(2)原則

挖井不宜在正東位及正西位，除此禁忌之外，挖井應擇在居第宅卦的凶方，或宅主命卦的凶方，以洩凶氣也。

2. 古井

古井自古以來，風水家即視爲不吉之處，因時有靈魂聚集，包括人及其他動物靈，處理不慎時，將引起精神衰竭，及家內不安現象。

3. 封井

如古井年久失用，幽靈煞氣聚集其中，欲把此井封閉時，可以「青竹符法」封閉之。

（青竹符法，牽涉符式及各派普渡法門，有志者專研之）。

4. 其他

(1)宅心設天井，回字型走廊：大凶，破財。

(2)宅心天井旁有圍牆或欄干：傷心臟及傷目。

(二)溪

1. 方位

(1)住宅前後忌有溪流緊傍住宅：主破財、傷身、鰥寡。

(2)宅附近如有溪、河、大溝等，上有橋自西北方直沖正門：主家運衰退，散盡家財，不利健康。

2. 煞水

引溪入院或流經宅院：主大破財。

命卦與溪流方位相沖，更大不利，亦即溪流由本命煞方，或本宅曜煞直來，不利事業及健康、破財。

3. 形狀

溪流水路分叉成「亡」狀，喪事報入門。

(三)水溝

在陽宅鑑定時，水溝吉凶最主要應視其流向，及大小比例而定。

1. 方位

排水系統在西南位：主破財。

2. 流向

(1)由前向後：住宅中的排水系統，最好均向後排出，主大吉。

(2)門前排水：

　A.門前水溝，排水由左向右排，主大吉利。

　B.門前水溝，排水由右向左排，主不順暢。

㈣池塘

1. 方位

(1)宅前有二池：家子聰敏不凡。

(2)岔路二池塘：

　門前有分岔路，二邊各有一池塘，主大凶，破財、疾病、損丁。

(3)宅外池水多：

　A.宅外四周，如凹下的污水池範圍太多，主破財及刑傷。

　B.房子四周排水溝太多，又無加蓋，會因陰濕氣太重，而災病連連，官司不斷。

2. 形狀

屋前有池塘，外形尖端對宅內，防目疾及婦女病。

3. 比較

(1)池塘

　A.宅內設池塘，或在住宅庭院中建水池：主凶。

　B.宅內不宜挖池、噴水、瀑布。

　C.池塘、游泳池、噴水均應在宅外吉方，但挖井的位置，則應在宅外凶方。

(2)天井

　A.宅心設天井：主凶。

　B.天井在宅內，旁有圍牆、欄干：主心疾、目疾。

4. 日月池求財法

如有某陽宅，方位正確，格局無誤，而想宅運興隆，財運順暢時，可在宅前以「日月池求財法」輔助相蔭。

（「日月池求財法」有時間、形狀、深淺及符式之規定，有志者專研之。）

(五)水塔

1. 原則

水塔乃爲建築上的凸出物，會影響風水。

2. 方位

忌虎邊：忌設在虎邊，以形成白虎傷人格局。

忌曜煞：水塔本身也屬重凶之物，故應避開曜煞位置。

3. 設計

(1)對稱

A. 水塔如在東方，我們可在西方，另設計與水塔均衡大小的建築，以平均其勁道。

B. 水塔如在虎邊的北邊，則我們可在龍邊的南邊，設計平衡的建築物，所以水塔的設計，應注重配合對稱。

(2)曜煞

在建築之初，應考慮到水塔位置避開曜煞方，其理由有二：

A. 水塔爲宅外凸出之物，在曜煞位，主意外。

B. 水塔爲重凶之物，忌在曜煞方。

(六)綜論

各家雜論之有關水、水池、溪流、其方位禁忌歸納如下：

1. 宅下有水：陰氣重，即池上不得建宅舍，否則主疾病叢生、短壽、敗長房。

2. 前後有水：宅的前後有溪流，主破財。

3. 西南有水：坤得先天巽氣，女人多病，男主雙妻，否則破財。

4. 西北有水：乾得先天艮氣，男人多病，女人出牆，否則破財。

5. 西北有橋：西北位如橋沖正門，主破財、疾病。

6. 正西有水：西屬金，有水或井乃洩氣也，主破財，又稱「迫虎開口」。

7. 東方有水：陽光反射不利。

六、水局

(一)風水與水

　　水者，龍之血脈，穴之外氣，來龍非水送無以明其跡，結穴非水界無以明其止，龍穴端賴水爲證應。而大凡水者，不論江河溪澗溝洫，來水宜長，去水宜短，灣抱窩聚爲吉，逕直急湍爲凶，本來堪輿之道，砂水並重，砂明水秀，即有可尋之地，惟砂之發福較遲，水之應驗較快，故堪輿家尋地皆先視有無水也。楊公云：「未看山，先看水，有山無水休尋地。」，廖公云：「尋龍點穴須仔細，先須觀水勢。」此皆概言堪輿之道，首重得水。

(二)陽宅水局：

　　風水學中的陰陽宅理論，其實水局是一樣重要的，但陽宅因被限於都會區，溝渠疏通，排水系統，建築規劃，故幾乎已無露天的水勢了，但鑑於水局對風水格局之影響，故作者列出二十四山放水吉方，做爲鑑定陽宅水局的依據。

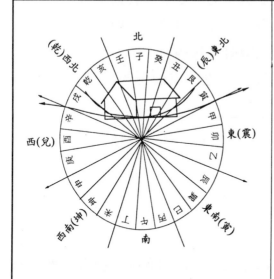

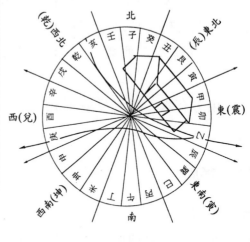

格局：坐北向南，壬子山。
特徵：水出辛方：富貴旺丁，男女高壽。
　　　水出甲方：富貴雙全，人丁興旺。

格局：坐東向西，艮、寅山。
特徵：水出乙方：五福滿門，富貴雙全。
　　　水出庚方：福壽雙全，大富大貴。

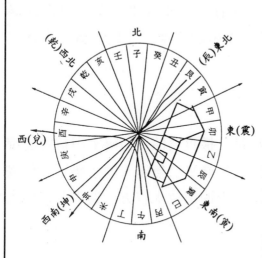

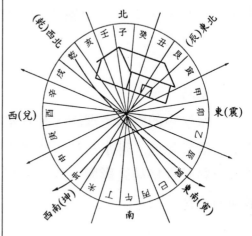

格局：坐東向西，乙、辰山。
特徵：水出坤方：財丁大旺，功名顯達。
　　　水出庚方：發財丁貴，富貴雙全。

格局：坐北向南，癸、丑山。
特徵：水出巽方：功名顯達，男女高壽。
　　　水出坤方：富貴雙全，人丁興旺。

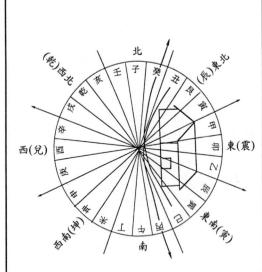

格局：坐東向西，甲、卯山。
特徵：水出癸方：發財丁貴，男女高壽。
　　　水出丙方：富貴雙全，人丁興旺。

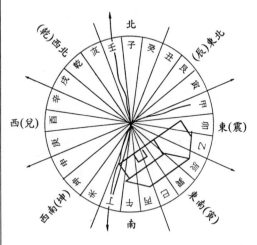

格局：坐南向北，巽、巳山。
特徵：水出丁方：五福滿門，富貴雙全。
　　　水出壬方：大發富貴，福壽雙全。

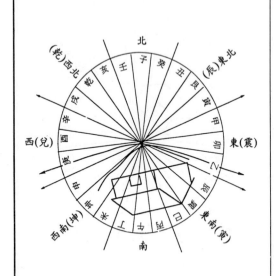

格局：坐南向北，丙、午山。
特徵：水出乙方：大富大貴，忠孝賢良。
　　　水出庚方：人丁興旺，富貴雙全。

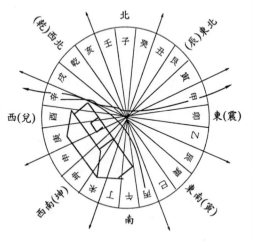

格局：坐西向東，坤、申山。
特徵：水出辛方：五福滿門，富貴雙全。
　　　水出甲方：大發富貴，福壽雙全。

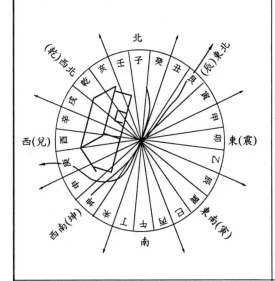

格局：坐西向東，辛、戌山。
特徵：水出艮方：財丁大旺，男女高壽。
　　　水出庚方：大發富貴，功名顯達。

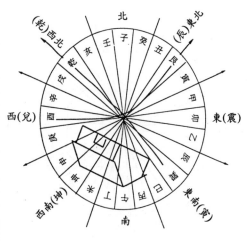

格局：坐南向北，丁、未山。
特徵：水出乾方：丁財大旺，功名顯達。
　　　水出艮方：大發富貴，福壽雙全。

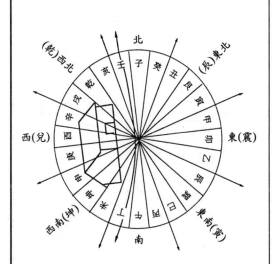

格局：坐西向東，庚、酉山。
特徵：水出丁方：大福大貴，男女高壽。
　　　水出壬方：福貴雙全，人丁興旺。

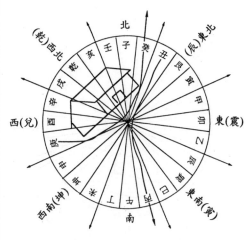

格局：坐北向南，乾、亥山。
特徵：水出癸方：妻賢子孝，五福臨門。
　　　水出丙方：大發富貴，福壽雙全。

科學釋義

一、陽宅水局，為何可把道路作為論水之依據。

釋：

1.就傾斜度數言：

道路的傾斜度數，可以判斷水流的方向，再根據方向，測出其方位，即可知水來水法。（如圖①），某宅坐北向南，道路是西高東低，當然水流就是西來東去了。

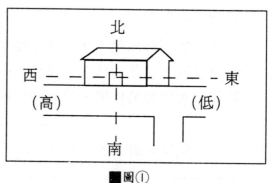

■圖①

2.就反光射線言：

太陽光裡混雜著各種顏色的光，若利用三稜鏡，就能將陽光的各種顏色分離開來，此乃因空氣和玻璃的折射率，對光的波長有所不同的緣故。

太陽光照射水滴時的情形比較複雜，為證明光通過的路線，以波長650毫微米的單色光，（紅色光，折射率為 1.33″）為例做成的圖，示於圖中（如圖②），將水滴的中心做為原點，假定光平行於 X 軸

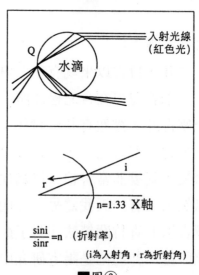

$$\frac{\sin i}{\sin r} = n \quad （折射率）$$

（i為入射角，r為折射角）

■圖②

入射時，把光束分爲相等的間隔，分散的光束折射會集中在 Q 的附近，照射進入水滴的光會發生部份反射，部分反射就是射入水滴的光，一部份通過與空氣接觸的界面時，因部分會射出空中，所以反射光強度會減弱。

道路的光的反射強度也是一樣，這是柏油粒子與水泥粒子的關係，所以我們有時候在高速公路開車，前面一段距離都沒有車子時，看起來好像道路上面有水一樣，這就是反光射線的效果了。

既然水與路同樣常有反光射線，那麼對陽宅而言，它們的光效能感應就類似都市陽宅的水局，便可以把道路作爲論水的依據了。

3. 就儲存熱量言：

水本身能儲存熱量，使大氣溫度受調節，這種調節作用，會影響人類的行爲意識，道路的構造，因爲其中有沙的成份，沙吸收了水，也具備這種類似水的調節作用，故功能也相同。

二、陽宅學內對「井」的研究。

釋：

1. 古井有靈：

井，自古以來就有很多傳奇，其真實性如何？

筆者曾經在台北松江路一友人家，其處開當舖，但客廳内角處卻有一座古井，雖然有井蓋封住，但尚未填滿，房子是租來的，朋友自從搬進來約三個月之後，一到晚上睡覺時，會有恐怖夢魘，時而哭泣，時而啼笑，其妻非常害怕，以爲他中邪，找遍寺廟求神問佛，問不出一個所以然來，有一天我聽另一位朋友談及，至其處，才講到古井之事，於是擇吉以「青竹關鎖法」封了此井，從此怪症不再，晚上也很好睡了。由此印證，井的確是陽宅研究中，不可忽視的一項，尤其是古井有靈這方面，因爲：

⑴地靈低：宅中開井，不論在庭院或宅中，都是地靈較底之處，日久累積陰濕地氣，又荒廢不用，故古井不吉。

⑵怨靈多：因井屬積水的危險範圍，人畜接近都有失足的可能，幾年來怨靈叢集，所以久而失去價值的古井，實應封之，宅運才會平安。

2. 井的位置：

⑴採出水説

因井挖掘之後，有出水之事實，故此派論點以出水的位置來斷言吉凶。

⑵採鎮煞説

把井視爲重物，因牽涉地基挖掘及井欄重量，故此派就把井視爲重物。

根據作者長期觀察印證，有如下結果：

①井的位置在宅外：此時視井爲重煞物，應在凶方以鎮凶神，並注意煞位。

②井的位置在室內：此時也應視井爲重煞物，不僅在凶方以鎮凶神，還要注意排水向後，煞水由前向後排出。

另一方面，宅內的井，在現代陽宅學中，應視爲自來水的鑑定法則。

瓶頸突破

一、某甲欲添購一陽宅，經到處看了之後，其附近環境水局如下：

⑴ A 宅二樓窗戶打開見天橋。

⑵ B 宅後面有溪流。

⑶ C 宅為三合院，並引溪水入庭院，有地理師謂其水曰「玉帶」。

⑷ D 宅宅向正西，在本宅建築圍牆內之東南位有一古井。

⑸ E 宅宅前旁有二淺水池。

試問應選擇何者為佳？並述理由。

答：

應選擇 D 宅與 E 宅，其理由：

⑴ D 宅：

宅面向正向，東南位有一古井，東南位為宅卦之凶方，有井以洩凶氣，位置是在宅外圍牆內，並無不好影響。

⑵ E 宅：

宅前旁有二淺水池，對宅運有好的影響，只要其水勢不要太凶、太急、太闊，可輔助宅運吉祥。

二、朋友有一住宅搬入後不久，即受意外傷害，鑑定其陽宅時，發現有下列特徵，試說明因何項原因致禍？並分析之。

(1)西北有橋直沖正門。

(2)東北位有池塘。

(3)宅四週有水溝，水溝水由後往前流。

(4)宅第虎邊位置有水塔。

答：

　　致禍原因在第四項，因宅頂虎邊有水塔，水塔爲重凶、凸出之物，不得在虎邊，會構成白虎探頭傷人。

三、一幢正南公寓六樓高，住四樓中有向東及向西二戶人家，在此公寓正西位，有彎抱大河溝，試問四樓的二戶二家影響各如何？

答：

　　1. 向正東甲戶：宅後見水。

　　2. 向正西乙戶：宅前見水。

　　綜論：如此水溝爲彎抱曲水，由北向南彎抱，則正西乙戶宅前面對有情彎弓水比較吉利，但也有下列條件，第一、水不能太急，第二、水不能淙淙有聲，否則屬破相，也就發揮不了大作用了。其次就是因爲甲、乙二戶都住在四樓高，所以水局的正面影響已較小了。

四、某堪輿師受邀前往某些宅地鑑定風水，實際情形如下：

(1)在神岡某陽宅，其道路地形如圖所示。

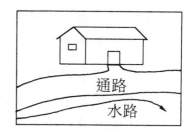

(2)在梅山某陽宅，宅主乃畫家，為探取自然創意，把宅後書房外之山泉水引下窗外，並配合石景名曰雨濤。

(3)替埔里一養蘭名家，三合院宅第，築一蔭龍水。

(4)在宜蘭某名墓風水，發現因築路關係，在墓右前方挖掘水溝。

(5)在台北坪林附近一茶園，鑑定其兄弟二房的公媽爐，均同時發爐。

試問堪輿師應如何處理？各抒己見。

答：

(1)①鑑定：

此爲反弓水，《寶照經》曰：「左邊水反長男死，離鄉忤逆皆因此。右邊水反少男傷，風吹婦女隨人走。當面水反中切當，斷定中男有損傷。左右中反房房絕，切忌墳塋遭此劫。」

②實際：

此陽宅爲世居，宅主育有三子，次子在生後不久即告夭產，目前實際的情形是，長子與父親常起衝突，時而冷戰，時而頂撞，且在家不謀事生產。

③分析：

當面水反弓斷定中男傷，已應驗，如長男不離鄉，會時常忤逆，離鄉獨立可改現狀，此宅就成爲孤獨無子屋了。

(2)①鑑定：

此為淋頭水，淋頭水的影響不僅是陰宅，陽宅也常見，居住後犯風濕症、腳氣及嫖賭。

②實際：

此陽宅宅主犯風濕酸痛多年，本來以為喝酒太多，但戒酒後仍未改善，並且嗜風花雪月。

③分析：

淋頭水的影響有二：

A.水淋聲小，水位低：防陰濕症，及皮膚機能過敏。

B.水淋聲大，水位高：此時因陽宅受此淋水雜氣，導致陰陽電極雜亂，會影響陰濕疾病及情緒化。

(3)①鑑定：

此三合宅院，因地勢關係，適合有蔭龍水相得益彰，俗稱「日月池」，作用在助財運順利也。

②實際：

此陽宅經此奪天地造化，人工模仿了蔭龍水之後，果然在財運上有明顯改進，常有人慕名拜訪，買賣蘭花。

③分析：

蔭龍水本來應順天地所生，合乎理氣，但如經有經驗的堪輿師，細心規劃方位及格局，也可成此作用，但應注意方位、深淺、角煞、形狀及出水位置。

(4)①鑑定：

此墓經這次開路，添溝洫之後，就變成了刈腳水，墓主各房子孫，應注意腳的安全。

②實際：

墓主各房在挖掘山溝三個月後，長子先傷腳，後來次媳婦也因車禍斷腳。

③分析：

墓內尸骸，腳朝墓碑，刈腳水近墓，受害皆以腳為先，故謂刈腳，又云：「直來反去拖刀煞」。

(5)①鑑定：

公媽爐無緣無故忽然發爐，而且兄弟二家同時發爐不比尋常，經仔細查看後，斷定在風水上出問題。

②實際：

經驅車前往其祖父風水看後，結果墓碑損壞，因旁邊有人在作新墳，而倒過來的土石壓到了墓碑，從中間橫斷，隨後三個月內，二房因小痔瘡竟然會嚴重到住院開刀，大房長女也相繼被車撞斷肋骨。

③分析：

公媽發爐，有下列徵兆：

A.家中如有老人家體弱纏疾，九玄七祖靈魂感應回返牽引。

B.自己本身有危險宿疾，這幾天有災禍併發。

C.風水祖墳出問題，家中有劫數的預先感召。

此案例是，兄弟二房所奉公媽，皆同時發爐，事非尋常，除了以密法持佑並抽血降低血離子過濃密度，減少災厄之外，也應驗了墓碑斷痕血光之災此句了。

第九章　畸零之地

　　本章主旨在說明地理建地的形狀，及對氣流、宅運的影響，研究陽宅學，此部份也是不可或缺的一環。

整體表解

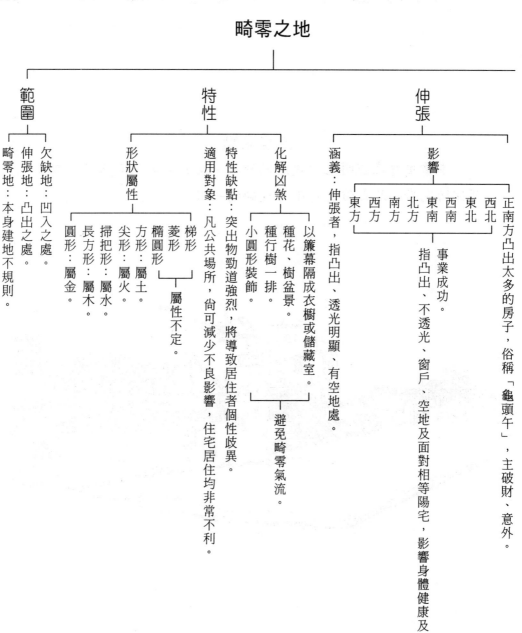

畸零之地

範圍
特性
伸張

範圍
- 欠缺地：凹入之處。
- 伸張地：凸出之處。
- 畸零地：本身建地不規則。

特性

形狀屬性
- 梯形
- 菱形
- 橢圓形}屬性不定。
- 方形：屬土。
- 尖形：屬火。
- 掃把形：屬水。
- 長方形：屬木。
- 圓形：屬金。

適用對象：凡公共場所，突出物勁道強烈，將導致居住者個性歧異。

特性缺點：以簾幕隔成衣櫥或儲藏室，尚可減少不良影響，住宅居住均非常不利。

化解凶煞
- 種花、樹盆景。
- 種行樹一排。
- 小圓形裝飾。
- 避免畸零氣流。

伸張

涵義：伸張者，指凸出、透光明顯、有空地處。

影響
- 東方
- 西方
- 南方
- 北方
- 東南}指凸出、不透光、窗戶、空地及面對相等陽宅，影響身體健康及
- 西南}事業成功。
- 東北
- 西北

正南方凸出太多的房子，俗稱「龜頭午」，主破財、意外。

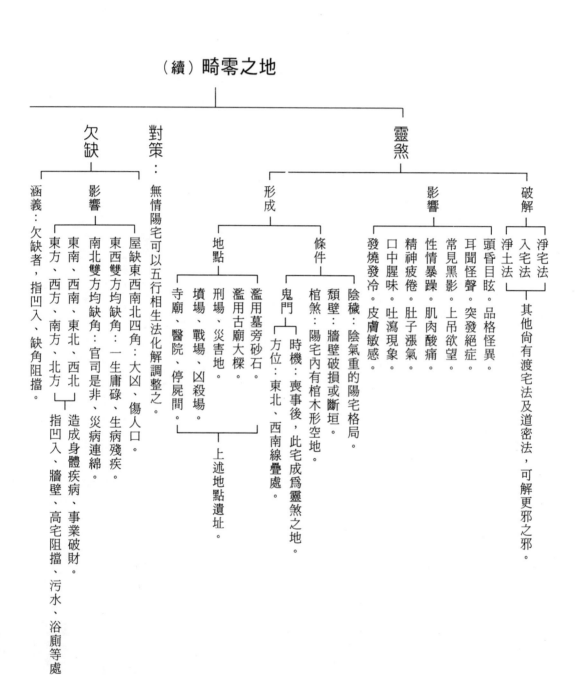

（續）畸零之地

欠缺

對策：無情陽宅可以五行相生法化解調整之。

靈煞

欠缺

涵義：欠缺者，指凹入、缺角阻擋。

影響

屋缺東西南北四角：大凶、傷人口。
東西雙方均缺角：一生庸碌、生病殘疾。
南北雙方均缺角：官司是非、災病連綿。
東南、西南、東北、西北：造成身體疾病、事業破財。
東方、西方、南方、北方：指凹入、牆壁、高宅阻擋、污水、浴廁等處，

靈煞

形成

地點

濫用墓旁砂石。
濫用古廟大樑。
刑場、災害地。
墳場、戰場、凶殺場。
寺廟、醫院、停屍間。

上述地點遺址。

條件

鬼門
　方位：東北、西南線疊處。
　時機：喪事後，此宅成爲靈煞之地。
棺煞：陽宅內有棺木形空地。
頹壁：牆壁破損或斷垣。
陰穢：陰氣重的陽宅格局。

影響

頭昏目眩。品格怪異。
耳聞怪聲。突發絕症。
常見黑影。上吊欲望。
性情暴躁。肌肉酸痛。
精神疲倦。肚子漲氣。
口中腥味。吐瀉現象。
發燒發冷。皮膚敏感。

破解

淨宅法
入宅法
淨土法
　其他尚有渡宅法及道密法，可解更邪之邪。

本章內容

一、範圍

所謂畸零，實質上有二種涵義，即本身建地不全，及建地之左右前後不全，等均謂之，實際上又分成三種情況：

㈠畸零地：本身建地不規則。

㈡伸張地：指凸出之處。

㈢欠缺地：指凹入之處。

另有一點應注意的是，畸零地並非全然為凶，應視整個格局而定。

二、特性

㈠形狀屬性：

形　狀	屬　　地	吉　　凶
圓　形	金	凶。
長方形	木（防風煞）	出入口在前方為吉。
掃把形	水	出入口在前方為吉，避免掃把尾。
尖　形	火（防火煞）	三角形無法長久。
方　形	土	吉。
橢圓形		出入口在前方為吉。
菱　形	（屬性不定）	凶，妻離子散。
梯　形		大凶，家庭破敗。

㈡適用對象：

凡公共場所，如商店銀行、醫院、超市、百貨公司，等人潮洶湧者，尚可減少不良影響，但如移做住宅使用、居住，則非常不利。

(三)特性缺點：

突出物勁道強烈，將導致住者的個性極端固執，及衰落敗退，如

1. 搶、偷、騙
2. 糾紛、口舌
3. 個性發展岐異
4. 意外車禍

(四)化解凶煞：

如陽宅格局已經形成畸零地了，則應在三角形尖端畸零部位，設立下列
作用，以避免畸零氣流之破壞：

1. 小圓形裝飾。
2. 種行樹一排。
3. 種花、植樹，置盆景。
4. 以簾幕隔成衣櫥或儲藏室。

三、伸張

(一)涵義：

伸張者乃指凸出、透光明顯處，有空地處，影響吉利，以獨棟陽宅影響
較大。

(二)影響：

方位	條　　件	身　體	家運事業等
東方	①凸出②有窗戶③空地④直平。	健康。	貴人成功如意。
西方	①凸出②不透光③最清潔處④面對相等陽宅。	健康、口福。	成功。
南方	①凸出②有窗戶③空地④面對較低陽宅。	長壽。	有空建地則可出高官、成功。
北方	①凸出②不透光③竹林、樹④面對相等陽宅。	健康。	漸入佳境。
東南	①凸出②窗戶③出入走動處④面對較低陽宅。	健康、冷靜。	成功。
西南	①較低陽宅②較清靜處③空地。	健康、腸胃好。	如意、立大志做大事。
東北	①無透光②空地③竹林、樹④面對相等陽宅。	健康。	成功、富貴名利。
西北	①凸出②無透光③竹林、樹林④面對相等陽宅。	健康、長壽。	如意。
其他	南北向皆長。	大富大貴多子多孫。	
	東西向皆長。	不吉。	
	正南方凸出太多的房子(龜頭午)	意外連連，破財疾病。	

四、欠缺

(一)涵義：

欠缺者乃指凹入、缺角、阻擋，影響不利，也是以獨棟陽宅影響力較大。

(二)影響：

方位	條件	身體	家運事業等
東方	①凹入②牆壁③高宅④污水⑤浴廁⑥水弓處。	酸痛、肝、風濕、目疾。	不如意，衣食不週。
西方	①凹入②大窗戶③浴廁④宅中出入口。	氣管弱、胃腸弱、婦女病。	賭，傷人口，意外。
南方	①凹入②牆壁③高宅④浴廁⑤污水。	失眠、便秘、血壓高低不平衡。	糾紛、口角。
北方	①凹入②出入口③窗戶④浴廁⑤面對河流。	失眠、不孕、腎毒。	不如意、官司。
東南	①凹入②浴廁③無透光④高宅。	氣管神經。	不如意，對子不利。
西南	①凹入②浴廁③高宅④本宅出入口⑤污水池塘。	消化系統、中風、婦女病。	先富後貧。
東北	①凹入②浴廁③污水池④面對河流。	怪病、不孕、中風、癌、便秘、血壓高低不平衡。	不如意，且易中毒。
西北	①凹入②浴廁③窗戶④本宅出入口。	意外、肺、骨折、神經、癌。	投機性，失敗。
其他	南北雙方皆缺角、凹入。	官司災病、連綿不斷。	
	東西雙方皆缺角、凹入。	一生庸碌平凡，生病殘疾。	
	屋缺四角。	大凶，傷人口，官司連綿不斷。	

五、對策

有情之屋發達，無情之屋衰退。所謂有情之屋，乃指不空洞、聚集、格局無煞。所謂無情之屋，乃指空洞、虛幻、霸氣、紊亂等，為宅之凶相也。

堪輿師鑑定陽宅時，如遇陽宅為無情格局時，可依五行相生法化解調整之。

㈠庭院或門外無情，可在此地建圓形水池以制化：

因圓屬金，宅為土，土生金，水池內有水，金又生水，有情相生，但池型忌畸型相沖。

㈡有的陽宅與對面而來氣流或角煞，相剋太厲害時，可再建二個半月彎的花園，在水池旁形成對襯，也是土生金格局，來增加水池的威力，化解無情霸氣，如此時，此宅後靠有力，即可藏龍聚氣，於此結界。

此外，假山、石柱、涼亭、人工瀑布等，均應避免角稜太過突出，到處沖剋，並注意它們所在的方位，所以有情無情格局之化解，可依此五行相生法去運用。

六、靈煞

㈠形成的條件

1. 地點：

寺廟、醫院、停屍間、墳場、戰場、刑場、凶殺場、火災、震災等遺址，或濫用古廟大樑、墓旁砂石等。

2. 條件：

⑴鬼門

宅大門符合東北、西南綫疊處，統稱鬼門，不吉祥。

宅剛建成時，會形成平安假象，一遇有喪事後，則會引入邪靈，如此時此宅採光又弱，則鬼魅更凶。

⑵棺煞

　A. 走廊與居家間有間隔地，卻不連接，形成類似棺形，或長方形地塊。

　B. 空地因建築的關係，而有棺材形狀。

　C. 屋後的小屋，小地塊，呈棺材狀。

　D. 屋頂形如棺蓋。

⑶頹壁

　牆壁有破損，或斷垣，歷久不修。

⑷陰穢

　在陰氣重的地方置盆景，盆景性屬陰，故最好其聚集處應有投射燈，增加其採光性。

　作者曾鑑定台中市一座大型餐廳，因内面採封閉式裝潢，陽光透入不足，裡面卻滿種樹景，筆者當時建議應修正，卻因各種因素而無法移動已定型的造景，結果半年後，不但因員工怠勤等因素而關閉，也發生了員工凶殺事件，喪生了三位員工。

㈡靈煞的影響

　針對靈煞之地，作者根據靈魂學的印證，把受邪惡地靈干擾，所產生的症狀，特別提供幾個參考法則，以爲辨識：

　1.額頭常發燒或發冷。

　2.口中時有腥味。

　3.精神常感疲倦。

　4.性情暴躁、固執、好怒。

　5.常見黑影。

　6.耳聞怪聲。

　7.頭昏目眩。

　8.皮膚紅腫，有敏感性。

　9.有時常吐瀉的現象，且食藥無效。

10.肚子脹氣不消。

11.肌肉、骨骼酸痛（非外傷所引起）。

12.住者有上吊的慾望及傾向，尤其以年長爲甚。

13.突犯絕症。

14.孩子品性突然有怪異現象，或神經過敏或憂鬱症。

㈢破解

破解靈煞之法，要詳查原因，針對關鍵，除了道密法有志者專研之外，其餘簡易法，陽宅師可爲之，分述如下：

1.淨土法

把舊址土壤挖下五十公分，把舊土拋棄不用，換上乾淨土壤，三個月後重建。

2.入宅法

入新宅以前，（入宅當日即可），先起碳爐火在客廳中央以去穢，再置萬年青（九棵以紅線綁緊）於門口，然後約一刻鐘後，在客廳放鞭炮（鞭炮不必太長，僅三片即可）以驚穢，再移萬年青入大廳內擺置。

3.淨宅法

⑴適用對象：

已蓋好的宅地，如地基不太清淨時，或居住前爲求慎重起見，可用大悲咒淨宅法清淨之。

⑵大悲咒法

大悲咒係觀世音菩薩，受之於千光王靜住如來佛，主要在祈求一切圓滿，不受邪靈侵害，消除無明罣礙煩惱，修得無上功德，唸此咒時，應平心靜氣，洗手漱口，然後把大悲咒文放在香案前面，點燃三支香或檀香再持誦。

　　先在神案前供一杯陰陽水，（未煮清水加煮開沸水），然後唸大悲咒四十九遍，再左手持水，以右手中指沾水，彈在屋內、外四周，或邪穢處即可清淨宅地，並免一宅火災，不遭回祿。

其他尚有渡宅法及道密法可解更邪之邪，有志者專研之。

科學釋義

一、《相宅經》曰：「西廊壁枋不相接，必主相離別；更出人心不伶俐，疾病誰醫治。」分析之。

釋：

　　陽宅格局上的缺陷，在風水上視爲大忌，一般有此破損情況者，均應立刻修補之。所以又曰：「壁腳多崩破，財散受災磨，壁枋不相接，疾病別妻妾，左缺男兒傷，右缺女兒亡，堂內地崩破，災耗多雜駁。」

　　這些陽宅上的理論，都在強調修補，以合乎陽宅忌污穢、陰暗的觀點，另外應注意的是三合院格局中的「壁枋不相接」，並非正廳與廂房應連接，這牽涉到宅中心點的問題，作者曾勘察過很多三合院格局，都把廂房與正廳連接起來，結果反而使宅中心軸中空了，修建時不可不慎。

二、《相宅經》曰：「南方若遠有尖石，代代火燒宅，大高火起火成山，燒盡不爲難。」分析之。

釋：

　　建宅格局本身如正南方凸出太多，則此宅謂「龜頭午」，在風水上是大忌，主意外連連，及破財疾病。

　　另外，我們在伸張的涵義中謂，南方宜有空地，如凸出之地，面對較低陽宅等象，若有高宅、牆壁等，謂之欠缺，故對照相宅經說，陽宅南面若有尖石、尖峯、尖物，此陽宅常有火災，如剋物之象高大，失火必一發不可收拾，《紫白訣》曰：「九七合轍，常招回祿之災。」應驗條件如下：

1. 玄空挨星逢九七。

2. 該方有尖塔剋物。

3. 再會太歲煞、五黃、戊己等全降臨，必主火災。

如震宅，三碧入中，七赤在南位，逢五黃之年，五入中，七九同宮在離，又逢離位有尖塔剋物，會五黃入中，主回祿。

瓶頸突破

一、近年來，別墅建築為了表現造型的美觀，常有別出心裁的設計，如此多變化的形狀，試以風水學觀點分析。

答：

一般建築的設計，以風水學觀點來看，最好能符合下列原則：

1. 外型簡單樸素：

大凡住宅採外型簡單樸素即可，不必太過華麗變化，以免對居住者不利，作者曾鑑定某陽宅，造型雖華麗，且東西南北不但伸張不一，而又欠缺多變，使居住者身體災病連連。

2. 忌凸凹多菱角：

陽宅從正面看不要有如工字，T字、L字、十字等形狀。

3. 顏色雜亂艷麗：

陽宅的油漆或貼磁磚，最好在色調的搭配，避免太過艷麗，形成光線對顏色的不利影響。

上述所提及的，都是陽宅方面的畸零不利，一幢完整建築宜方正，如建好之後再隨意加建涼棚、拖建廚廁、側蓋車庫、加高屋頂花架、鴿籠等，都將把風水破壞無遺了，「畸零不貴」就是這個道理。

二、鑑定工廠風水，應注意那些主要原則，試述己見。

答：

鑑定工廠的吉凶與鑑定住家風水雖有相同之處，但工廠鑑定另有下列原則應注意：

1. 水局應合法：

   開工廠必以營利爲目的，風水上水局主財，故工廠水局必合法，才會順利。

2. 廠局勿零亂

   廠局應按生產程序井然排列，勿太零亂，如格局有被明顯分割，形成不連續的畸零，均不吉利。

3. 加建勿隨便

   很多工廠，在使用前無法全部建築完工，等到使用之後，按業務推展情況，廠地不夠時，再予擴建格局，如此常會把原先氣流破壞，導致意外，故未搬入前建築時，應一氣呵成，如不得已在居住一段時間後再改造時，也應注意五黃位，勿先動煞方煞氣，否則容易中風意外，及倒閉破財生非。

4. 負責人座位

   主事的位置最好能在吉方、旺方、財方，也應注意聚氣隱密。

5. 神位的供奉

   神位也應注意奉神的流年方位，位置也勿太過顯露，以取靜聚財。

   在整個廠房規模內，其他建築如囤積室、工作室等，可依不同設計而鑑定，但實際言之，這些風水細節的影響已較小了。

三、對畸零之地的修改對策，有一部份堪輿師可以五行相生法從事改造化解，試問：如遇西方凹入欠缺，又逢路沖之宅第，應如何補救？

答：

1. 利用空間轉移

   此種地形因正沖位不適合居住，可把前面沖路部份，當店面做生意，把後面部份，當住家居住，可改平安。

2. 利用五行相生

　　沖路之處如有空地，可於外緣植矮樹一排可遮蔽煞氣化解不利氣旋，內緣再築一半月形水池，圓孤向外，以收煞氣，如此沖煞可解一二。

3. 利用密法鎮壓

　　密法鎮壓法可改三至四成左右，無法全部化解，因為宅局對沖是氣流關係，並非惡靈煞波，故此法僅是藉此保護自己，減少意外傷害罷了。

4. 利用拱棚轉氣

　　在宅第欠缺處搭建一拱棚，使藉路沖而來的筆直氣流，在拱棚撥阻之下，向宅旁斜轉，以調和宅第旺流，保護宅第平安。

四、一般堪輿家對靈煞之地，往往缺乏研究題材，試根據個人鑑定陽宅經驗，說明下列實列，並探討其原因。

(1)陽宅不宜在神前廟後。

(2)陽宅臨近不宜有孤墳。

(3)某日鑑定陽宅時，以羅經格出方位後，宅中格局全對，但其中有一小孩精神失常。

答：

⑴陽宅不宜在神前廟後，因犯靈煞之地。

　①原因

　　A. 此附近地靈均被神廟所吸收，形成附近靈氣貧乏現象。

　　B. 犯陰路煞，因神前廟後，有某一角度的方位為神鬼所必經，不時會陰氣傷人。

　②結論

　　A. 神前（正對廟前者）：主洩氣、散財、怪疾。

　　B. 廟後（在廟正後者）：疾病、怪病、損主兼損丁。

　③作者見解

　　我曾經鑑定過很多神前廟後宅地或公司，皆有靈煞現象，最常見的

是：公司生意時好時壞，員工精神不振或故意不配合，私人住宅則形成男丁不努力上進，或有精神喪耗現象。

(2)陽宅臨近不宜有孤墳，因有陰靈作祟。

①原因

陽宅臨近有孤墳或墳墓均主凶，因為該地常會有地縛靈留戀不去，導至陰氣迫人。

②結論

陽宅前、後、左、右如有孤墳主大凶，導致體弱多病，且距離愈近者愈凶，距離遠者要超出五百公尺以外，靈波才不會妨礙。

③作者見解

A. 我一友人在竹崎近郊處，買一塊地後，因此地住宅旁有孤墓，雖年代久遠，但住後則凶運連連，不但官司糾紛，且心肌梗塞毛病發作頻繁，後經我建議賣掉後，此現象就明顯改善了。

B. 另一友人，住大甲，宅前剛好有一公墓區域，其子第一胎、第二胎懷孕時，皆流產夭折，第三胎則生下來滿一歲也夭折，後經我堪查，並以符法鎮壓凶靈惡煞，接下來一胎才順利生產，在七十八年胎兒已二歲了。

C. 作者對此住宅附近墓煞，不斷考據印證，有一明顯事實，應驗在疾病上—「血友病」，五六個血友病的案例，都是出生時，血地附近有古墓、陰廟，在胎兒剛成形時，就被地縛靈干擾潛伏，後來時間節氣成熟，一發不可收拾。

(3)精神失常的原因不外有二：

①腦部受傷②腦垂體受靈波干擾。

由陽宅格局引起的，有下列跡象：

①棺木煞②安神不慎或啟靈問題。

此外常然還有很多的因素，風水方面又如陰宅葬地不吉而形成，但這些是屬於靈魂學範疇，不在陽宅方面探討。

五、某堪輿師鑑定陽宅時，宅主謂家中有人常會無緣無故而想自殺。
　　試問，這是陽宅關係，或有其他因素，針對此點，個人就陽宅格
　　局中討論其因？

答：

1. 原因：

　家中有人常有自殺念頭，原因當然不只陽宅格局一項，如陰宅風水導致
　的遺傳現象、附靈、陽宅格局、精神刺激等，都有關係。

2. 探討：（從陽宅格局方面言）

　作者曾經在雲林縣、台中市等地發現過這些案例，歸納原因如下：

　⑴四合院或三合院日久失修，格局破壞。

　⑵宅中改建不當。

　⑶宅中樓梯位置不對，宅中氣流受強烈分割。

第十章　陽宅景觀

──講座焦點──

　　本章重點在說明，如何由地理環境的有利條件中，去尋求好的陽宅地點，並注意附近的山、路、橋、樹等等項目的方位排列，在陽宅風水學中，謂之理氣巒頭理論。

整體表解

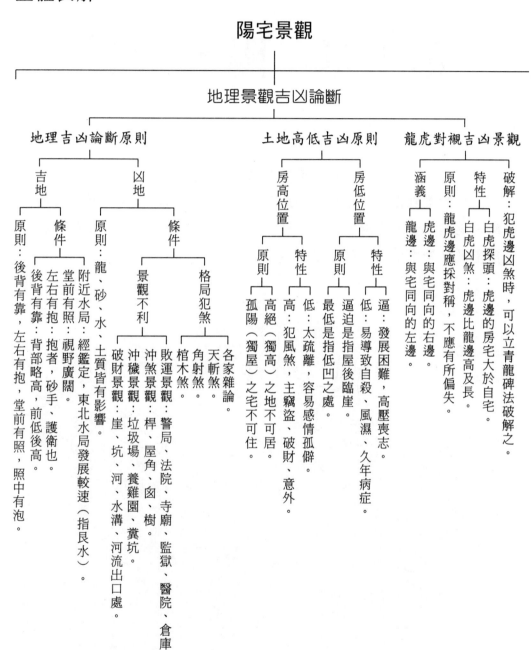

陽宅景觀

地理景觀吉凶論斷

地理吉凶論斷原則

吉地
- 原則：後背有靠，左右有抱，堂前有照，照中有泡。
- 條件
  - 後背有靠，左右有抱，堂前有照，照中有泡。
  - 背部略高，前低後高。
  - 抱者，砂手、護衛也。
  - 左右有抱：視野廣闊。
  - 堂前有照：視野廣闊。
  - 附近水局：經鑑定，東北水局發展較速（指艮水）。

凶地
- 原則：龍、砂、水、土質皆有影響。
- 條件
  - 景觀不利
    - 破財景觀：崖、坑、河、水溝、河流出口處。
    - 沖穢景觀：垃圾場、養雞園、糞坑。
    - 沖煞景觀：桿、屋角、凶、樹。
    - 敗運景觀：警局、法院、寺廟、監獄、醫院、倉庫、礦油行等。
  - 格局犯煞
    - 棺木煞。
    - 角射煞。
    - 天斬煞。
    - 各家雜論。

土地高低吉凶原則

房高位置
- 原則
  - 孤陽（獨屋）之宅不可住。
  - 高絕（獨高）之地不可居。
- 特性
  - 低：太疏離，容易感情孤僻。
  - 高：犯風煞，主竊盜、破財、意外。
  - 最低是指低凹之處。
  - 逼迫是指屋後臨崖。
  - 逼：發展困難，高壓喪志。
  - 低：易導致自殺、風濕、久年病症。

房低位置
- 原則
- 特性

龍虎對襯吉凶景觀

涵義
- 龍邊：與宅同向的左邊。
- 虎邊：與宅同向的右邊。

特性
- 白虎凶煞：虎邊比龍邊高及長。
- 白虎探頭：虎邊的房宅大於自宅。

原則：龍虎邊應採對稱，不應有所偏失。

破解：犯虎邊凶煞時，可以立青龍碑法破解之。

（續）陽宅景觀

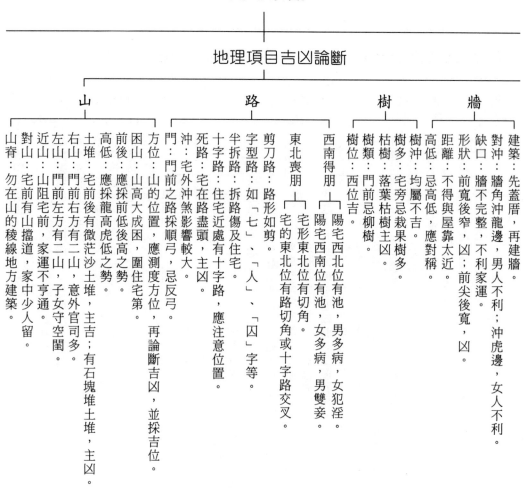

地理項目吉凶論斷

山

山脊：勿在山的稜線地方建築。

對山：宅前有山擋道，家中少人留。

近山：山阻宅前，家運不亨通。

左山：門前左方有二山，子女守空閨。

右山：門前右方有二山，意外官司多。

高低：應採龍高虎低之勢。

前後：應採前低後高之勢。

困山：山高大成困，圍住宅第。

方位：山的位置，應測度方位，再論斷吉凶，並採吉位。

土堆：宅前後有微茫沙土堆，主吉；有石塊堆土堆，主凶。

路

門：門前之路採順弓，忌反弓。

沖：宅外沖煞影響較大。

死路：宅在路盡頭，主凶。

十字路：住宅近處有十字路，應注意位置。

半拆路：拆路傷及住宅。

字型路：如「七」、「人」、「凶」字等。

剪刀路：路形如剪。

東北喪朋

西南得朋

陽宅西南位有池，女多病，男雙妾。

宅形東北位有切角。

宅的東北位有路切角或十字路交叉。

陽宅西北位有池，男多病，女犯淫。

樹

樹位：西位吉。

樹類：門前忌柳樹。

枯樹：落葉枯樹主凶。

樹多：宅旁忌栽果樹多。

樹沖：均屬不吉。

牆

建築：先蓋厝，再建牆。

對沖：牆角沖龍邊，男人不利；沖虎邊，女人不利。

缺口：牆不完整，不利家運。

形狀：前寬後窄，凶；前尖後寬，凶。

距離：不得與屋靠太近。

高低：忌高低，應對稱。

（續）陽宅景觀

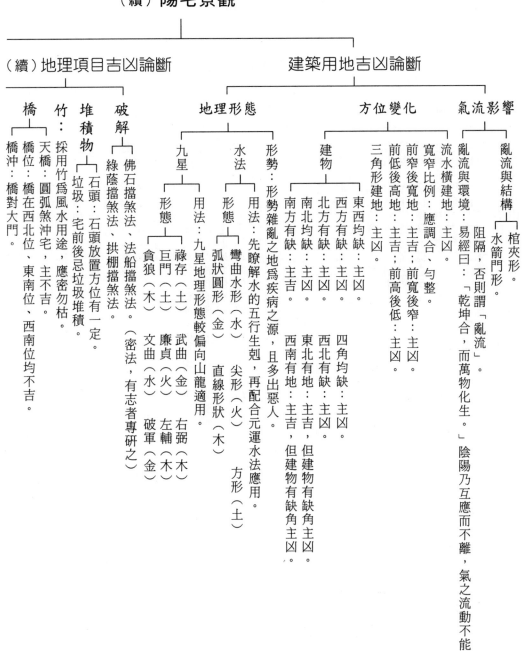

（續）地理項目吉凶論斷　　　建築用地吉凶論斷

地理項目吉凶論斷

橋：
- 橋沖：橋對大門。
- 橋位：橋在西北位、東南位、西南位均不吉。
- 天橋：圓弧煞沖宅，主不吉。

竹：
- 採用竹為風水用途，應密勿枯。

堆積物：
- 垃圾：宅前後忌垃圾堆積。
- 石頭：石頭放置方位有一定。

破解
- 佛石擋煞法、法船擋煞法。
- 綠蔭擋煞法、拱棚擋煞法。
- （密法，有志者專研之）

建築用地吉凶論斷

地理形態

九星
- 形態
  - 祿存（土）
  - 巨門（土）
  - 廉貞（火）
  - 文曲（水）
  - 貪狼（木）
  - 武曲（金）
  - 左輔（木）
  - 破軍（金）
  - 右弼（木）
- 用法：九星地理形態較偏向山龍適用。

水法
- 形態
  - 彎曲圓形（水）
  - 弧狀圓形（金）
  - 尖形（火）
  - 直線形狀（木）
  - 方形（土）
- 用法：先瞭解水的五行生剋，再配合元運水法應用。

形勢：形勢雜亂之地為疾病之源，且多出惡人。

方位變化

三角形建地：主凶。

寬窄比例：應調合、勻整。
- 前窄後寬地：主吉；前寬後窄：主凶。
- 前低後高地：主吉；前高後低：主凶。

流水橫建地：主凶。

建物
- 東西均缺：主凶。
- 西方有缺：主凶。
- 北方有缺：主凶。
- 南方有缺：主凶。
- 南北均缺：主凶。
- 東北有缺：主凶。
- 西北有缺：主凶。
- 四角均缺：主凶。
- 西南有地：主吉，但建物有缺角主凶。
- 東北有地：主吉，但建物有缺角主凶。

氣流影響

亂流與結構
- 棺夾形。
- 水箭門形。

亂流與環境：易經曰：「乾坤合，而萬物化生。」陰陽乃互應而不離，氣之流動不能有

本章內容

一、鑑定宗旨

　　《黃帝宅經》曰：「地善，苗茂盛；宅吉，人興隆。」房宅坐落方位，地氣衰旺，龍脈起伏，風勢轉變，街道交叉，水道陰陽等，關係人類磁場，與家道興衰十分密切。

二、鑑定實例

　　我曾經鑑定朋友的一塊宅地，宅後緊臨山壁而建，我觀看其附近形勢及格局，直言斷定爲「生癌厝」，朋友一聽，大驚失色，原來其夫頸癌死亡，其女亦生癌，本身目前也生癌。又有朋友問我，「房子後面有空地，吉凶如何斷定，又如何利用？」，這些都是我們要鑑定的焦點。

　　另外還一點需注意的，就是五十坪以上兼鑑外事，五十坪以內，內事比外事影響大，所以堪輿師鑑定陽宅的重點應把握得當。

第一節　　地理景觀吉凶論斷

一、地理吉凶論斷原則

1.吉地原則
　　後背有靠，左右有抱，堂前有照，照中有泡。

2.吉地條件
　　(1)後背有靠：背部略高，即整個土地及格局而言，應前低後高，但背要有靠，爲先決條件。
　　(2)左右有抱：左右有砂手（護衛），主藏風聚氣，才能貴人多助，否則貴氣易散。

(3)堂前有照：前面視野要廣闊、平坦、下斜、遠映有湖光更佳。

(4)附近水局：水局重方位得當與否，例如坐坎向離宅第，住宅東方有流
水，西方有大道，南方有空地，北方見高山，則主大吉大
利。

3.凶地原則

一般凶地在陰宅上，當然其限制較多，如龍、砂、水、土等，皆有影
響，但在陽宅上最重要是土質，即土質應介於一般土及黏土間爲良土，
如沙多、石多皆爲忌。

4.凶地條件

⑴景觀不利　　【習俗觀念】

凡宅地面對下列景觀皆屬不利：

①斷崖②深坑③河流④大水溝（加蓋也主凶，散財）
⑤河流出口處（散氣）⑥垃圾場⑦電桿⑧屋角⑨養雞園
⑩糞坑⑪煙囪⑫寺廟⑬法院⑭警局⑮監獄（主倒運）
⑯醫院⑰倉庫⑱樹⑲礦油行

破財	崖、坑、河、水溝、河流出口處
沖穢	垃圾場、養雞園、糞坑。
沖煞	桿、屋角、囪、樹。
敗運	警局、法院、寺廟、監獄、醫院、倉庫、礦油行

⑵格局犯煞　　【列舉常見形煞】

①棺木煞

棺木煞者，指其格局形如棺木，或宅前有形如棺木之象，剛好其位
在曜煞，因氣流凝聚之關係，及曜煞角度之關係，常會導致不利意
外、厭世、血光之現象。（如圖①）

■圖①　棺木煞的一種，又稱蓋棺煞

②角射煞

指陽宅宅前，被屋角、屋壁、屋脊、水塔或有角度之物體所沖射，
因把氣流轉變爲尖銳之氣迎街而來，居住一段時間後，也會有損
丁、散財、浪蕩離鄉之情況發生。（如圖②）

■圖②　角射煞　　　　　　■圖③　天斬煞

③天斬煞

二幢房子間狹小的空間，主犯是非、血光，如有意競選者，特別對競選者相當不利。（如圖③，請見前頁）

④各家雜論　　【一般觀念】

A. 兄弟分家後，不宜在原地另建新宅。（此原則乃指固有農業時代三合院格局而言。）

B. 連棟住宅頭尾二家，易犯竊盜。

C. 住宅四邊皆爲巷道，犯囚字，主大凶。

D. 住宅中央留有空地，主凶。

如長方形、方形，則會犯棺字形訣，更凶。

E. 無情乃反弓，有情乃順弓，反弓者，指一切周圍環境之因素，不僅是水與路而已，如建築、池塘、堤岸、圓環、大樹、土堆、明堂等皆是。

所影響程度，則視大小、距離、人潮、彎度而定。

F. 如在糞坑、垃圾堆等土地上蓋屋亦不吉、須等六年後，穢氣自然消散時再蓋。

【作者見解】

宅第的格局煞，在「格局選」一書中，就有代表典型一百種格局煞，在此僅列舉幾種常見者，增加讀者瞭解。

二、土地高低吉凶原則

房 高 特 性	房 低 特 性
1.原則 　孤陽（獨屋）之宅不可住。 　高絕（高處）之地不可居。 2.特性 　(1)高 　　①一片房屋中，顯得特別凸高者 　　②犯八風，風煞。 　　③主竊盜，破財。 　　④防意外，他殺。 　(2)絕 　　①一片房屋中，顯得特別疏離 者。 　　②無依無靠。 　　③感情不合。 　　④孤僻個性。 　　⑤子孫離散。	1.原則 　最低：低凹之處。 　逼迫：屋後臨崖。 2.特性 　(1)低凹影響 　　①自殺。 　　②風濕。 　　③小兒麻痺。 　　④氣喘。 　　⑤大水入無小水出，更易得怪 症。 　(2)逼迫 　　①困難 　　②高壓而志難伸。
例外： 　(1)特別有福氣者例外。 　(2)有螺旋而上之地氣者例外。 　　此地氣之辨別，乃查此地有無螺旋式的色土。	

三、龍虎對襯吉凶景觀

1.涵義

　(1)龍邊：與宅同向，左邊謂之龍邊。

　(2)虎邊：與宅同向，右邊謂之虎邊。

2.原則

龍虎邊應採對稱存在，但如難以比例時，龍邊可較長及較高。但如「龍高虎長」及「龍長虎高」則亦稱之對稱。

3.特性

(1)白虎凶煞：虎邊比龍邊高及長時，謂之白虎凶煞，會有奴才過主人，老婆打老公之特性，如果住在虎邊人家者，便有下列特性：

①過分神經質。

②心懷叵測。

③鬥爭性高，但實際上發揮不出來，僅流於脾氣泛濫。

④過分喜歡權力，形成奴欺主，陰犯陽傾向。

　　作者曾考證過五、六個白虎凶煞案例，其中有一實例特別明顯的是，宅主的事業投資占大股，但卻被占小股者，欺占名義，此現象也是白虎凶煞「象」之一，謂之「小股犯大股」。

(2)白虎探頭

①住宅虎邊的房子，不能比自家的房子高，主不利及意外血光。

②在同格局內，虎邊最好不要興建房舍，主不安寧，常犯是非。

4.破解

如有虎邊凶煞時，可立「青龍碑法」來破解之，（青龍碑法牽涉修持，有志者專研之）。

第二節　地理項目吉凶論斷

一、山

　　在地理項目，山的影響極大，此部分專指山對陽宅之影響，本來山是影響整個層面的，如某村莊因山的影響，而發達較慢等等，比較明顯的，如海邊村落因無山，故生活清苦，山中村莊，因四面環山，也顯得十分貧困，故山不宜太高，不宜太緊，不宜太逼，另外山也會影響居住者的個性，如淫、如躁、如閒、如盜，所以在陽宅驗證定義中，實不可忽略。

1. 山脊　　【方位學術】

(1)定義：脊者，山上方稜線部分也。

(2)應用：

　　住宅不可在山脊上建築，或建在山谷山入口處，主災病連綿。

2. 對山：　　【方位學術】

(1)定義：對者，正也，對山指宅前有山擋道。

(2)應用：

　　①二列山丘對面列，家中少人留，外出獨立多。

　　②宅對山丘有雙道，子孫出外作軍郎。

3. 近山：　　【方位學術】

(1)定義：近者，逼也；山者，停也。

(2)應用：

　　開門百公尺內見山，主不吉，家運不亨通，如近山山陵地有公墓，更是不吉。

4. 左山：　　【方位學術】

(1)定義：左山又謂「對對青龍」。

(2)應用：

　　門前左方有二山，謂對對青龍，女子未嫁守空閨，防婚事難成。

5. 右山：　　【方位學術】

(1)定義：右山又謂「對對白虎」。

(2)應用：

　　①門前右方有二山，謂對對白虎，防女淫。

　　②如山從右邊來，止於宅前，更防意外、官司、是非。

6. 土堆

(1)定義：土堆又稱墩，包括沙或土壤之堆積。

(2)應用：

　　①宅舍前後如有微茫沙之土墩者，主發財。茫土沙堆指土質特異，並非質地堅硬者。

②宅舍前後如有石堆、硬土堆，反主凶象，謂藥石堆，有災疾。

7. 高低：

⑴定義：此處所謂高低乃指龍高虎低象。

⑵應用：

例如依山形建造的宅屋，若西高東低，則在此山形造宅時，大門須向正北，方合格局，此乃取龍高虎低之勢也。

8. 前後：

⑴定義：此處所謂前後乃指前低後高象。

⑵應用：

宅後有山丘，前及左右是平地或水池，此水為自然或人工的，效果都一樣，均主富貴、延壽、平生少災，而山丘指小山。

9. 困山　【一般觀念】

⑴定義：困，高大而困也。

⑵應用：

陽宅四周皆有高山圍困，主人丁少且愚，但如為微茫式高崗則吉，微茫式高崗為小型丘。

10. 方位　【方立學術】

⑴定義：方位即依山的位置，而論吉凶。

⑵應用：

①東山：

有高山串連，主人丁稀少、事業不振、多口舌、紛爭、刑傷。

②西南山：

A. 西南位如有小山丘，主暢達如意，可逐漸富貴。

B. 北位有空缺，若有山崗彌補，可致安康。

③北山：

有小山吉，有墳並無凶象，若南及北位均有小山丘，則主凶，謂之「南北夾殺」。

【作者見解】

　　風水學對山的鑑定法則，除了上述理論之外，我們應再體認一點原則，就是說在者陽宅環境整潔的立場而言，山忌陰暗逼宅，如山頭高壓，山坡地靈不潔（前有墳場或垃圾），三陽不照等，都是陽宅學上的禁忌。

二、路

1.弓　　【風水觀點】

　　(1)定義：弓者；彎曲也，呈 S 型存在，在彎曲之內，謂順弓，在彎曲之外，謂反弓。（如圖③④）

　　　　■圖③道路反弓　　　　　■圖④道路反弓

　　(2)應用：

　　　①順弓：屋前小路蜿蜒，宅在順弓之內，主平安富貴，愉快美滿。

　　　②反弓：

　　　　A.反弓在宅前直沖大門；則主破財、意外，更甚者爲父子反背，父子如仇。

　　　　B.屋子右邊有直路，與宅前彎弓相交，防破財、官司、自殺。

2.沖　　【風水觀點】

(1)定義：沖者；直射也，因射線直瀉，正對者氣太旺，犯殺。

(2)種類：包括路沖、水沖、弓沖等。（如圖⑤）

■圖⑤道路直沖，又稱死路屋

(3)應用：

①屋内、屋外都有影響，但以屋外犯沖影響不利程度較大。

②主有意外、自殺、他殺、謀殺、破財等。

③對女性事業尤其不利，會出孤兒、寡婦、犯淫、官司等。

④有財難聚，心神不寧。

⑤警局、市府、寺廟、醫院等公眾出入頻繁場所例外。

(4)破解

如有犯沖及弓煞時，可以「密禳擋煞法」來破解之。

（密禳擋煞法牽涉密法修持有志者專研之）。

3.死路　　【風水觀點】

(1)定義：死者，盡也，死路與死巷意同，指此路不盡通，宅在路盡頭。

(2)應用：

房屋落座在死巷盡頭，主破財、是非、口舌、傷身，乃宅中不寧之兆
也。

4. 十字路　　【風水觀點】

(1)定義：兩直路交接成十字，謂之。

(2)應用：

①住宅近處有十字路，交點在西南方，婦女性慾強，犯淫。

②宅逢路弓，且宅右邊又有十字路，主自殺、破財、官司等。

5. 半拆路　　【風水觀點】

(1)定義：半拆，乃因開路、拓寬道路等，而住宅被拆除一半，謂之。

(2)應用：

①拆除東南、南、西南、西：對女不利。

②拆除東北、東、西北、北：對男不利。

6. 字型路　　【風水觀點】

(1)定義：道路成字型，如「七」、「人」、「囚」等。

(2)「人」字型道路入門來，家人有繫囚牢。

7. 剪刀路　　【風水觀點】

(1)定義：剪刀指路的形狀。

(2)應用：

凡路或水勢，一分爲二形成夾路
或夾水謂之，入宅後宅主易意
外，如不喪命則破產。

■剪刀路

8. 東北喪朋　　【方位學術】

(1)定義：易曰：「東北喪朋，西南得朋」，此處關鍵在宅之東北位。

(2)應用：

①宅形正方，但在東北方有路切角者，主散財、失敗。

②宅地在正轉角間，又正巧在東北切角者，亦應防散財及失敗。

③住宅近處有十字路，交點在東北位，無子嗣、損丁。

(3)圖示：

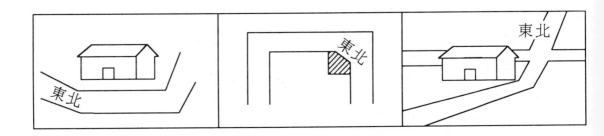

9. 西南得朋：　　【方位學術】

(1)定義：易曰：「東北喪朋，西南得朋」，此處關鍵在宅之西南位。

(2)應用：

①陽宅之西南方有池塘。

西南：坤卦，得先天巽氣，坤爲母，巽爲長女，全爲陰象。

象意：女人多疾病，男人有雙妻緣。

②陽宅之西北方有池塘。

西北：乾卦，得先天艮氣，乾爲父，艮爲少男，全爲陽象。

象意：男人多疾病，女人爲淫蕩相。

【作者見解】

　　除了以上觀念之外，應再了解「路」與氣流有關，所鑑定的原則應把握符合美感要求的曲線美，和有情與無情觀念。

三、橋

1. 橋沖　　【一般觀念】

(1)橋對沖大門主破財。

(2)在橋端入口二旁開店：破財。

2. 橋位　　【習俗觀念】

(1)木橋從西北方直沖住宅：家敗氣散，人不長壽。

(2)住宅東南及西南位有橋：先發財、後改性、再破財、人丁不旺。如公寓者，影響至第二層樓。

3. 天橋　　【風水觀點】

住宅在天橋邊，高架路邊，高速公路邊，尤其是圓孤外緣，大凶。

四、樹

1. 樹位　　【一般觀點】

(1)院中西邊種榆樹：避邪。

(2)宅西邊種松樹：有財運。　　【習俗觀念】

(3)宅中西北種大樹：主吉。　　【習俗觀念】

但在歲煞年，不得砍除，否則年歲一到防大禍，有損丁。

(4)宅東及南位巨濃蔭：有礙健康。　　【習俗觀念】

2. 樹類　　【習俗觀念】

門前種柳樹：家運日衰。

3. 枯樹

屋旁有落葉枯樹：對老人健康不利，並對精神有害，嚴重者有手腳疾病。

4. 樹多

宅旁果樹過多，對宅運不利：因果樹會吸收地氣，使地靈衰落。

5. 樹沖　　【一般觀念】

(1)凡被樹對沖之面、門、窗、屋角，可運用大盆景擋住煞氣。

⑵窗前樹遮光，家中生盲人。

⑶蔭樹沖門口，家中白痴兒。

6. 其他

⑴宅外樹木上有蟻窩：易犯小人，對事業不利。

⑵大樹穿屋：大凶。

⑶回形住宅、四合院、中庭天井、最喜空曠，如種樹挖池，則災病連連。影響最明顯及最有驗證力的是：破財、傷骨、傷目。

⑷除草留根：徒增禍端、開運遲、苦難連連。

⑸東不種杏、西不種桃、以及桑、藤太多均主不祥。　　【習俗觀念】

【作者見解】

　　樹多主陰，這是必然的道理，但樹的種類比較次要，主要是種樹的方位及高低，所以宅第附近植樹者，應注意下列原則：

⑴方位：不要種在曜煞位上，否則就形成凶煞剋物。

⑵高度：不要超過一樓高度以上。

⑶動土：植樹時，應注意該年該方位是否可動土，如果沒有碰到太歲方位，就可挖掘植樹，萬一該年要植樹之處，為太歲方，那麼就不要勉強「太歲頭上動土」。

⑷枯榮：種了樹木之後，就要看照顧的功夫了，光植不顧，就失了植樹之意義，尤其是犯了「門前有枯樹」或「枯樹穿宅頂」等等，就大不妙。

　　最後尚應提醒的是，種樹勿太多、太近宅第，反而有陰濕之虞，也忌樹根穿庭入宅，會導致糾紛是非之意象。

五、竹

1. 密竹林圍屋：平安富貴。　　【習俗觀念】

2. 疏竹林圍屋或庭前林竹或枯竹當擺飾：精神不振。　　【習俗觀念】

【作者見解】

　　對竹的鑑定原則，作者認爲乃防風觀念的一再演進結果，所以在參研各家學派提出看法之時，應有此點真正認識，並非陽宅「非竹不發」或「有竹必發」。

六、牆

1. 高低　【習俗觀念】

　　(1)一般爲比常人身高略高即可，忌過高及封閉宅第。

　　(2)牆過高及門過大，而成不成比例狀，則爲凶相，主要影響人際關係，以表現其個性，或主家中有孤癖性。

　　(3)牆如監獄（過高又另加鐵絲網）：主日窮及友散。

　　(4)過低及不完整（有破缺）：家中有跛女。

　　(5)大門兩邊圍牆一高一低（一大一小）或長短不同：主減壽及孤寡。

　　　　①左邊大：有換妻之可能（青龍傷妻）。

　　　　②右邊大：主人（宅主）壽不長。（白虎傷壽）。

2. 距離　【習俗觀念】

　　離屋不得太近（至少二尺以上），否則破財、窮困，及週轉不靈。

3. 形狀

　　(1)前寬後窄而尖：倒三角形，主自殺、絕症、精神病。　　【風水觀點】

　　(2)前尖後寬：破財及精神官能病症。　　【風水觀點】

4. 缺口　【習俗觀念】

　　(1)不完整：不利家運。

　　(2)開窗（又謂朱雀開口）：是非、口舌。

　　(3)東北方有缺口：上法院、醫院。

5. 對沖　【習俗觀念】

　　(1)被圍牆角對沖左邊（龍邊）：男人不利。

　　(2)被圍牆角對沖右邊（虎邊）：女人不利。

6. 建築　　【習俗觀念】

建獨棟住宅時，先建圍牆：犯囚字訣，難完工。　　　【美化觀點】

7. 其他

(1)圍牆上有類似古代「觀」狀式屋簷，而寬二尺以上：女權當政。

如寬四尺、五尺：官司不斷。　　【風水觀點】

(2)圍牆上爬籐纏繞：陰崇官司。　　【忽略觀念】

(3)有圍牆的房子，房屋內地基要較高，否則失敗。　　【風水觀點】

(4)圍牆門和住宅門成直線：主凶，必須擇一修建，改變方向。

【習俗觀念】

(5)庭院有太多小石塊：主凶，陰氣重，對老人不利。　　【習俗觀念】

(6)圍牆內，庭院中種大樹：主凶，尤其在東北、西南更大凶。

【習俗觀念】

(7)宅之前後用鐵厝把庭院密封住：影響社交及人際關係，並主孤癖。

【作者見解】

　　在風水環境學形成的觀念中，避免危險、防盜觀念的前提下，圍牆是首先被重視的，時代在演進，昔日的圍牆防盜已漸改變爲鐵窗行業，所以堪輿師在鑑定圍牆時，儘可往風候觀點及建築景觀去考量，兼顧牌樓或圍牆門之有無尅應即可。

七、堆積物

1. 定義：堆積物一般指垃圾、石頭、雜土堆等。

2. 應用：　　【環保意識】

(1)垃圾：

宅前後如垃圾堆積，則對宅運影響大，癆病多。　　【美化觀點】

(2)石頭、雜土堆

①碎石舖路：陰氣重重。　　【習俗觀念】

②長石（奇石）擋宅前：不利子女，並有男左女右之特徵。

③家中有成堆石頭：孕婦流產、目疾。　　【方位學術】

④宅前成堆石頭：易感冒及犯呼吸毛病。　　【方位學術】

⑤宅中大石：婦女犯心臟病。　　【方位學術】

⑥餐廳內石頭過多，陰氣過重，影響生意衰退。　　【方位學術】

【作者見解】

　　陽宅應維持環境整潔，如污穢、陰暗、凶氣、敗局、污水、陰穢等皆不吉，堆積物必然會產生污穢、陰穢，所以鑑定堆積物時，應往環境整潔的前提考量。　　【風水觀點】、【環保意識】

八、其他

1. 住宅南方保留有空地：大吉。　　【方位學術】

2. 住宅後面有空地：大吉。　　【方位學術】

3. 涼亭與住宅或別墅相連：災禍不斷。　　【風水觀點】

4. 涼亭以遠離住家為吉，避免沖犯曜煞。　　【風水觀點】

5. 有騎樓地的商地或商店風水較佳，但騎樓內不宜堆積雜物，騎樓上不宜當臥室、起居室，否則不利，尤其有破財、妨人丁跡象，尤以該年該方位逢太歲時為凶。　　【習俗觀念】

6. 子女的住家不可蓋在父母住宅的院子裡，但長子可例外，否則二家會一起衰落。　　【習俗觀念】

7. 內衣晒陽台：家運日衰。　　【習俗觀念】

8. 住宅前有破舊屋舍無人居住，且門窗損壞無法關妥時，最好拆除，否則犯怪病連連，夜夢鬼驚，對婦女尤甚。　　【風水觀點】

9. 獨棟建築旁邊不可連接小屋，俗稱「背布袋」，任何一邊皆不可，以防太歲年，此方位屋脊斜沖：犯破財、暗疾、血光。　　【風水觀點】

10. 門前若見孤獨小屋立，官事臨門來得速。　　【方位學術】

11. 屋後二旁有直屋，叫做「堆車屋」，主凶。　　【風水觀點】

　　屋後有直屋一幢，叫做「直衝煞」，主凶。　　【風水觀點】

如此位置又在曜煞位，更有意外事件。

12.開門見山或見高樓，謂「泰山壓頂」：事業多阻礙。　　【風水觀點】

九、破解

如宅沖隔角煞、天斬煞、直衝煞等不利高物時，可以：

　　1.綠蔭擋煞法。

　　2.拱棚擋煞法。

　　3.佛石擋煞法。

　　4.法船渡宅法。

等方法化解之。

（佛石擋煞法、法船渡宅法牽涉法祭，有志者專研之）。

第三節　建築用地吉凶論斷

一、地理形態

1.九星

(1)九星形態

①貪狼（木）	：木生火。	②巨門（土）	：土生金。
③祿存（土）	：土生金。	④文曲（水）	：水生木。
⑤廉貞（火）	：火生土。	⑥武曲（金）	：金生水。
⑦破軍（金）	：金生水。	⑧左輔右弼（木）	：木生火。

(2)九星圖形　　【一般觀念】

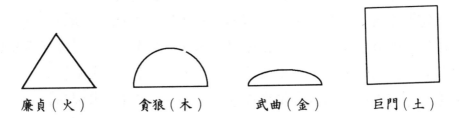

廉貞（火）　　貪狼（木）　　武曲（金）　　巨門（土）

破軍（金）　　祿存（土）　　文曲（水）　　右弼（木）　　左輔（木）

(3)九星用法　　【一般觀念】

九星乃較適用在「山龍」，不適用於「平洋」。

並且乃視其形態及所占的方位和度數，再配合其所屬之五行相生相剋之關係，來論斷吉凶禍福的，在陽宅上，如遇較大格局（入格者），可適用參考之，以求盡善盡美。

2.水法　　【一般觀念】

(1)水法形態

①孤狀圓形（金）：金生水。　　②直線形狀（木）：木生火。

③彎曲水形（水）：水生木。　　④尖形屬性（火）：火生土。

⑤方形屬性（土）：土生金。

(2)水法圖形　　【一般觀念】

孤狀圓形（金）　　直線（木）　　彎曲水形（水）　　尖形（火）　　方形（土）

(3)水法用法

「山」學之研究中，水占相當大的份量，當然陽宅更不例外，此節僅先瞭解水之五行，當再配合元運水法來應用。

3.形勢　　【美化觀點】

　(1)說明

　　　形勢雜亂之地，爲疾病之源，且多出惡人、不良份子等。

　　　此乃因氣雜而不聚，雜者主亂，亂則多凶，常見於村落。

　(2)圖示

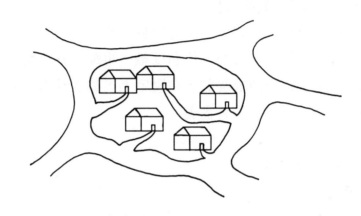

二、方位變化

1.南方　　【說明】　　【方位學術】

　　　南方之地殘缺，或有空地，則建房屋、葬地均主吉利，
年代一久，子孫富貴，多出高官。

2.南方及北方　　【說明】　　【方位學術】

　　　南方及北方的地不全，如果長久居住，則會有爭訟事端
發生。

3.北方

【說明】　【方位學術】

北方之地殘缺，如長久居住，則訴訟官司層出不窮，麻煩甚大。

4.西方

【說明】　【方位學術】

西方之地殘缺，建房屋則損陰德，如長久居住，則傷人口，或意外，及一代不如一代。

5.東方及西方

【說明】　【方位學術】

東方及西方之地殘缺，如長久居住，會生病殘廢，家內不和，女子難出頭，如工型屋等，又稱「金雞玉兔兩不全」。

6.西南

【說明】　【方位學術】

西南之地殘缺，可保平安，住則人口興旺，子孫後代可立大志，做大事，此地之殘缺，指宅前有空地之類。

7.東北　　　　【說明】　　【方位學術】

東北之地殘缺，則可長久居住，人口興旺，富貴名聲四海揚，此地之殘缺，指宅前有空地之類。

8.東北及西南

(1)八卦方位

東北：艮，代表前鬼門。

西南：坤，代表後鬼門。

(2)陽宅建地　　【方位學術】

如陽宅在此二處鬼門之位，恰呈凹凸形狀，都主凶象。

【作者說明】

東北及西南，風水學上有鬼門之稱。缺有吉，指宅前此二方位有空地，缺有凶，指屋宅本身此二方位有缺角。

9.西北　　　　【說明】　　【方位學術】

西北方如殘缺，主建屋不利，長久居住子弟會不成材，及沒有發跡現象。

10.四角殘缺　　【說明】　　【方位學術】

四角均殘缺之建地，不可蓋屋，否則長住會傷人口，及訴訟官司不斷。

11.三角形建地　　【説明】　　【方位學術】

二條馬路斜斜相交於 Y 字形的地方，在交點會產生一塊三角形地皮，依地形吉凶論斷，此乃火形地，建在此地之陽宅，易生火災，並有多糾紛的凶相。

12.前低後高地

前低後高叫晉土，為吉。

前高後低叫楚土，為凶。

《陽宅三要》説：前低後高，世出英豪。

13.前窄後寬地　　【一般觀念】

《陽宅三要》説：前窄後寬，富貴如山。

14.前寬後窄地　　【一般觀念】

《陽宅三要》説：前寬後窄失印逃走，窮苦不利，才短乏嗣。

15.寬窄的比率

地坪與建坪比率必須調合、勻整，這是建築工程上的基本條件。如比率無法搭配，則美觀、安全都會受影響，且防火、通風、採光、格局等物理學上的應用條件都將失利。

16.流水橫建地　　【風水觀點】

流水穿過多幢房屋，及引水入屋，建築在河川旁之住宅等等，家相均不吉利，應儘量避免，主破財、酸痛、風濕、久年苦疾。

三、氣流影響

1.亂流與環境

(1)理論　【風水觀點】

天地氣流乃直射而有互應，內氣通外氣則能成育，才屬吉象。外氣乃陰而未見，內氣乃形而易見，外氣為環境氣流，內氣為內部格局。

《易經》曰：「乾坤合，而萬物化生」，陰陽乃互應而不離，氣之流動，不能有阻隔，否則謂之「亂流」。

(2)實例

①如收音機接收電台波率，若有山阻隔，或在橋下、隧道內，則有斷波現象，此乃音波（頻率）的亂流。

②陽宅的新潮建築，取其創意、新穎、變化多端，但多變則亂，也形成了氣流的亂流。如樓中樓、二樓三等，外形、屋頂、屋面、雜亂無章，多角多稜，內象格局起伏不定，沖梯、沖柱、形成內氣混亂，一如飛機遇亂流會失去主宰，人居亂流之中，亦會產生流失禍害，宅內不和，情緒不穩，身體疾患。

(3)圖示

【說明】
亂流沖宅頂，斜射而下。

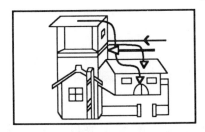

2.亂流與結構

(1)水箭門形

【說明】
亂流斜沖，傾注而入應意外、破財、疾病等。

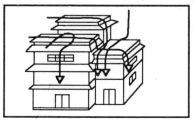

(2)虎頭煞形

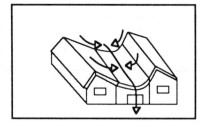

【說明】

虎頭壓主，噴氣傷人，亂流反彈，禍害叢生，乃是非、破財、意外之象。

【作者見解】

　　氣流與風候，同是陽宅學中最重要的項目，而氣流忌亂，風候忌凶，根據作者長期驗證，亂流對成人影響最大的是偏頭痛及酸痛，對小孩影響最大的是人格與個性，吾一友人，入新宅後，次女個性突然變為非常頑皮、叛逆，使他頭痛萬分，經我前往鑑定之後，原因就是他的兒童房格局不全，氣流太亂，經改用其他房間三個月後，已溫良如初了，可見亂流影響之鉅。

科學釋義

一、景觀格局的理論確認乎？

釋：

1.古代概念：

古代祖先們利用簡易風水地理的觀念，在交通與科技均不發達的時代中，不但提出了山川地形的圖形，更創造了包含天文與地理知識的羅經，在無垠的宇宙環境中，指出一個隱藏著牢不可破的脈絡和定理，實在是初步景觀格局的理論基礎。

2.景觀磁波：

以前堪輿家尋龍察脈，坐山立向，穿山格龍，主要目的乃在保護自己，遺澤後裔，但先祖們在風水學的的景觀格局理論中，所表現出智慧的一面，卻也是絕對科學，如景觀格局中的沖、煞、角、射等這些不利的物質，本身也會產生萬有引力及磁場來影響我們。假設景觀波長為(X)，水局波長為(W)，可由下列公式求出：

　(1)計算波長（ X ）公式如下：

　　　　Pr ＝人的質量磁場。

　　　　Mr ＝各物質的質量磁場。

　　　　Pd ＝各質點與人的距離。

　　那麼，波長為 X，則 $X = \dfrac{Pr \times Mr}{Pd}$

　(2)計算水波（ W ）公式如下：

　　　　W1 ＝衝量，又叫衝波引力。

　　　　W2 ＝靜量，又叫靜水引力。

那麼，水波為 W，則 $W = \dfrac{Pr \times (W1 + W2)}{Pd}$

由此二公式形成下列結果：

　　①波長 X 有吉及凶二類。

　　②水波 W 也有吉及凶二類。

　　③不論吉凶，距離愈遠，影響愈小，距離愈近，影響愈大。

　　④吉波愈強，影響愈吉，煞波愈強，影響愈凶。

由此可知在景觀格局的磁場中：

　　①每個景觀格局的凹凸點都是質點，每個質點形成磁場，都能產
　　　生放射能。

　　②水局景觀及風的景觀，本身具有引力磁場，及衝量移動磁場，
　　　相互形成特殊的放射能。

　　③景觀格局的綜合放射能磁場，對人類造成相當比例之影響。

3.現代認知

　　現代觀的科學風水，就是篩選古代落伍概念，引用科學論點，而加
以發揮的堪輿學識，並且以邏輯學理來定義古代正確的風水觀念，使人
認同。

例如：

家居改建或附近房子增建，動土蓋屋，波及磁場、地氣的變化，而

　　①擾亂此地的電磁波，如何化解？

　　②水局不利，如何輔助、利用與克服？

　　等等，這些有關景觀格局的剋應，都是我們今日風水學家的重要研
究課題。

二、見煞就怕。

釋：

凡有沖煞之地，廣義言之包括：

(1)景觀不利：如破財景觀、沖穢景觀、沖煞景觀、敗運景觀等。

(2)格局犯煞：如棺木煞、蓋棺煞、孤寡煞、角射煞、天斬煞、一箭穿心煞等。

但一般人在選擇房屋時，皆僅視有否沖犯尖角、屋刀、沖路等，而且一見沖就怕，便不敢購買居住，其實不是凡煞就有破，仍應考慮下列因素：

(1)範圍：沖煞範圍如超出五十公尺外，影響就小了，在都市裡，建築密集，幾乎宅與宅都有相對沖的機會，如照古代農業觀念的陽宅學作依據，那麼門對門、屋角對屋角，都會嚴重傷害的話，人類也將無法聚集居住，形成都會區了，所以見煞沖時，首先應考慮它的範圍。

(2)角度：本宅與煞沖的角度，如果超出仰角 45° 之外，則無影響了。

(3)高度：本宅與煞沖的高度成正比，即本宅愈高，煞物愈低，影響愈小，本宅愈低，煞物愈高，影響愈大。

(4)大小：本宅與煞沖的大小影響，和本宅與煞沖的高度影響都成正比。

(5)另外尚須考慮的一個因素是氣流，如本宅與街對面的角煞相沖，屋角相對，範圍也在影響度之內，街道人車來往川流不息，不利的影響會受氣流沖亂，反而降低不利影響力，如街道寂寥，當然對面不利氣流橫沖而來，不利影響相對提高。

由上所述，見煞就怕，也倒未必，見煞應防，倒是陽宅風水學不可不注意的一點了。

瓶頸突破

一、某君購買一郊區三合院，自忖合乎風水學上的理氣、理象原則，
又有優秀龍、穴、砂水等條件，試以堪輿師的觀點，說明某君購
買後，是否會飛黃騰達，逐漸富貴，各抒己見。

答：

1. 就購買動機言：

某君當初在郊區購買三合院宅第時，一定有想住在此處之打算，因此處
某君認爲屬大富大貴之宅第，故不會有購買後僅做爲渡假地方而已之想
法，但以另一事實看，原居住者住在此地爲祖宅，如此地真有富貴穴
場，能使人發達，他早就發跡了，又何必苦哈哈的變賣祖產破敗祖業，
由此可見，此地並非好風水。

2. 就居住環境言：

社會是人類的生活圈，離羣索居，到人跡罕至、交通、教育、市場、百
貨均不方便等地區，談何買賣，做何生意？如此處風水絕佳，但也違背
了風水地理上的自然環境和人文環境條件，所以陽宅適用的景觀和陰宅
適用的景觀，絕不能相提並論的。

3. 就宅第磁場言：

宅第磁場與生活習慣息息相關，姑不論其風水吉凶，如僅爲休閒場所，
連本人也不住進此處，吾不知，風水磁場如何產生感應作用。

二、有人謂陽宅有龍虎，虎忌鬧、龍忌臭，所以廁所如果設在龍邊，是否有錯，試分析之。

答：

格局上的龍虎邊觀念，祖傳幾千年，也誤盡天下蒼生幾千年，其真象如下：

1. 針對風水上的外在景觀格局，才有龍虎邊之分。
2. 陽宅的內部格局，應按照卦位即（宅卦）妥為安排，並無龍虎位置之分。
3. 農業時代的陽宅，大都採面南而居，故以正南格局言，才能勉強合乎龍虎邊之說，由於此項風水知識不清，一直以訛傳訛，造成混淆。

由此可知龍虎邊，在真正風水學上，是應視各景觀格局不同而定的，並非一成不變。

三、地理師堪定宅第，見有反弓、路沖等格局，而宅主又無力搬遷，試問有無方法可破解？。

答：

地理師鑑定宅第時，發現反弓、路沖或龍虎不對稱，或其他刑煞地、凶沖射線時，應儘量勸告宅主設法離開此處，若宅主限於客觀條件而無搬離時，堪輿師應以其他方法擋煞，而擋煞法各家有其實驗結果，且牽涉密法修持，故屬於高深風水研究範圍，一位真正入流的風水家應再不斷探討深造。

四、住宅內發生意外災禍，如開刀、死亡、車禍、損丁、疾病等，是否與陽宅景觀格局有絕對關係。

答：

人類發生意外災禍等，歸納其原因如下：

1.命與運所致：流年不利而導致災禍，此為第一癥結。

2.危險的環境：個人接觸危險環境的機會多，當然較危險。

3.景觀格局的剋應：流年使星宿方位變動，產生吉與凶的剋應。

由此可知，從景觀格局所產生宅地不良的刑煞剋應，導致人類的意外凶禍，占人生流程百分之三十強，另外由作者實驗印證得之。

(1)有意外命者：

①逢不利流年會發生。

②發生意外時，在該年的宅地剋應上，也有不利的刑煞應時產生。

③如本來陽宅景觀格局為吉利，在意外之年也會搬入有刑煞之宅地。

(2)無意外命者：

①逢不利流年，會搬出本來不好的景觀格局陽宅。

②逢不利流年，陽宅的景觀格局一定很正確地，適當彌補了宅主的衰運。

所以，我們儘可能不要接觸危險性，意外性高的環境或工作，及儘量防止不利的陽宅景觀格局，那麼人類發生凶禍的機會將會相對減少。

五、地理師堪定宅第，對景觀格局的鑑定，應按照何程序進行？

答：

1. 先觀看宅第的外在地理形態，即視其形態及宅第落座方位和度數，配合卦星所屬五行生剋關係，來論斷吉凶。
2. 再鑑定陽宅格局內的水法五行吉凶。
3. 再視建地的方位變化。

所以堪定宅第景觀格局，等於鑑定陽宅外局環境，應先瞭解九星形態做為參考判斷之依據，再詳看九星五行生剋，再視水法格局，最後再測本建地方位吉凶。

第十一章　陽宅結構

────講座焦點────

　　本章主旨在說明建築物本身的座向、附近山水局及結構形狀，由這些項目來綜合探討其氣流間的相互感應，造成人類的吉凶禍福。

整體表解

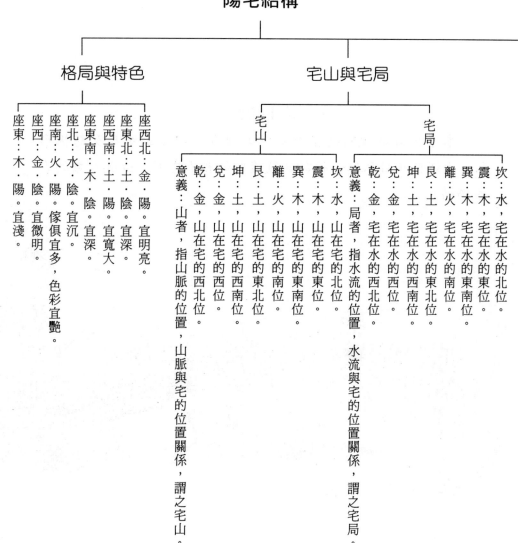

陽宅結構

格局與特色

座西北：金・陽。宜明亮。

座東北：土・陰。宜深。

座西南：土・陽。宜寬大。

座東南：木・陰。宜深。

座北：水・陰。宜沉。

座南：火・陽。傢俱宜多，色彩宜艷。

座西：金・陰。宜微明。

座東：木・陽。宜淺。

宅山與宅局

宅山

意義：山者，指山脈的位置，山脈與宅的位置關係，謂之宅山。

乾：金，山在宅的西北位。

兌：金，山在宅的西位。

坤：土，山在宅的西南位。

艮：土，山在宅的東北位。

離：火，山在宅的南位。

巽：木，山在宅的東南位。

震：木，山在宅的東位。

坎：水，山在宅的北位。

宅局

意義：局者，指水流的位置，水流與宅的位置關係，謂之宅局。

乾：金，宅在水的西北位。

兌：金，宅在水的西位。

坤：土，宅在水的西南位。

艮：土，宅在水的東北位。

離：火，宅在水的南位。

巽：木，宅在水的東南位。

震：木，宅在水的東位。

坎：水，宅在水的北位。

（續）陽宅結構

格局的分類

中心點
- 宅局運轉軸：陽宅不能沒有中心點。
- 合併的宅局：注意中心點的位置。
- 連棟的宅局

局型
- ㄒ、ㄑ型房屋：災病。
- 小孩住畸型房間內：人格發展不全。
- 宅型後方正、前圓型：大吉大貴。
- 凹型房宅：以鐵架帆布補助。

長度
- 左短右長：剋子。
- 左長右短：刑妻剋子。
- 左右不等：對妻、子不利。

寬度
- 前寬後窄：破財、損丁。
- 前窄後寬：富貴如山。
- 縱深橫淺：吉。
- 縱淺橫深：氣管虛弱。
- 火星拖尾：意外、絕症、自殺、火災。
- 宅淺而寬：精神不振。
- 倒田型筆：健康不利、防女禍。

流水
- 污水：患泌尿系統毛病。
- 橫水：凶，不安。

光線
- 透明宅第：住家不宜。
- 紫氣東來：大吉利。

高低
- 屋前低屋後高
- 屋內高屋外低　大吉，反之則凶。

其他
- 凹凸太多的建築物，比零碎的建地吉，不適合商業場所及住宅
- 整批房子的建地
- 倉庫上方建造成住宅，主凶。

（續）陽宅結構

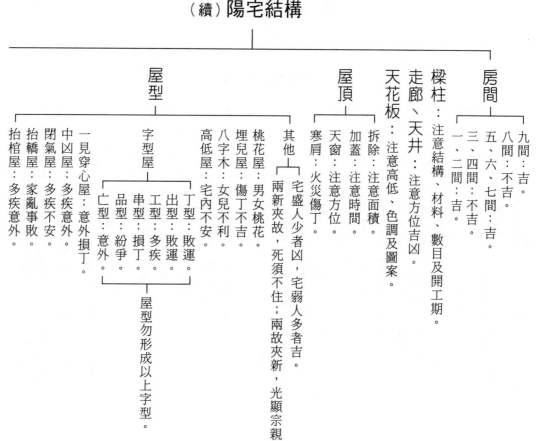

房間
　九間：吉。
　八間：不吉。
　五、六、七間：吉。
　三、四間：不吉。
　一、二間：吉。

樑柱：注意結構、材料、數目及開工期。

走廊、天井：注意方位吉凶。

天花板：注意高低、色調及圖案。
　拆除：注意面積。
　加蓋：注意時間。
　天窗：注意方位。
　寒肩：火災傷丁。

屋頂
　宅盛人少者凶，宅弱人多者吉。
　兩新夾故，死須不住；兩故夾新，光顯宗親。

屋型
　其他
　　桃花屋：男女桃花。
　　埋兒屋：傷丁不吉。
　　八字木：女兒不利。
　　高低屋：宅內不安。

　字型屋
　　丁型：敗運。
　　出型：敗運。
　　工型：多疾。
　　串型：損丁。
　　品型：紛爭。
　　亡型：意外。
　　屋型勿形成以上字型。

　一見穿心屋：意外損丁。
　中凶屋：多疾意外。
　閉氣屋：多疾不安。
　抬轎屋：家亂事敗。
　抬棺屋：多疾意外。

本章內容

一、鑑定宗旨

　　建築技術突飛猛進，陽宅內部格局、建材、裝潢等無不千變萬化，精緻傑作，此乃爲了提高銷售率。在此原則下，造型就趨向生動活潑，方正的陽宅已不流行，多半藉著凹入、凸出之變化，產生多稜多角的立體美感來設計。通常凸出部分，宅相上稱之爲「伸張」，凹入部分，宅相上稱之爲「欠缺」，然而凹入與凸出二者爲相對，必須參照四正四隅八方位來論斷其吉凶。

二、鑑定實例

　　北部吾友因搬入新居之後，小孩突然性情大變，不但偷竊、逃課，而且又時常不回家，不再是聽話的小孩。我鑑定之後，發現小孩流運並不壞，但其臥室的三角形爲火性，宅地犯火煞，難怪人格發展不正，經調整之後，就回復正常聽話的孩子了。

㈠格局與特色　　【方位學術】

座　向	五行	陰陽	原　　則	影　　　響
向　東	木	陽	宜淺，不宜深。	如格局深則家道式微，對健康不利。
向　西	金	陰	宜微明，不宜太亮。	否則女權當政，對男人十分不利。
向　南	火	陽	傢俱宜多，色彩宜鮮艷，宅忌虛氣。	如空虛，則無義勇之氣。
向　北	水	陰	宅宜沉，忌露。	沉則財源大旺，露則人丁單薄。
向東南	木	陰	宅宜深，忌淺。	淺則家業退步，收入不足養家。
向西南	土	陽	宜寬大，忌狹窄。	寬大則人財兩利，窄則破財刻薄。
向東北	土	陰	宜深不宜淺。	淺則福壽不長，得子不聰。
向西北	金	陽	宜明亮忌昏暗。	明亮則人格開朗，否則內向昏庸。

㈡宅山與宅局　　【方位學術】

山脈的座落位			水或道路的方位		
山	山脈的位置	五行	局	水流的方位	五行
乾山	山在西北位。	金	乾局	宅在水的西北位。	金
兌山	山在正西位。	金	兌局	宅在水的正西位。	金
坤山	山在西南位。	土	坤局	宅在水的西南位。	土
艮山	山在東北位。	土	艮局	宅在水的東北位。	土
離山	山在正南位。	火	離局	宅在水的正南位。	火
巽山	山在東南位。	木	巽局	宅在水的東南位。	木
震山	山在正東位。	木	震局	宅在水的正東位。	木
坎山	山在正北位。	水	坎局	宅在水的正北位。	水

1.説明

　(1)山：山的落脈處在宅的西北位，此宅叫乾山。

　(2)局：宅在水的西北位，此宅叫乾局。

2.圖示

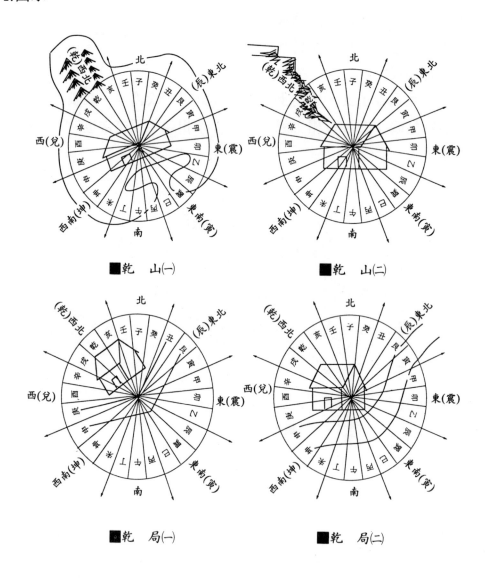

■乾　山(一)　　　　　　　　■乾　山(二)

■乾　局(一)　　　　　　　　■乾　局(二)

3.實例

　有一宅，山在其南，水亦在其南，如以宅山宅局論之，此格局是否適
當？

【說明】

(1)山：此宅爲離山，離爲火。

(2)水：此宅爲坎局，坎爲水。

(3)八卦屬性：

　　乾、兌爲金，艮、坤爲土，震、巽爲木，坎爲水，離爲火。

(4)鑑定結論：在五行相生剋中，水火乃相剋，不適當也。

4.圖示

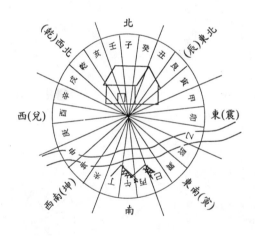

■離山坎局

㈢格局的分類

1.中心點

　(1)宅局運轉軸：

　　中心點即宅第的運轉軸，無中心點的房宅，如回字型、Ｌ型、ㄇ型
　　等，均主宅運衰退。但如整棟陽宅都屬於自用的建築物，中間為天井
　　者較無妨，僅形成破財傷丁之傾向，而無其他嚴重之意外。（此處所
　　謂之傷丁，乃指缺丁也。）

　(2)合併的宅局：

　　有的住宅是宅主購買二幢之後，把二宅中間隔間部份拆開，合併成一
　　幢住宅，此時應特別注意勿影響財位，否則會先盛後衰。

　(3)連棟的宅局：

　　連棟式住宅，有謂居中間之宅第，家運會逐漸衰退，俗稱「挑二
　　邊」。但據作者長期鑑定研究，並無此跡象，全然是風俗所惑，但整
　　棟式住宅，切忌彎弓狀建築，長方形建築的格局是標準的，如形成彎
　　弓狀、凹狀、凸狀均是不利風水的。

2.局型

　(1)Ｔ、＜型房屋：災病，精神不安。

　(2)小孩如住在三角型的房間內，或畸型房間內：人格發展不正。

　(3)住宅造型如後面方正，前面圓型：大吉大貴。

　(4)房子呈現凹入時，謂之欠缺。

　　可在凹入處，搭出「鐵架帆布棚」，則有化凶作用。

　　例如：三合院二邊連接在一起，中間正廳部分，可搭此棚，以圓拱型
　　　　　塑膠布（帆布），延長與龍虎邊等長，以制凶煞。

【作者見解】

　　自古以來，三合院的建築頗受爭議，例如拆除一部分、重建、擴建
等，很容易產生不利剋應，輕者傷、重者亡，不可不慎，最常見的有下列
幾個情況。

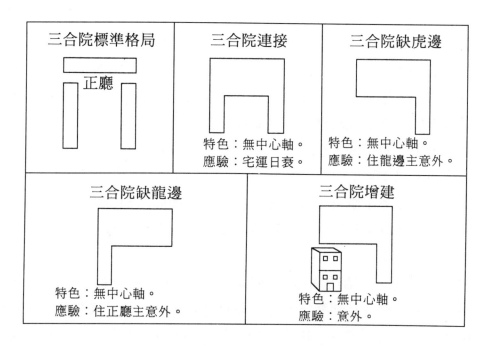

三合院標準格局
正廳

三合院連接
特色：無中心軸。
應驗：宅運日衰。

三合院缺虎邊
特色：無中心軸。
應驗：住龍邊主意外。

三合院缺龍邊
特色：無中心軸。
應驗：住正廳主意外。

三合院增建
特色：無中心軸。
應驗：意外。

3.長度

(1)左右不等：宅左右長度不相等，對妻兒及子嗣不利。　　【風水觀點】

(2)左長右短：刑妻剋子，戶長為妻，則不利子女。　　【風水觀點】

(3)左短右長：剋子，子非孤即貧。　　【風水觀點】

4.寬度

(1)前寬後窄：破財損丁。　　【風水觀點】

(2)前窄後寬：俗稱「口小肚大」，主吉利，富貴如山。　　【風水觀點】

(3)倒田型筆：前尖後寬的三角形建地，主健康，但對宅中女人不利，並防女禍。　　【風水觀點】

(4)火星拖尾：前寬後尖的三角形建地，主意外，絕症、自殺、火災等糾紛不斷。　　【風水觀點】

(5)縱深橫淺：房子縱的深度，比橫的寬度長，主吉。　　【風水觀點】

(6)縱淺橫長：房子橫的寬度，比縱的深度長，易犯氣管毛病，過敏及氣喘。　　【風水觀點】

(7)宅淺而寬：精神不振，缺乏恆心、耐力、易犯氣管毛病，但公寓式的
房子，因有整棟格局的關係，故影響較小。　　　【風水觀點】

5.流水

(1)汚水：建地格局下面有汚水，易犯泌尿系統疾病及酸痛症。

【風水觀點】

(2)橫水：流水橫經建地內，主凶。　　　【風水觀點】

6.光線

(1)透明宅第：住宅雖應保持光線充足，但亦不可太過透明，如實質太過
透明，僅能做辦公室，不宜當住家。否則會有下列情況：

①犯「洩」字，有破財跡象。

②心神不寧。

③容易口角。

④對女性言，易犯外遇、桃花等機會。

(2)紫氣東來：住宅不論何方向，如在東方（位）開窗，謂之紫氣東來，
主大吉。

7.高低

(1)屋內地板比屋外高則大吉，否則犯病難、災禍及爭吵。

【風水觀點】

(2)前低後高的住宅，主世出英豪。

【作者見解】

　　此所謂前低後高的住宅，乃指陽宅的基地而言，影響較大，而房屋格
局的高低影響較小，但並非全無影響，如都會區很多住家，都把陽宅後面
的防火巷增建爲廚房，形成陽宅格局的前高後低，一方面對財影響不利，
一方面使得陽宅的中心點往後拖移，方位已變化了。

8.其他

(1)凹凸太多的建築物，不適合商業場所及住宅。

(2)整批房子的建地比零碎的建地吉，因較能聚氣。　　【一般觀念】

(3)倉庫上方建造成住宅，當作住家居住，久之會產生不安、浮燥而逐漸衰敗，並主大凶。

㈣屋型【列舉常見者分析】

1.抬棺屋

(1)特徵：屋頂上加護樑於樑柱之中間。

(2)應驗：主多疾、凶死、損丁。

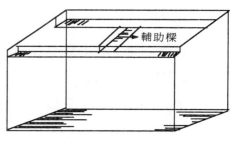

■抬棺屋

2.抬轎屋

(1)特徵：樓房頂端有小屋，前後留空地，或中間宅第高，左右二屋低建如轎柄。

(2)應驗：主家庭生亂、事業失敗、宅主不能雙全、易犯桃花劫及破財，意外。

　　　　如宅頂端小屋呈不規則形狀，又稱沖天煞型，主破財失敗，宅中女主人怪病不吉。

3.閉氣屋

(1)特徵：內氣不通外氣，獨棟宅第無後門者。

(2)應驗：主不平安，多怒氣、疾病生。

【作者見解】

　　並非每棟房屋都應留有後門，但獨棟宅第有後門是比較好，如沒有後門時，窗戶宜略增加亦無妨，否則就稱爲閉氣屋了（無後門又無窗戶），但連棟住宅例外。

　　另外應注意的是，住宅在開後門時，也應注意方位，不能把後門開在財位上，文昌位上等，使氣洩反主不好的凶象。

4.中凶屋

　(1)特徵：一棟房子，居中部分突起升高一米左右。

　(2)應驗：主車禍、血光、疾病、劫財等。

5.一見穿心屋

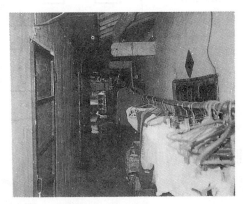

■一箭穿心屋

　(1)特徵：又稱「一箭穿心屋」即屋內門，與通道剛好結合成串字型，由前門直通至後門。

　(2)應驗：主血光、破財、車禍、損人丁。

6.字型屋

　(1)亡型：包括正亡字型、倒亡字型，主血光、意外。

(2)品型：正品字型、倒品字型，主口舌、紛爭、散財、災厄等。

(3)串型：宅中門或通道成一直線，有如串字，主損人、散財、不和。

(4)工型：宅型如工字，主多疾、衰退。

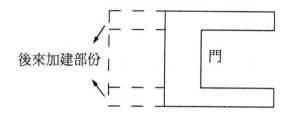

後來加建部份

(5)出型

　①倒出：凶—家運衰退。

　②正出：吉—五路生財。

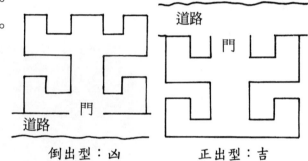

倒出型：凶　　　　　正出型：吉

(6)血型：圍牆連大門形成此型，主血
　　　　光、傷人、意外。

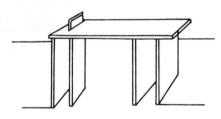

(7)丁型：宅型、建地爲正丁字型或倒
　　　　丁字型，主家運漸衰，但正
　　　　丁字型以離宅爲限，又叫「
　　　　龜頭午」。

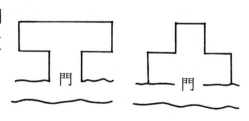

7.高低屋

(1)特徵：前面陽台與後面陽台高度不均，或宅第與路面高度相差比例太大，產生視線不平衡。

(2)應驗：容易造成宅內亂流、思想複雜、精神不安等現象，嚴重者有叛逆個性。

8.八字木

(1)特徵：屋樑下架著八字型的樑柱，又稱「牛母樑」。

(2)應驗：主女兒不聰敏。

9.埋兒屋

(1)特徵：在宅旁（不論方位），加建一間小屋，如雞舍、狗屋等，又稱「拖虎尾寮」，距離愈近影響愈大。

(2)應驗：主傷丁，如夫婦房間之窗戶下有小屋，應慎防墮胎、流產運。

10.桃花屋

(1)特徵：

①大門正對面45°內有樹木。

②該樹木種類爲桃樹、楊桃、櫻花、聖誕紅、玫瑰花、薔薇等類。

(2)應驗：宅中居住之男女易犯桃花。

11.其他理論

①兩新夾故，死須不住；兩故夾新，光顯宗親。

兩新夾故：左右新宅，本身舊宅，主凶也。

兩故夾新：左右舊宅，本身新宅，主吉也。

②宅盛人少者凶，宅弱人多者吉。

宅盛人少：虛脫無根，散氣無情。

宅弱人多：腳印肥氣，聚氣有情。

㈤屋頂

　1.寒肩

　　⑴特徵：凹凸不平、傾斜或屋樑中間拱
　　　　　　起，均謂之寒肩。

　　⑵應驗：易遭火災、破財、傷丁。

　2.天窗

　　屋頂天窗不宜過大，方位不得在西南、東北位，否則易致橫禍。

　3.加蓋

　　⑴遷入前：陽宅加蓋或加建，應在遷入前為之，避免氣流雜亂，獨院
　　　　　　　平頂屋宅，如欲在平頂上另建一間小屋使用，應避免形成
　　　　　　　抬轎屋。

　　⑵遷入後：房子原則上遷入後，最好不要再有加蓋情事，否則身體容
　　　　　　　易有意外事端。

　4.拆除

　　舊屋宅沒有全拆，而重新加建小築在原來架構上，為凶相。

㈥天花板

　1.高低

　　避免過低而降低工作效率，形成壓迫感，影響情緒及健康。

　　　　　　　　　　　　　　　　　　　　　　　　【美化觀點】

　2.色調

　　應儘量配合宅主之幸運顏色佈置。　　　【美化觀點】

　3.圖案

　　人氣與屋氣合一，故應避免複雜，以免受無形雜氣之害。

　　　　　　　　　　　　　　　　　　　　　　　　【美化觀點】

(七)走廊

走廊與樓梯均為屋中之動線，其忌諱有二：

1.忌在財位上，使財散而亂。

2.忌把中心點空洞，如走廊貫穿房宅，如回字型走廊等，均為凶相。

(八)天井

天井不宜設在宅心，此謂中空設計，使屋氣中虛而散，會產生破財、疾病、意外之凶相。　　【方位學術】

比較：

1.屋內有池塘、天井、噴泉、天窗太大均主凶，防意外、橫禍、破財。

2.宅外日月池，應正對宅前，彎拱部分向外不對宅，中心有拱起底部，不宜太深。

(九)樑柱

樑有橫樑及立樑之分，凡橫樑會產生投影壓制，立樑則會產生角射，壓制與角射都有無形氣流凝聚沖射，不可不慎。　　【一般觀念】

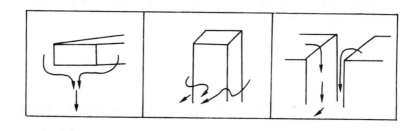

1.結構

門上木造房子的主樑，一定要整支上等木，如有銜接者，大凶。
【習俗觀念】

2.開工

柱應比樑粗大，擇吉日開工，同一日完成立柱架樑，不可分日完工（高樓其中包括好幾戶者例外），而建屋又應由內向外續建。

【習俗觀念】

3.材料

木材宜用陽木，不可用陰木，亦不可有多節木。　　【習俗觀念】

(1)陽木：檜、松、杉、栂。

(2)陰木：栗、楠、檀、槐。

4.數目

(1)內樑數目應單數，如雙則禍害、破財、損丁。　　【習俗觀念】

(2)外樑數目不在此限。　　【習俗觀念】

另外樑不可用輔助方式，形成抬棺屋。　　【習俗觀念】

(十)房間

房間的要項應注意光線、氣流、坪數、對沖及數目和方位。

數目算法，乃把單獨隔間者，均算成一間，再總數合計。

房間數目如下：

(1)　1、2間：吉。

(2)　3、4間：不吉。

(3)　5、6、7間：吉。

(4)　8間：不吉。

(5)　9間：吉。

另應注意者，房間數宜儘量用單數，不宜雙數。　　【習俗觀念】

【作者見解】

房間數目吉與不吉，乃取擇於八卦數，對房間運影響最大的，就是方位與氣流，只要方位符合宅命卦原則，氣流調和對稱，也就是吉利房間了。

科學釋義

一、宅局。

釋：

　　堪輿吉凶，乃大地山水聚合之吉凶，山谷陽基以藏風爲美，平洋以得水爲要，都市以形局爲佳，此宅局之論，乃針對都市形局爲補充，論述其中較明驗特殊部份。（公寓房子則以整棟建築格局論。）

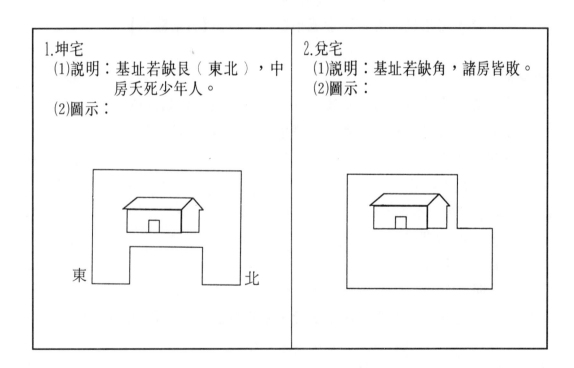

1.坤宅	2.兌宅
(1)說明：基址若缺艮（東北），中房夭死少年人。 (2)圖示：	(1)說明：基址若缺角，諸房皆敗。 (2)圖示：

3.艮宅
　(1)說明：基址若缺坤（西南），長
　　　　房無子。
　(2)圖示：

4.乾宅
　(1)說明：基址若缺離（南），屋中
　　　　有女瞎。
　(2)圖示：

5.坎宅
　(1)說明：基址若缺巽（東南），長
　　　　房死少年人。
　(2)圖示：

6.震宅
　(1)說明：基址若缺乾（西北），長
　　　　房有遺腹子。
　(2)圖示：

7.巽宅
　(1)說明：基址若缺震（東），長房
　　　　有夭嗣。
　(2)圖示：

8.離宅
　(1)說明：基址若缺乾（西北），長
　　　　房無子。
　(2)圖示：

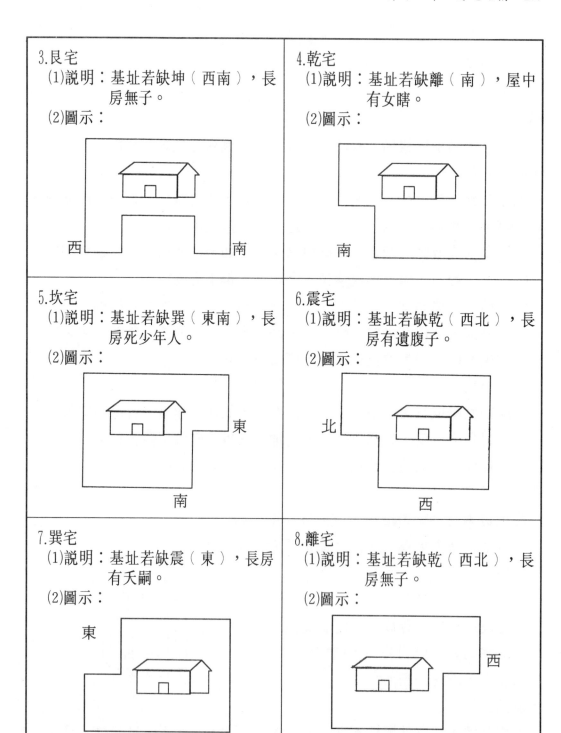

二、凶局。

釋：

　　陽宅的結構與格局，應注意凶局，作者例舉常見者，判斷如下：

1.明堂犯劫

　　明堂在風水學上稱「朱雀」，寬平坦整齊，不得雜亂，否則災應連連。

　　(1)鐵架、高物、枯樹，居天劫、地刑位，多病災。

　　(2)明堂前逢教堂、廟宇，多破財又傷丁，如宅坐西向東，應驗更明顯。

　　(3)沙堆、碎石，居流年歲煞位，多眼疾、傷丁災應。

　　(4)宅前小屋堵明堂，凡壁刀、屋角均不利，三年內多意外損傷。

　　(5)明堂前曜煞位有水射、路沖，天劫、案劫、地刑位有角射入，多狂人並主大凶，如曜煞位逢孤木，應女兒發狂。

2.火星拖尾

　　(1)屋前圍牆成三角形格局，多破財意外，如連棟建築，右邊住宅傷丁，左邊住宅傷陰，如爲自己住宅建地，則拆除圍牆可轉吉利。

　　(2)連棟住宅，宅前空地爲三角形格局，居住者皆破敗。

3.龍虎反背

　　龍虎邊本應爲略帶環抱，有前屏作用，如有宅構造（如圖），謂之龍虎反背，現象有二：

　　(1)中間部份結構凸出。

　　(2)龍虎邊格局反背後彎，而非前傾。此宅局如爲機關公司，則奴欺主，且下凌上，破財不振。

4.欄棚官符

　　宅相結構，凡窗外欄杆不宜太尖、太長、太大、太密、易惹口舌是非，又宅前棚架不得全然密封，否則影響人際關係不良。

5.回虎頭煞

大門出入方位錯誤，使整棟宅第，有如臥
虎回頭，應損二房及災禍連連。（如圖）

6.天斬凶煞

(1)天斬煞：宅前見兩屋空隙，形如巷道，前後透光，謂天斬煞，剋應極
　　　　凶。

(2)暗財局：如天斬煞不透光，被後排房屋遮掩住了，下雨時又逢雨水順
　　　　簷流下，此謂之明堂暗財，反主吉利。

(3)暗桃花：但如滴水不聚而涓流有聲，又位在子午卯酉之地，謂之暗桃
　　　　花。（雖有暗財，卻主暗破。）

7.虎尾寮煞

房屋邊接銜著違建的小屋，多暗疾傷身，並有傷丁意外現象，如孕婦房
窗外拖虎尾寮煞，更是明顯。

8.射箭凶煞

(1)屋脊、屋刀、天斬煞射房，或射入
　　廳堂均稱射箭凶煞，多招盜、是
　　非、破財，若房宅左右兩房有屋脊
　　箭射入，一樣主凶，如兩旁夾空
　　屋，屋脊又射入，又謂「停柩箭
　　煞」，歲煞沖臨辦喪事。

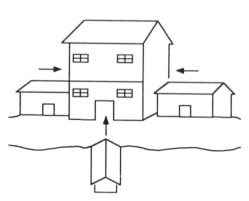

(2)壁刀、屋刀沖宅如箭射，沖龍邊損大房，沖虎邊損二房，沖正堂二房
　　皆損。

9.癱瘓宅煞

房屋因各種原因拆除一半，留一半再居住，謂之。多車禍意外，家運日
敗。

如宅前見癱瘓屋，有傷丁運。

10.凹陷宅煞

自宅低陷，二邊房屋均高，出丁愚呆，疾病苦難不堪，如宅前見此凹陷宅煞，主宅運虛散，人亦病災不利。

11.凸露宅煞

自宅凸露，二邊房屋均低陷，孤寡疾病。

12.拖尾形煞

正屋屋簷向後加建拉長，謂之，家中多傷亡哭泣。

目前很多宅第皆拖建廚房部份，這種現象應視拖尾長短而定，如拖尾很長又居住於此處，謂之標準的拖尾形煞，如有拖尾，但儘做廚房利用，沒有在此居住，謂之孤獨屋，人丁逐漸搬移，換來一屋寂寞。

瓶頸突破

一、陽宅結構與格局理論中，有提及凹凸宅煞，均為陽宅的凶局，則如日本東京太陽城，美國紐約摩天大樓等，是否構成凹凸宅煞，有否凶應？各抒己見。

答：

1. 凹凸宅煞：

　　凹陷宅煞是因陽宅二邊的氣流壓迫，而有不好的影響，凸露宅煞是因本身陽宅承受八風吹襲，形成不良影響，當然摩天大樓式的建築，已犯了凸露宅煞。

2. 有否凶應：

(1)封閉氣流：

　　大樓雖高，但全部採封閉式，窗戶都不能打開，屋子裡面有足夠的冷暖通風設備，當然在設計時，主要是在避免危險，但在風水學觀點上，此已排除了八風之煞。

(2)停留短暫：

　　陽宅的吉凶反應是靠磁場感應，時間約需一年至三年，摩天大樓一般的目的，是在旅遊、辦公、觀光等用途上，很少作為長期居住的住家環境，所以雖有凸露宅煞，而影響也不明顯。

　　值得擔心的倒是附近宅第的環境，因此摩天大樓興建起來的影響，如剛好位置在曜煞方位，流年一到，剋應隨之而來，這是非常不利的。

二、有一棟公寓，子午向，從大門入五樓有一宅第，大門在兌位，樓
　　下公寓旁空地西位有虎尾寮煞，設有一女子東四命，住在此宅，
　　試解釋下列問題：
　　⑴七十八年此女子有何尅應？
　　⑵如有尅應時，主因何在？

答：
⑴七十八年尅應：
　女東四命住此宅，七十八年二黑入中，四綠入兌，應女應股。

三	七	五
四	二	九
八	六	一

（七十八年九星圖）

①命卦東四命與宅卦不合。
②四綠九星五行為木，兌卦八卦五行為金，金尅木。
③兌卦指女指股。
　由此可知七十八年此女子傷股，如睡艮位（五黃位），則劫數更大。
⑵尅應的主因：
　由上所知尅應的主因，在於方位九星及流年九星之應用，並非純「拖虎
　尾寮」的影響，因為虎尾寮高度僅到一樓左右，對五、六樓高的公寓，
　影響沒有那麼大，否則就形成公寓大樓旁有虎尾寮，則此棟公寓每樓都
　有凶應了，事實並非如此。

> 三、試以陽宅師觀點，解答下列實例：
>
> 　　1.某甲買了一棟宅第，經鑑定為抬轎屋，如何化解。
>
> 　　2.某宅主住進了剪刀路宅第的第一棟。
>
> 　　3.經鑑定某縣某機關辦公室格局為門前樹、桃花屋。
>
> 　　4.宅前明堂流年歲煞位，有隔壁建屋時留下的沙堆。

答：

1. 化解

　(1)第一、二題都是無法化解形煞的，因結構上的問題，最是麻煩，凡是有誤，非重建不可。抬轎屋因隔壁兩側都低，事實已形成，宅主當然無法勉強隔壁也跟著自己搭建起來。而剪刀路，主要關鍵是在道路形狀，亦非宅主本身所能左右的，由此可見凡結構錯誤宅第，又無法更改化解者，唯一的解決辦法是「搬家」。

　(2)第三題在題中所稱的桃花屋，是指門前之樹所引起，因有此樹之象意才形成如此事實，故只要把門前之樹砍除即可改善。

　(3)第四題的明堂流年歲煞位有沙堆，謂之明堂犯劫，本來沙堆置於宅前，主要是造成出入不便，並非嚴重到非清除不可。但如有兩個構成條件，則非清除不可，一是在太歲煞位，二是置沙堆的時間太久，題目上清楚說明是在太歲流年位，當然是應清除的。

2. 程序

　利用陽宅風水學術最好的程序是：先定方位圖，並配合鑑定景觀格局，再根據正確圖，畫建築圖，再按圖施工。現在一般人沒有這個概念，主要原因很多，但陽宅師本身一再所學無術，庸師誤人，建築師及社會大眾，對此學術仍依舊鄙視，我想這應是主要關鍵，如何使陽宅師有所養成，是長遠的、嚴肅的、有意義的課題。

第十二章　門、客廳、辦公室
（事務桌）

——講座焦點——

　　本章主旨在說明陽宅學中內在氣流，與外在氣流的關係，一入門就是客廳，也是家人融洽活動的場所，方位的對與錯，是決定個人人際關係的重要一環。

整體表解

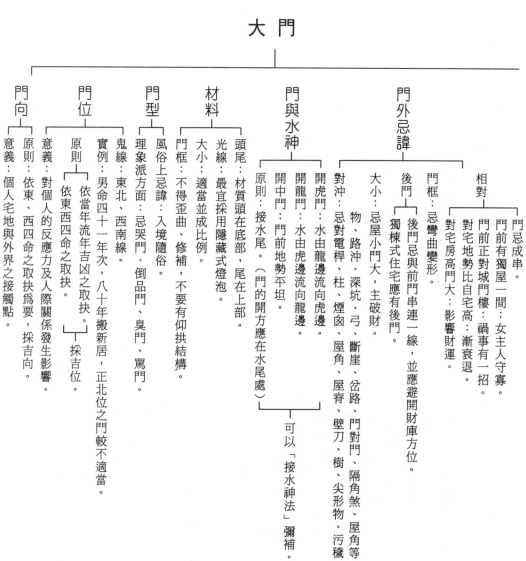

大　門

門向

意義：個人宅地與外界之接觸點。

原則：依東、西四命之取捨爲要，採吉向。

門位

意義：對個人的反應力及人際關係發生影響。

原則：依東西四命之取捨。

原則：依當年流年吉凶之取捨。採吉位。

實例：男命四十一年次，八十年搬新居，正北位之門較不適當。

鬼線：東北、西南線。

門型

理象派方面：忌哭門、倒品門、臭門、罵門。

風俗上忌諱：入境隨俗。

材料

門框：不得歪曲、修補，不要有仰拱結構。

大小：適當並成比例。

光線：最宜採用隱藏式燈泡。

頭尾：材質頭在底部，尾在上部。

門與水神

原則：接水尾。（門的開方應在水尾處）

開中門：門前地勢平坦。

開龍門：水由虎邊流向龍邊。

開虎門：水由龍邊流向虎邊。

可以「接水神法」彌補。

門外忌諱

大小：忌屋小門大，主破財。

對沖：忌對電桿、柱、煙囪、屋角、屋脊、壁刀、樹、尖形物、污穢物、路沖、深坑、弓、斷崖、岔路、門對門、隔角煞、屋角等。

後門：獨棟式住宅應有後門。後門忌與前門串連一線，並應避開財庫方位。

門框：忌彎曲變形。

相對：對宅房高門大：影響財運。

對宅地勢比自宅高：漸衰退。

門前正對城門樓：禍事有一招。

門前有獨屋一間：女主人守寡。

門忌戌串。

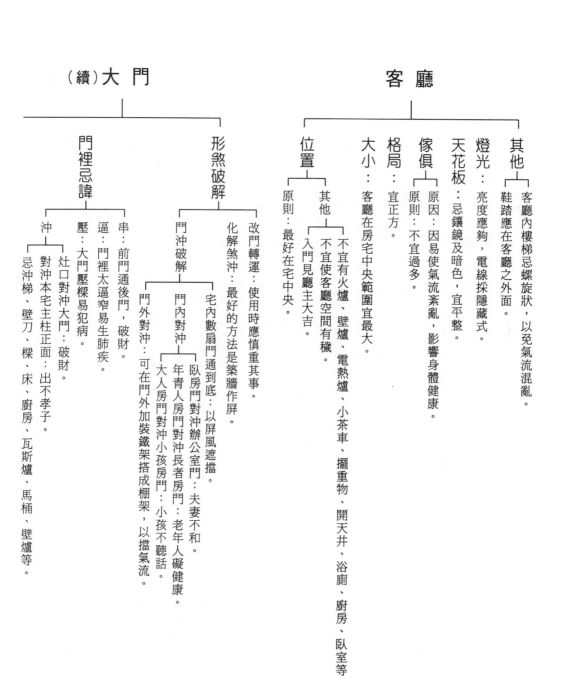

（續）大門

門裡忌諱

沖
- 灶口對沖大門：破財。
- 忌沖梯、壁刀、樑、床、廚房、瓦斯爐、馬桶、壁爐等。

壓：大門壓樑易犯病。

逼：門裡太逼窄易生肺疾。

串：前門通後門，破財。

形煞破解

改門轉運：使用時應慎重其事。

化解煞沖：最好的方法是築牆作屏。

門沖破解
- 宅內數扇門通到底：以屏風遮擋。
- 門內對沖
  - 臥房門對沖辦公室門：夫妻不和。
  - 年青人房門對沖長者房門：老年人礙健康。
  - 大人房門對沖小孩房門：小孩不聽話。
- 門外對沖：可在門外加裝鐵架搭成棚架，以擋氣流。

客廳

其他
- 客廳內樓梯忌螺旋狀，以免氣流混亂。
- 鞋踏應在客廳之外面。

燈光：亮度應夠，電線採隱藏式。

天花板：忌鑲鏡及暗色，宜平整。

傢俱
- 原因：因易使氣流紊亂，影響身體健康。
- 原則：不宜過多。

格局：宜正方。

大小：客廳在房宅中央範圍宜最大。

位置

其他
- 不宜有火爐、壁爐、電熱爐、小茶車、擺重物、開天井、浴廁、廚房、臥室等。
- 不宜使客廳空間有礙。
- 入門見廳主大吉。

原則：最好在宅中央。

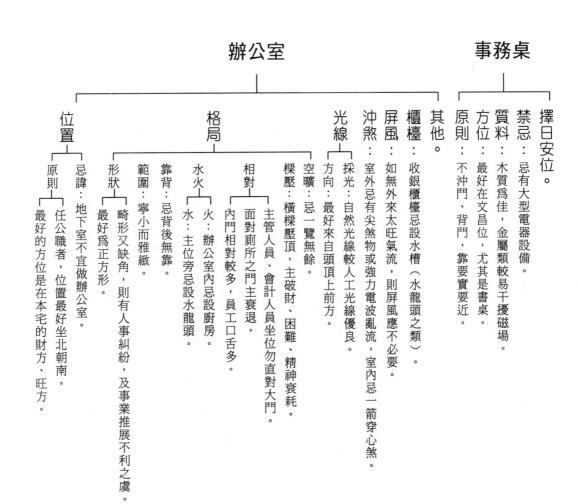

辦公室

事務桌

辦公室
├─ 位置
│   ├─ 原則
│   │   └─ 最好的方位是在本宅的財方、旺方。
│   └─ 忌諱：
│   ├─ 地下室不宜做辦公室。
│   └─ 任公職者，位置最好坐北朝南。
├─ 格局
│   ├─ 形狀
│   │   ├─ 最好為正方形。
│   │   └─ 畸形又缺角，則有人事糾紛，及事業推展不利之虞。
│   ├─ 範圍：寧小而雅緻。
│   ├─ 靠背：忌背後無靠。
│   ├─ 水火
│   │   ├─ 火：辦公室內忌設廚房。
│   │   └─ 水：主位旁忌設水龍頭。
│   ├─ 相對
│   │   ├─ 主管人員、會計人員坐位勿直對大門。
│   │   ├─ 內門相對較多，員工口舌多。
│   │   └─ 面對廁所之門主衰退。
│   └─ 樑壓：橫樑壓頂，主破財、困難、精神衰耗。
├─ 光線
│   ├─ 空曠：忌一覽無餘。
│   ├─ 方向：最好來自頭上前方。
│   └─ 採光：自然光線較人工光線優良。
├─ 沖煞：室外忌有尖煞物或強力電波亂流，室內忌一箭穿心煞。
├─ 屏風：如無外來太旺氣流，則屏風應不必要。
├─ 櫃檯：收銀櫃檯忌設水槽（水龍頭之類）。
└─ 其他。

事務桌
├─ 原則：不沖門、背門，靠要實要近。
├─ 方位：最好在文昌位，尤其是書桌。
├─ 質料：木質為佳，金屬類較易干擾磁場。
├─ 禁忌：忌有大型電器設備。
└─ 擇日安位。

本章內容

第一節　大門

一、鑑定宗旨

走出大門，人就進入社會羣眾之中，進入大門，人就回到溫暖避風之港。所以，大門是陽宅與宇宙運轉關係的一個接觸焦點，及接納口，如大門有誤，居住者就會有一種「待不住」的感覺，有破財意外之虞，大門正確，就會覺得家中更溫馨，並使財源廣進。

二、鑑定實例

我曾經鑑定過二位友人陽宅，命運極為相似，四柱均犯桃花運，但實際情況卻大不相同，甲外出不很嚴重，乙即夜不歸戶，原因在甲的陽宅大門正確，乙的陽宅大門錯誤，又有一友人位在公寓三樓內，整棟大樓的門向，與三樓的門向，其影響的百分比各占多少？這就是我們鑑定的重點。

三、門向

1.意義：

門是每天進出之地，代表個人宅地與外界之接觸點，在進出的瞬間，門就是地磁與人磁感應的關鍵，能決定個人對外界的活動力。

2.原則：

門向，乃依東、西四命之取擇為要，應擇吉向。

四、門位

1.意義：

門位會對個人的反應力，及人際關係發生影響，正確時，可使人際關係

活動反應正確，錯誤時，會產生反應錯誤或過度反應。

2.原則：

依①東西四命②當年流年吉凶，等二項目而定位，所以門向與門位的原則，應依據宅主的東西四命公式，採用吉向吉位。

3.實例：

如某甲男命41年次，八字五行缺火，民國八十年搬新居，陽宅師應如何替其選擇正確門位？

第一步驟：先由東西四命卦知道甲爲東四命卦，適用方位爲正東、正北、正南、東南。

第二步驟：由八十年流年九星知道，五黃在正北，故八十年入宅，大門在正北位，向正北向均不利。

第三步驟：八十年甲適用方位則爲正東、正南、東南等位皆可。

4.鬼線：

東北線爲鬼綫，如開鬼線之門，則有腦神經衰弱、失眠、夢魘等跡象，並以三合院及獨棟別墅影響最大。

(1)方位：宅第中東北、西南向爲鬼門線。

(2)影響：夢魘、招邪不安。

(3)應驗：以此宅辦過喪事者更甚，如有帶喪入本宅者，亦會開始不安。
又天窗開在鬼線上也主大凶，並慎防破財、意外、怪疾。

(4)破解：

①主旨：更改向鬼線之鬼門，東北線影響爲甚，西南線雖不必破除，但西南鬼線如有宅內凶死者例外，也應更改才能平安。

②說明：鬼門線凶相，應把大門稍加修改，如門扉不好改，可以「天地挪移法」加以修改。

（天地挪移法，因牽涉密法及修持法，有志者專研之）。

五、門型

　　門型之見，介入風俗之項目繁多，如：

1.理象派方面：　　　【習俗觀念】

　①忌哭門：宅前留兩門，宅內又畜犬。

　②忌倒品：門呈「呂呂」字型，入氣口顛倒
　　主破財。

　③忌臭門：公寓大樓房，大門位上逢樓上
　　廁。

　④忌罵門：宅內門相對，易使內氣相逼，家
　　人情緒因而不穩定，而多口舌。

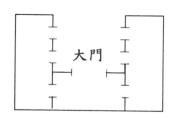

2.風俗上忌諱：

　一般地方風俗又講究文公尺、忌拱門、忌變化多樣，但西洋藝術派建築
　家又主張建築多樣化，大門設計多變化等，真是風俗上的大觀，使人不
　入境隨俗也難。

六、材料

1.門框：

　①大門要厚，門框不得歪曲，否則應破財及災病、不測。

　　　　　　　　　　　　　　　　　　　　　　　　【一般觀念】

　②門框及窗之材料均不得修補。　　【美化觀點】

　③宮殿式建築的大門，不可有廟觀類似的仰拱結構，否則防淫。（如圖
　　①）（請見下頁）　　【風水觀點】

2.大小

　門應大小適中，過大及太小均不適當，且不得與本宅不成比例。
　【美化觀點】

3.光線：

　門上有燈泡，大吉。（但燈泡宜採用隱藏式最佳。）　　【習俗觀念】

■圖① 門上之「觀」狀建築

4.頭尾：

木門的木材，頭部應在底部，尾部在上面，否則不吉並防夢魘。
【習俗觀念】

七、門與水神

1.原則：

開龍虎門，乃古代農業社會所言之一般慣例，積非成是，成為一種地理
之口頭禪，其實就「門與水神」而言，乃在接水尾，即門的開方應在水
尾處。　　【風水觀點】

2.開中門：

門前為湖、海或地勢平坦、為平原、平地、廣場，而無傾斜式山地時，
可開中門。

3.開龍門：

水由虎邊流向龍邊時，開龍邊之門。

4.開虎門：

水由龍邊流向虎邊時，開虎邊之門。

5.接水神法：　　【方位學術】

　開門位置及方向，如無法接納水神，在水局上言謂破敗、流失等缺點，
　應驗失財之虞，可以「接水神法」予以彌補。

　（接水神法，因牽涉密法，有志者專研之）。

八、門裡忌諱

1.忌諱：

　(1)沖：　　【一般觀念】

　　①忌沖樓梯、壁刀、樑、床、廚房、瓦斯爐、馬桶、壁爐及與宅內之
　　　其他門對沖。

　　②對沖本宅主柱的正面：家出不孝子。

　　③灶口對沖大門：破財。

　(2)壓：

　　大門壓樑易犯病。　　【習俗觀念】

　(3)逼：

　　①被牆逼太緊。

　　②一入門即可達屋後：心胸狹窄、易怒，且犯氣管疾病。

　　　　　　　　　　　　　　　　　　　　　　　　　【風水觀點】

　(4)串：

　　前門通後門成一直線狀，即內氣通外氣，破財也。　　【風水觀點】

2.其他：

　　①同一宅內，房門開門的方向要一致，忌一扇右開，另一扇左開。
　　　【一般觀念】

　　②忌圓形門、拱門。　　【習俗觀念】

　　③大門不可在旁邊做一另外小門進出（即二門二口也），應驗大小相欺
　　　凌，鰥寡冤屈，並主桃花煞重。　　【習俗觀念】

九、門外忌諱

1.對沖：

(1)對電桿(磁場太強)、柱、煙囪、屋角、屋脊、壁刀、樹(陰氣)、尖形物、污穢物。路沖、深坑、弓(路弓、水弓)、斷崖、岔路(十字型、Y型)、門對門(內門與外門相對沖)、隔角煞、屋角等等。

【風水觀點】

(2)門外曜煞有塔、桿等高物：防破財、人命意外。　【方位學術】

2.大小

屋小門大：主破財、口舌。　　【風水觀點】

3.後門：

獨棟式住宅一定要有後門，如無後門則大忌；因內外氣不能流通，形成氣流匯集，應夫妻常口角，後門方位忌與前門串連一線，並應避開財位方位。　　【風水觀點】

4.門框：

門框彎曲變形：防意外受傷、病疾。（如圖②③④）　　【美化觀點】

■圖②

■圖③

■圖④

5.相對：

　(1)對面房子過高，門過大：影響財運、健康。　　【風水觀點】

　(2)兩家門牆相對，地勢較低的一家會先衰退。　　【一般觀念】

　(3)門前正對城樓，禍事有一招。　　【一般觀念】

　(4)門前有獨屋一間：女主人守寡。　　【一般觀念】

　(5)住宅大門與庭院（或圍牆）的大門，成一直線：主凶。

　　　　　　　　　　　　　　　　　　　　　　　【一般觀念】

十、形煞破解

　1.門沖破解

　(1)門外對沖：

　　門外對沖對方大門，對方大門又比自己的大，此時可在大門口外，加裝鐵架延伸到人行道，上覆帆布（或塑膠布）做為屏遮。

　　很多人對此問題極為關心，例如有的人常在自己門外懸掛三叉、八卦、白虎鏡、獅頭牌等來化解，一方面因此引起對面居住者的不安，往往以牙還牙，鄰里仇視，一方面此等靜物無法改變氣流，有等於無，所以作者認為要消除「兩門相對」的心理威脅，又不會使對面鄰居反感，最好的辦法是在門楣之上貼「天官賜福」四個字，最為理想了。

　(2)門內對沖：

　　①大人房門對沖小孩房門：小孩不聽話。　　【習俗觀念】

　　②年青人房門對長者房門：老年人身體不健康。　　【習俗觀念】

　　③臥房門對辦公室門：夫妻不和。　　【習俗觀念】

　　　此時可擺放盆景在其中間位置，以吸收煞氣。

　(3)宅內數扇門通到底：可用屏風遮擋。　　【美化觀點】

2.化解煞沖

最常見的煞沖如①尖角沖射②街道直衝③門前反弓④街道正沖等，可用掛獸頭牌、山海鎮、凹凸透鏡、築牆作屏、置石敢當等方法破解。作者

認爲煞沖乃氣流影響的，除非能扭轉氣流的向與位，否則絕對沒有辦法改變，故上列最有效的方法是築牆作屛。另外提到置石敢當，是屬於靈魂學祭祀法的範圍，作爲一位學院派陽宅家，最好儘量運用學術、技術、經驗，而祭祀用法則次之。

3.改門轉運

改門轉運因牽涉方位學及客觀條件，使用時應慎重其事，此乃值得深入探討之法則。

十一、各家雜論

1.獨棟式住宅不得四面均設窗戶：主凶。　　【風水觀點】

2.住宅正面有二門，或住宅四面均設門：主凶。　　【風水觀點】

3.獨棟住宅有前門無後門，不宜久住：夫妻有一早別。　　【一般觀念】

4.大門最多僅能有二面，（前門大，後門小），如三面門以上必有口舌糾紛。　　【一般觀念】

第二節　客廳

一、鑑定宗旨：

客廳是家人聚集場所，在家庭中是一個公共空間，它是家庭生活的中心場所，代表人際關係的連繫與擴展，影響家運極大。

二、位置：

房子正中央最好。原因如下：　　【風水觀點】

(1)一入門就看到客廳，大吉。

(2)不宜空閒著，空而不用，氣流易穢。

(3)房子中心點不宜置火爐、壁爐、電熱爐、小茶車、擺重物、開天井、浴廁、廚房、臥室，否則家運易衰退。

三、大小：

客廳在房宅中央的屋相，範圍宜屬最大，其他房間不宜比客廳大。

【習俗觀念】

四、格局：

客廳宜正方，不宜在客廳中以木板再隔出一個房間。　【美化觀點】

五、傢俱：

1.原則：

金屬傢俱不宜過多，否則易妨害磁場。　　【風水觀點】

2.原因：

①冰冷②磁氣紊亂。

3.影響：

居住空間中金屬傢俱過多的容易發生：①妨礙身體機能②判斷錯誤③招來是非④破財。

六、天花板：

1.忌鑲鏡及暗色。　　【美化觀點】

2.客廳靠近入門一邊的牆壁宜平整，忌設凹入壁櫃，或凹凸不平之天花板。　　【美化觀點】

七、燈光：

客廳為聚會重要場所，故亮度要夠，電線宜採隱藏式。

【風水觀點】

八、其他：

1. 鞋踏應在客廳之外面，否則污穢入門，防破敗運。　　【美化觀點】
2. 客廳內不可置有螺旋樓梯，使氣流混亂。　　【風水觀點】

第三節　辦公室

一、鑑定宗旨：

在官場及商場，有些人的條件、資質和努力都是一流的，但是他們的官運和財運有時卻不一定會比二、三流的人物好，因此有人嘆曰：「英雄無運不能自通」。所以選對了辦公室，在正確磁場的影響下，判斷就會正確，當然事業就一帆風順。

二、鑑定實例：

吾友陳君任職上校，本來有一極佳陞遷機會，上司也保證他今年陞遷沒有問題，結果名單發表了，卻沒有他的名字。

根據我鑑定的結果，乃是他的辦公室風水錯誤，以致於白白喪失了官拜少將的機會。

三、位置：

1. 原則：　　【風水觀點】
   (1) 最好的方位乃在本宅之財方、旺方，其次考慮不動方、聚氣方（虎邊）。
   (2) 任公職者，位置最好是坐北朝南。
2. 忌諱：　　【風水觀點】
   地下室不宜做辦公室，避免氣流積穢，影響情緒低落。

四、格局：

1.形狀：

　(1)最好為正方形，忌畸形，因會使事業較不順利。　　【風水觀點】

　(2)畸形又缺角。

　　①人事糾紛不斷。

　　②業務推展不順利。

　　③比較：

	住　宅	辦　公　室
最吉	長方形	方形
忌諱	前窄後寬大吉	前窄後寬主凶
	前圓後方大吉	前圓後方主凶

2.範圍：

　寧小而雅緻，忌大而無當：會妨害事業運，使財不流暢，形成孤君。
　【風水觀點】

3.靠背：

　忌背後無靠，如玻璃、窗、門均不利，一則採光過烈，二則氣流太旺，
　均主破財，及影響判斷、決策力。　　【風水觀點】

　但如整個格局均無窗時，事業發展不佳，財運不流通。

4.水火：

　(1)水：老闆座位（主位）旁設水龍頭，主破財。　　【習俗觀念】

　(2)火：辦公室內忌有廚房，如無法避免時，廚房方位宜坐北朝南，坐西
　　朝東，如此較能避免糾紛。　　【風水觀點】

5.相對：

　(1)內門相對較多時：員工口舌、糾紛多。　　【風水觀點】

　(2)面對廁所之門時：長期受排泄物放射線影響，會有破財及事業衰退跡
　　象。　　【風水觀點】

(3)主管、會計、出納坐位如直對大門：犯沖、破財及體弱。

【風水觀點】

6.樑壓：

橫樑壓頂：主破財、困難、體弱及精神衰耗。 【習俗觀念】

7.空曠：

辦公室切忌一覽無餘，直通到底：主是非、意外、糾紛。

【風水觀點】

五、光線：

1.方向

(1)光線不宜來自背後，主判斷力差。 【風水觀點】

(2)光線不宜來自頭頂（正頭頂）：判斷力差、精神衰耗。

【風水觀點】

2.採光

(1)自然光線較人工光線優良。 【風水觀點】

(2)門及玻璃為了防止光之波長，最好用有色玻璃或貼隔熱紙。

【風水觀點】

六、沖煞：

1.窗外、門外十公尺內，忌被尖角射入。

【風水觀點】

2.主位前面如其他辦公桌與其相對，中間有一
箭穿心煞時，對被沖者相當不利，嚴重程度
應防官司、小人。 【風水觀點】

3.決策者背部有尖銳隔角煞時，亦易犯小人。

【風水觀點】

七、屏風：

辦公室入口忌亂設屏虱，高大及頂的固定屏風，有害對外發展，可多利用花架屏風。　【風水觀點】

但如外來氣流太旺時，應設屏風以阻擋煞流。

八、櫃檯：

1. 收銀櫃檯忌設水槽，如有現金進出之櫃檯，連在設有水龍頭的同一張櫃檯上，主破財。　【一般觀念】

2. 保險箱不宜全露，應有遮蓋物，否則亦爲破財。　【一般觀念】

九、其他：

1. 大門口排水溝的水向：宜由左至右主大吉。　【一般觀念】

2. 在辦公室內忌使用電器：容易口舌及火氣外洩，影響情緒。

　此指機關辦公室而言。

3. 辦公室東西二邊忌設水池：

　⑴東邊如又有玻璃窗，則陽光反射刺眼，不利思考。　【風水觀點】

　⑵西邊謂白虎開口，大忌。　【風水觀點】

第四節　事務桌(包括書桌)

一、原則：

1. 不沖門：否則精神不安、糾紛多。　【風水觀點】

2. 不背門：否則犯小人，精神不振、不集中、不專心。　【風水觀點】

3. 靠不實：不踏實、不專心。　【風水觀點】

4. 靠要近：如此才能發展雄才、有力量，所以辦公桌，不宜在辦公室中央。　【風水觀點】

二、方位：

最好是依東西命卦位，但書桌最好在文昌位。　　【方位學術】

三、質料：

木質為佳，金屬者易導不良電磁干擾磁場，產生錯誤的決策及判斷。【風水觀點】

四、禁忌：

物品方面禁忌，最重要的就是，在決策者坐位旁邊，忌有大電器設備，防止干擾磁場。　　【風水觀點】

五、擇日安位。　　【習俗觀念】

科學釋義

一、八卦鏡、白虎鏡、凹凸透鏡、三叉鏡、獅頭牌、八仙彩、山海鎮
等作用。

釋：

我們經常看到有路沖或各類犯形煞的房屋，門楣之上掛有上述避邪聖品，以趨吉避凶，到底有效否？分析如下：

(1)功效

　①心理安慰：安置此類聖品，作者認為心理安慰的作用最大，當然一方面也是受了風俗影響，例如住宅有形煞，但附近傢具用品店有人賣此類避邪品，又有人安置在門楣上，簡便易行，也就順便買來掛用罷了。

　②易起反感：門上安置，容易引起對面人家之反感，如又遇見知識低落者，便有可能因而發生糾紛。

(2)理由

　①驅避邪靈：如果真正驅邪，也應請法師淨宅，如果自己認為凶惡臉目的物品，鬼靈會害怕，無非自己的假設罷。

　②氣流作用：對沖形煞產生不良影響，主要關鍵乃在於「氣流」之關係，掛上述鏡或牌對氣流當然不會有作用，所以應該是無效的。

(3)建議

對不良形煞的環境，最有效的改善辦法應該是以圍牆、盆景、拱棚架等，可以稍微改變氣流方向的工具最為有效，鑑於此，真正的風水家應對此善加利用。

二、門神作用。

釋：

1.傳說

(1)唐朝以前：以神荼、鬱壘二人爲
代表。

相傳此二人鎮守在東海邊度朔山
東北方的鬼門，見有惡狀凶鬼，
便以葦索綑綁以餵老虎。

(2)唐朝以後：以秦叔寶、尉遲敬德
二人爲代表。

相傳唐太宗受冤魂糾纏，此二人
徹夜鎮守，使冤鬼不敢侵入。

2.規格

(1)門神：分立兩旁，頭面各向内互
視，防止鬼魅入侵。（如圖）

(2)門向：中國傳統大門是分開左右
二邊開掩的，所以門神是
分開左右二邊張貼，如現
代官署衛兵二邊站立，以
防邪魔入宅。

3.現代觀

(1)門向改變：現代建築門向已經改
變爲整片門一邊開，或上下拉開
之形式，與傳統式不同，所以應
不適宜了。

(2)從未開光：僅圖像貼用而已，從未開光點眼，徒具心理安慰。

　　綜合言之，門神的效用，目前應以習俗眼光，及作爲新春喜氣迎新氣氛的裝飾來定義它。

瓶頸突破

一、某甲住宅為平房，大門在乾位、乾向、開中門，剛好在亥位有一電桿，試問應驗在何時？何凶？如何破解？

答：

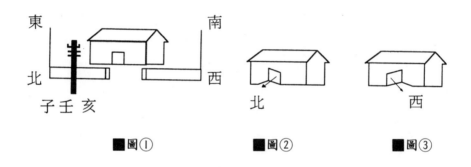

■圖①　　　　　■圖②　　　　　■圖③

如（圖①）所示，乾位門在亥位有電桿，鑑定時注意下列情事：

(1)應驗何時：亥年（豬年）。

(2)應驗何凶：

　①意外：所沖犯者：如本宅內沖歲煞、五鬼、天狗、白虎者，最應小心。

　②血光：如開刀，本已有疾，但沖犯之年會因開小刀而轉惡成大凶。

　此種情況最不利時，有喪命及殘廢之虞。

(3)破解方式：

　把大門改向為正西或正北，即可避開此不利煞位。（如圖②③）

二、詩曰：「四一同宮發科名之顯」八十年有考生想金榜題名，大門
　　應在何位？

答：

　　八十年九紫入中，四綠飛到離宮，故大門應選擇在離向之住宅，並住
在文昌位，方爲有效，如果住對宅第，文昌位置不正確，或有廁所污穢，
效果是打折扣的。

三、有關大門的事實，陽宅師鑑定時，發現下列實例，應如何以最簡
　　易有效方式調整：
(1)某男三十年次，宅第大門在震位。
(2)東四命，大門在正西位，又無法改向與位。
(3)公寓二樓住家，大門對沖下斜梯。
(4)公寓五樓住家，與對面鄰居大門對沖大門。

答：
(1)調整：在大門入口處置腳踏墊，以顏色來改變煞氣。
　　理由：顏色五行如下：
　　　　　　　木：青、綠。火：紅、紫。土：咖啡、黃。金：白、杏。
　　　　　水：藍、灰。
　　　　　西四命五行屬土、金，大門在震位，逢木煞，陽宅師應依此
　　　原則：逢木煞，命卦五行屬金者，擇白、杏色，命卦五行屬土
　　　者，擇紅、紫色。
(2)調整：在大門口處置腳踏墊，也是以顏色來改變煞氣。
　　理由：東四命，五行屬木、火、水，大門在兌位，逢金煞，陽宅師應依
　　　　　此原則：逢金煞，命卦五行屬木、水者、擇藍色、灰色，命卦五

行屬火者，擇紅色、紫色。

(3)調整：可在大門正對面掛一平面鏡。

理由：大門對沖下斜梯（如圖），又
在公寓內，已不會受氣流分割
之不利影響，但因風俗忌諱，
喻為「漸走下坡、家運日
衰」，故陽宅師鑑定時，可使
鏡子內景物反射成「步步高
昇」。

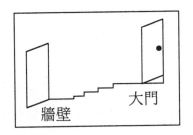

牆壁　大門

(4)調整：可在大門門楣上掛「天官賜福」、「神威鴻福」等匾額。

理由：本來二家對面大門相沖愈近當然是愈不好，真正能改進的只有一
點，即何家人氣旺何家即興旺，相反的一家就日愈孤衰，陽宅師
建議如此作，也是限於風俗忌諱影響而已。

綜論：一塊小腳踏能具有改運之能量嗎？答案是肯定的，本來顏色五行
並無大能量足以改變行運，但放在入門內外氣交流處，就不可平
凡視之，可藉內外五行氣交流之理，與光線顏色感應之理，達到
改運之最佳效果。

另外注意的是，陽宅師在鑑定一些實際上不會影響陽宅原理作用，
但又是風水上所忌諱及常見的習慣時，可婉轉說明理由，如宅主接受就
不必多費口舌，如宅主固執，也應順水推舟，做適當無傷大雅的建議，
以符合君子入境隨俗的哲理。

四、住公寓者，鑑定大門時，目前學說紛云，有下列鑑定法：

　　(1)以一樓公眾進出門為主。

　　(2)以上下電梯的動線為主。

　　(3)以自家出入門為主。

　　(4)以落地鋁門為主。

　　如由真正陽宅明師來印證，到底應認定何說法為正確，試舉實例
　　鑑定之。

答：

1.正確說法：應採第三項為鑑定依據。

2.理由說明：因自家出入門為內外氣接觸之點，在此處氣流交接互換，並
　且由宅主所牽動，雖然一樓內自家外，及上下電梯，也都屬於同棟住
　宅，但宅主並沒有充分時間去利用它，僅擦身而過，留下氣流的震盪而
　已，並非有時間停留受感應，所以沒有影響。又落地鋁門打開後，所接
　觸的雖然是外面的氣流，但也並非每天所必經，所以也無影響。

　　　由此可知：大門之所以有作用乃①每天所必經②宅中每人所必經③
　有停留性的感應作用，所以自家出入門是鑑定時的最主要依據。

3.實例鑑定：以八十年流運言，五黃在正北，二黑在正西，八白在東南等
　方位來應驗，五黃凶煞不吉，二黑及八白均防腹疾瘡，五行屬性均為
　土，也應驗明顯的胃、腹等疾。故八十年大門在正北位宅，在正西位
　宅，在東南位宅，必有明顯的胃腹毛病，如命卦又與流年運重疊者，謂
　之「疊凶」，當然症狀會更明顯，甚至無緣無故瀉肚。

　　　由此可見：陽宅學問是文化精粹，及千年來的經驗累積法則，其中
　有前賢心血結晶，不是一般巧口利嘴所能盡辯，陽宅家能不重視研究精
　神嗎？

第十三章 財庫位、文昌位

────講座焦點────

本章主旨在說明：

①利用正確的財庫位，增加財運旺盛走勢。

②利用正確的文昌位，增加功名考試吉運，並使自己的判斷力、
　理解力、不致差誤。

整體表解

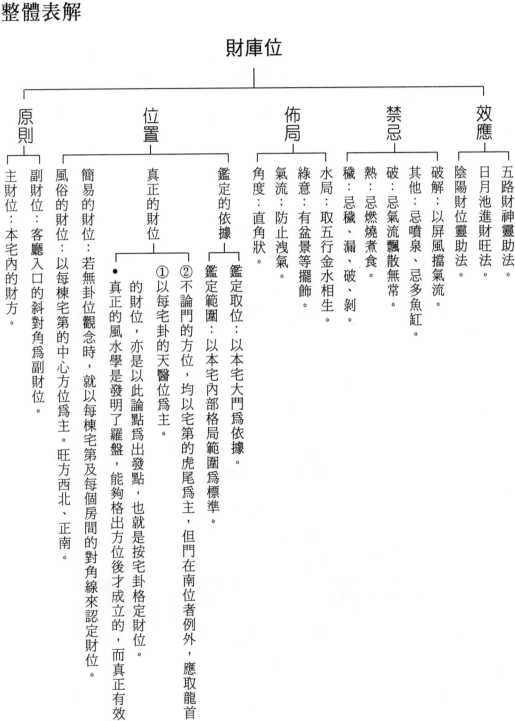

財庫位

- 原則
  - 主財位：本宅內的財方。
  - 副財位：客廳入口的斜對角為副財位。
- 位置
  - 真正的財位
    - ①以每宅卦的天醫位為主。
    - ②不論門的方位，均以宅第的虎尾為主，但門在南位者例外，應取龍首。
    - • 真正的風水學是發明了羅盤，能夠格出方位後才成立的，而真正有效的財位，亦是以此論點為出發點，也就是按宅卦格定財位。
    - 簡易的財位：若無卦位觀念時，就以每棟宅第及每個房間的對角線來認定財位。
    - 風俗的財位：以每棟宅第的中心方位為主。旺方西北、正南。
  - 鑑定的依據
    - 鑑定取位：以本宅大門為依據。
    - 鑑定範圍：以本宅內部格局範圍為標準。
- 佈局
  - 角度：直角狀。
  - 氣流：防止洩氣。
  - 綠意：有盆景等擺飾。
  - 水局：取五行金水相生。
- 禁忌
  - 穢：忌穢、漏、破、剝。
  - 熱：忌燃燒煮食。
  - 破：忌氣流飄散無常。
  - 其他：忌噴泉、忌多魚缸。
  - 破解：以屏風擋氣流。
- 效應
  - 陰陽財位靈助法。
  - 日月池進財旺法。
  - 五路財神靈助法。

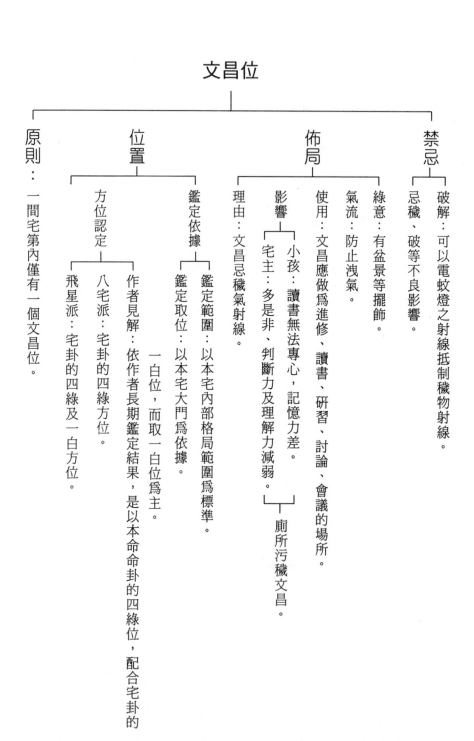

文昌位

原則：一間宅第內僅有一個文昌位。

位置

　方位認定

　　作者見解：依作者長期鑑定結果，是以本命命卦的四綠位，配合宅卦的

　　八宅派：宅卦的四綠方位。

　　飛星派：宅卦的四綠及一白方位

　　一白位，而取一白位爲主。

　鑑定依據

　　鑑定取位：以本宅大門爲依據。

　　鑑定範圍：以本宅內部格局範圍爲標準。

佈局

　理由：文昌忌穢氣射線。

　影響

　　宅主：多是非、判斷力及理解力減弱。

　　小孩：讀書無法專心，記憶力差。

　使用：文昌應做爲進修、讀書、研習、討論、會議的場所。

　氣流：防止洩氣。

　綠意：有盆景等擺飾。

　廁所污穢文昌。

禁忌

　忌穢、破等不良影響。

　破解：可以電蚊燈之射線抵制穢物射線。

本章內容

第一節　財庫位

一、鑑定宗旨

每一個房間皆有財庫位，整棟陽宅也有財庫位，二者也有程度影響之差異，但到底在龍首或虎尾，所占比率又多少？影響時間多久即有作用？按照易經原理及個人八字，應安置何物，作用最大？這些都是探討的重點。

二、鑑定實例

我每到一個宅第鑑定事業吉凶時，先看其財位，如本宅財位不完整、污穢、帶破（氣流散漫），則此宅主人，一定不會聚財且容易有事業風波，如倒會、負債、外借之情況發生，不可不慎。

所以時下美崙美奐的住宅，僅重視裝潢外表，忽略人類富貴的助力，實在是本末倒置。

三、原則

1. 主財位

財位目前主張派別紛歧，有的主張每個房間均有一財位，有的主張以客廳、辦公室為主。其實正確的財位，應按下列所言分佈，並兼顧。

(1)本宅內的財方。（影響最大）。

(2)客廳內的財方。

(3)其他房間內的財方。

2. 副財位

(1)輔助財位，得以客廳入口的斜對角為財方。

(2)客廳入口在中央，則財庫位在左右二角，但此時以左斜對角爲佳。

(3)如無財位，可用隔間方式來形成，如盆景、玄關、鞋櫃等皆可應用。

四、位置

1.方位認定：

財位有三種認定原則：

(1)風俗的財位：以每棟宅第的中心方位爲主。

(2)簡易的財位：一般人如果沒有卦位觀念時，我們就以每棟宅第，及每個房間的對角線來認定財位。

(3)真正的財位：我們知道真正的風水學，是有了羅盤的發明，能夠格出方位才開始成立的，所以真正有效的財位，也是以此論點爲依據，也就是説，按宅卦格定財位。

①以每宅卦的天醫位爲主。

②不論門的方位，均以宅第的「虎尾」爲主，但門在南位者例外，應取「龍首」。

2.鑑定依據：

(1)鑑定範圍：以本宅內部格局範圍爲標準，圍牆內住宅外之部份不算。

(2)鑑定取位：以本宅大門爲主要鑑定依據。

五、佈局

1.角度

財位最好成直角狀。

2.氣流

財位要聚氣，散氣則散財，即有財無庫。故財位不能作通道、開窗、開門，以防止洩氣破財。　　【方位學術】

3.綠意

最好置盆景，要擺真花，忌置假花、乾燥花，避免無生氣，並且要綠意盎然，欣欣向榮，枯了即換掉。另外，可在土中置拾元硬幣十個，配合

五行相生之理，土生金、金生水，水即財也。　【風水觀點】

4. 水局

(1)物品：有水的盆栽及魚缸皆可。　【風水觀點】

(2)魚類：

　①驅邪為龍吐珠魚或龍魚。（龍魚較貴）。

　②擋煞為黑摩利魚。

　③聚財為錦鯉魚。　【習俗觀念】

(3)魚數：奇數，即魚身紅色者應合於奇數，其餘顏色之魚則不限。　【習俗觀念】

(4)魚色：紅色為吉利。　【習俗觀念】

(5)金幣：五行相生，金生水也。　【風水觀點】

　放拾元硬幣一百枚左右，以配合五行相生之理，有聚財不易散之作用，魚缸又忌任意移動，因水氣浮移不定主凶。

六、禁忌

1. 穢：

　財位附近牆壁忌污穢、漏水、破裂、斑剝。　【風水觀點】

2. 熱：

　財位上忌煮食，或燃燒物品，否則易使該處氣流發生變化，會導致對財利慾望轉變，故財位也不應設有如瓦斯爐、電鍋之類。　【風水觀點】

3. 破：

(1)財位忌氣流飄散無常。　【風水觀點】

(2)財位上如有保險箱（大型者），忌露白，但室內一般小型收銀機則無妨。　【風水觀點】

4. 其他

(1)忌在財位上設噴泉，否則散氣。　【風水觀點】

(2)忌在財位上設置多魚缸，應驗破財。此言乃指先設一魚缸後，隔一段時間再增設其他魚缸。　【習俗觀念】

5. 破解：

對於財位有破，可設屏風以擋氣流，並在財位上添置盆景，增加其光合作用。

七、效應

陽宅之運可彌補命運之不足處，對於真正有財運無財庫者，經作者長期實驗證明，可以下列靈助法，幫助財庫旺盛固守。

(1)陰陽財位靈助法：（如圖一）

在完整的財位上置保險箱（金），上置花瓶（水），內插萬年青，不但取其五行相生，更求綠意盎然，可得靈助，如圖示。此為財位上最吉祥之物，不但可聚氣凝財，還可帶來旺氣，可充分利用，但全部高度（自底至萬年青頂端），都要超過宅第一樓高度的一半以上，效果更明顯，否則太小則不足以成氣候。

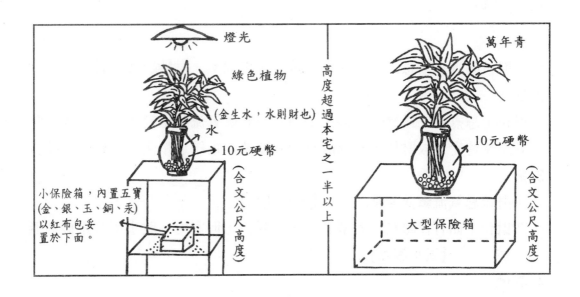

陰陽財位磁場圖

(2)日月池進財旺法：（如圖二、三、四、五）

　①水流：

　　A.求財水池要有貯存之水，效果才會顯彰。假山、水池、瀑布皆可，
　　　但忌噴泉。

　　B.如靜止水池，則池內可養魚，求水之生動，並製造生氣。

　　　　　　　　　　　　　　　　　　　　　　　　　　　　【風水觀點】

　②位置：

　　A.一般在屋外正廳之正前面。

　　B.宅內較少設置，如有時亦應在財位上（內水重位，外水主靜）。

　　　【風水觀點】

　③形狀：

　　A.宅外水池應爲半圓形，彎弓向外，直線部份向內，避免彎弓射宅，
　　　造成水沖、弓沖。　　　　【風水觀點】

　　B.水池藝術型、變化形者，僅適用於投機性行業，或求財者爲大商業
　　　場所才可以，一般住家並不合適。　　　【風水觀點】

　④深淺：

　　A.水池忌深底、圓形、髒臭、污水。　　　【風水觀點】

　　B.池水淺清，並應在底部略呈微隆狀，如球面。

(3)五路財神靈助法：

　此法乃以密法及密咒把空中過往財神，請至財位上，日日供奉，來往都
　是財神，則財運可保無虞。

　（此法牽涉修持，有志者專研之）。

第二節　文昌位

一、鑑定宗旨

　　一個空間對人類行為的影響，除了氣流，溫度之外，主要還有波長，波長分成吉波及煞波，人類由煞物產生煞波，廁所是人類煞波的集中地，文昌是清高之處，當然就應忌煞波了，所以文昌忌諱廁所，沖煞時，會對人類的理解力、判斷力、記憶力產生差誤，影響非小。

二、鑑定實例

(1)友人一小孩，在國小時，課業非常好，人也很認真，但升上國二，課業忽然一落千丈，每次家長叫他讀書，就會伏在桌上睡覺，有略似嗜睏狀，但打電動玩具，卻又非常活潑雀躍，經我鑑定陽宅之後，原因在廁所污穢了文昌。

(2)另一友人，偶而愛玩六合彩，但一年內從未中過獎，別人告訴他三支號碼，中二支，自己卻偏偏選不會中的號碼去簽牌，經我鑑定之後，關鍵也是廁所污穢了文昌。

(3)在宜蘭有一婦女，運氣很背，丈夫是走船的，辛苦積蓄了一點錢，太太就拿著去「跟會」，但十年來，幾乎都是在要標會時，會頭跑掉了，連連如此，就是不信邪，有個機會，我到宜蘭漁會鑑定時，順便替他看看陽宅，找出關鍵，也是文昌位被嚴重破壞了。運也？命也？其實是射線也。

三、原則

　　一間宅第內只有一個文昌位。

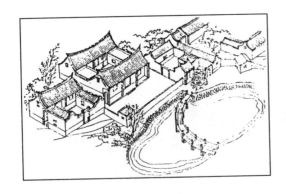

■圖二　合院式日月池求財法　　■圖三　陰宅的日月池求財法

■圖四　庭院式日月池求財法　　■圖五　宅前日月池求財法

四、位置

1.方位認定

文昌位有三種認定原則：

(1)飛星派：宅卦的四綠及一白方位。

(2)八宅流：宅卦的四綠方位。

(3)作者見解：飛星派及八宅派都把四綠方位視爲文昌位，依作者長期鑑定的結果，是以本命命卦的四綠位，配合宅卦的一白位，而取一白位爲主。

2.鑑定依據

(1)鑑定範圍：以本宅內部格局範圍爲標準，圍牆內住宅之部份不算。

(2)鑑定取位：以本宅大門爲主要鑑定依據。

五、佈局

1.理由：

文昌忌穢，否則不潔的穢氣射線，會污穢文昌，使宅主甚至一家人的判斷力、理解力失誤，最嚴重者，會導致產子痴呆症的程度。

2.影響：

(1)宅主：易使家中大人，容易被批評，因錯誤的作保、背書而被連累，及因文書上之處理錯誤，引起官非等。

(2)小孩：小孩在成長過程中，會形成讀書無法專心，記憶力差，一講到要背書就愛睏，但玩其他電動玩具，或對一些小技藝，則非常敏捷。這些情況，就是文昌被污穢，而影響了判斷力及記憶力，所形成的結果。

3.使用：

文昌位忌設廁所，垃圾，應整潔有條理，並做爲進修、讀書、研習、討論、會議之場所。

　　我曾經對友人小孩做過調整，第一年他聯考大學成績不佳，第二年重考，我首先在命理上發現，他考運不好，甚至又從其父母流年印證其子第二年的考運也不好，無子女金榜題名現象，於是我便藉著他換屋的機會，調整其子的文昌位，使他讀書、睡覺都在其位，第三年果真出乎意外地考上了醫學系，由此可證「文昌」對一個求功名者之影響，的確不容忽視。

4.氣流：

文昌位應使氣流保持凝聚性、整潔性，才能使氣流蔭助磁場，所以最好不要有直接銜接戶外的窗戶，以免氣散而破。　　【風水觀點】

5.綠意：

文昌位可以置放少許綠意盎然的盆景，有利光合作用，產生吉祥清爽磁波。　　【風水觀點】

六、禁忌

1.忌穢：污穢文昌最直接的破壞，莫過於廁位了。　　【風水觀點】
2.忌破：文昌位氣流勿亂、勿流失，如此則無法形成感應力。

　　　　　　　　　　　　　　　　　　　　　　【風水觀點】

3.破解：文昌位如已設置廁所方位，而被污穢時，應在馬桶旁、水箱上，加掛電蚊燈，並在側面牆壁加掛盆景及香水，以吸收不利射線及穢氣，但電蚊燈應二十四小時開放，效果才能顯著。　　【風水觀點】

【作者見解】

　　人都有或多或少的各種慾望衝勁，這種慾望的催化劑主要是生物磁場的影響，生物磁場受了空間磁波的作用，分泌出積極性的賀爾蒙，想完成某特定事情，來達到某種慾望的滿足。所以陽宅的空間，從中心點射出各種輻射波，每條輻射波都具有各方位的特色，其中財庫位的方位輻射波，

就會刺激宅主對財利的不知足慾望，增進宅主的奮鬥心，文昌位的方位幅射波，就會刺激宅主對功名、讀書的不知足慾望，增進居住者的進取心，便會影響愈專心向學，正當的慾望是積極向上的思想，人不斷地有競爭之心，有專心之志，是進步的、健康的。

科學釋義

一、財庫位研究。

釋：

　　個人財運有旺衰之起伏不同，財爲養生之源，雖又與個人欲望高低有關，但如何在工商業時代，達到旺財之磁場製作，應是我們陽宅學中，財庫位的研究範圍。其影響條件如下：

1. 位置：

　　風俗上的位置均泛指一宅第的中心方位，最簡單方式都以每一房間的對角線爲代表，但風水學術探討出來的真正財庫位，是依卦位而劃定的，經作者長期印證結果，真正的財庫位才會影響一宅的財運，否則並沒有什麼影響。（文昌位亦同此理。）

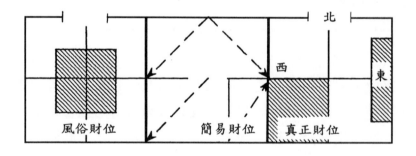

2. 氣流：

　　我們可以從金字塔的神奇磁場中，發現氣流的最基本作用，乃在長期儲氣的累積，所以如鐵架屋，搭棚式建築等，氣流沒有在特定空間匯囤，嚴格來看，也就沒有何宅運了。

　　所以財庫位要能真正發揮出效用，就一定要有氣聚作用，才能見效。

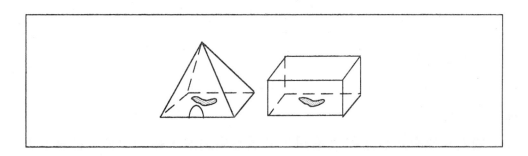

【說明】
在金字塔形的三角錐體中，與正方體中，各置一塊香蕉切片，經過一段時間之後，三角錐體中的香蕉，比正方體中的香蕉新鮮許多。

3. 五行：
　財庫位既然是依卦位氣流而定，則在此確定位置上，放具有生氣的物品，就會有更具體的作用，生氣者，指陰陽五行相生之理也。

二、文昌位研究

釋：
　　文昌位最主要在影響一宅之內的文事行為，包括經由理解力、判斷力而涉及的讀書、文章、契約、文件、支票往來等等，故位置非常重要。所以作者經不斷長期驗證，提出增進文昌位功能的看法，有關因素及條件如下：

1. 穢物
　文昌忌穢，穢物中以廁所方位錯誤，污穢文昌影響最大。

2. 氣流
　文昌氣流勿亂、勿散，最好勿與外界直接接觸，否則有文昌位或無文昌

位，就沒有區別了，有的學派專論台灣地理的文昌位在何處，這是錯誤的，因爲沒有考慮到空間内氣流凝聚作用。

3. 廁所射線研究

(1)射線：排泄物的射線會污穢文昌位。

(2)宅第：公寓式的房子影響較小，也就是説如果公寓式的房子，文昌位完整、正確時，能得到較好的效果，因爲一方面公寓式的房子化糞池在公寓外，另一方面廁所排泄物，用完即以水沖洗下來，沒有過時的囤積。

　　另外廁所還應經常保持通風、乾淨等，如此萬一廁所方位不對，才不會對文昌產生不利的影響。

三、書房的研究。

釋：

1. 意義言：

書房又言書齋，是青少年潛心苦讀之處，所以一般富家宅院，都對書房特別講究，一方面是受了「士農工商制度」、及「萬般皆下品，唯有讀書高」等階級論的影響，一方面是儒家的推崇功勞，正是希望後輩能在幽靜的環境中，得以「十年寒窗無人問，一舉成名天下知」，將來光宗耀祖一番。

2. 風水言：

(1)習俗

　①文昌，顧名思義，是指文昌星及文曲星了，自古相傳是主宰文人命運之星。

　②道家認爲玉帝命梓橦帝君主理文昌府，專責掌管人間功名利祿事。所以在習俗上，不論在書房中供奉文昌、文曲帝君或梓橦帝君或儒教的孔子神像，都在虔求專管文事之神降臨書房，保佑功名。

(2)學派

①飛星派：

《玄空紫白訣》曰：「四綠為文昌之神，職司祿位；一白為官星之應，主宰文章詞科。」故此一四同宮，準發科名之顯，號為青雲得路，所以飛星派便把四綠及一白所在的方位，均視為文昌位。

②八宅派：

《指掌》云：「本山四綠方名文昌方。」又云「文昌方不可安廁，名污觸文昌，主埋沒聰明秀氣，兼損名譽。」

《紫白》云：「八會四而小口損傷。」乃在說明兒童房不可在四綠方位，小口者指九歲以下幼童也。

(3)依據

由以上各學派理論看來，四綠、一白皆為文昌位，但四綠有所忌，則取一白較吉應，又一方面經作者長期印證結果，也以「一白方位」為文昌位，能得充分感應。

還有一點需說明，就是「坐不到文昌房，便要坐正文昌檯。」，當然最理想的是，如一宅第內正南位是文昌位，書桌最好也應擺在正南位，實際上每座陽宅，並非皆能如此調整，那麼也就是說，正南位要挪出空間當書房有困難，就把書房放在其他空間，把書桌擺在正南位，也就吻合風水了。

3. 佈置言：

(1)書房窗戶：宜在讀書人座位的左位，使光由左上方來，避免西斜陽光刺目。

(2)書房顏色：文昌、文曲星，五行屬木，故最好用淺綠色（木色）或淺藍色（水生木）。

(3)書房植物：書房最好植些小盆栽，如黃金葛等室內植物也可，竹也吉利，「無竹令人俗」，但忌太多，以免又形成陰霾之氣。

瓶頸突破

一、請對下列問題，作一說明，並敘述自己見解：

　　(1)獨棟式宅第的財庫位與文昌位認定。

　　(2)公寓式宅第的財庫位與文昌位認定。

　　(3)連棟式宅第的財庫位與文昌位認定。

答：

(1)獨棟式宅第：

　以卦位爲認定標準，每樓均在同卦位上，但如逢一樓前面爲走廊，二樓前部在走廊上方時，二樓的中心點應向前挪移。

(2)公寓式宅第：

　非以統一公眾進出的大門爲認定標準，應以自己住宅範圍的大門位爲鑑定，否則此棟大樓的財庫位就集中在一處，有的住家就會沒有財庫位，那麼就表示住在不是財庫位（文昌位）的公寓大樓部位者，就不容易發展了（或功名不遂），豈不是宅命無法配合，由此可見公寓式宅第，應以自己住家的大門位爲標準。

(3)連棟式宅第：

　也是以自己住家大門位爲認定標準。

■綜合說明：

　　爲什麼公寓式及連棟式建築，也應以自己宅第爲標準呢？因爲雖然是連棟，但空間各自獨立氣流不相通也。

　　另外應再瞭解的是，連棟式建築，因大門都是同方向與方位，故如整棟內有一宅第測定後，文昌位被置廁所而污穢了文昌，那麼幾乎整棟方位皆如此，所以就會產生，有的街坊或社區小朋友，考運不好就全部都不

太好，不讀書全部都不太喜歡書本，（小孩在外寄宿者例外），孟母三遷也應有這一層面的意義的。

二、有人說連棟建築，住在最中間的宅第，家運最不好，俗謂「擔二邊，不出運」試述己見。

答：

1. 就風俗言：此句話純係風俗觀，與風水扯不上關係，住家又不是在挑擔。

2. 就財位言：財位應聚氣，所以一宅第不能有太多窗戶，住在連棟式建築的最旁邊宅第，因兩旁可開窗，萬一錯開在財位方位，反而是不利的，如此而言，是在中間的宅第更容易聚氣多了。

3. 就地理言：在地理位置上，二側宅第因旁邊可能面臨空地或道路，盜賊來犯，反而容易成為第一被窺伺的目標。

三、男命考生六十一年次，住離宅文昌位，及住震宅文昌位，各有何剋應，各抒己見。

答：男命六十一年次為東四命，命卦為坎卦。

1. 住離宅文昌位，文昌在正南位，為此考生的延年位，身體應屬吉利，精神上隨和安逸，有耐性，外緣（同學緣）也佳。

2. 住震宅文昌位，文昌在西北位，為此考生的六煞位，身體易犯時疾、失眠，並會常惹是非、鬧意外，雖會讀書，同時也為學校的頭痛人物。

四、民國八十年有一參加大學聯考考生，想金榜題名，應住何宅？並
　　再解答下列問題：
　　⑴住進此應考的理想宅地者，是否均能考上？
　　⑵住進此應考的理想宅地者，一心一意為考試努力，在身體方
　　　面，一年來有何剋應？各抒己見。

答：

⑴民國八十年九紫入中，四綠飛到離，故應住進坎宅。

⑵住進坎宅者，並非全能考上，理由如下：

　①就文昌位有配合言：

　　坎宅文昌位應正確，考生雖住在坎宅，但不住在文昌位，也就無法充
　　分發揮文昌威力，當然考運便打折扣了。

　②就感應氣流的時間言：

　　　陽宅感應有一段時間，才能應驗，考生住進坎宅的時間，如果沒
　　有長達六個月至一年之內，感應效力也會減弱。

　　　綜合言之，除了上述二點理由之外，尚且再探討二點玄機：

　　　其一，民國八十年，東四命考生住進坎宅而考取大學，精神及身
　　體會較活潑。而西四命考生，住進坎宅考取大學，精神及身體會因宅
　　命卦不同，而顯得死氣沈沈。由此看來，當然應驗了有的考生不大唸
　　書，卻很容易金榜題名，有的考生整日苦讀，卻考運困頓的實況了，
　　范進是屬於後者，他的陽宅定然有誤（廁所污穢文昌）。

　　　其二，在命理與陽宅的關係上驗證，我們得到一點證明，就是說
　　在八十年金榜題名的考生，事後其陽宅往往吻合，「某年應住某宅」
　　的現象，人生有一條自然規則的道路，陽宅學是方向盤，能調整它，
　　而找出道路的捷徑，來幫助我們達到目標，端看我們如何應用了。

(3)東四命的考生，八十年住進坎宅，應驗吉利。

西四命的考生，八十年住進坎宅，四綠入，雖利考試但心情迷亂，易犯陰濕症，主要剋應在精神壓力方面。

第十四章　臥房綜論

──講座焦點──

(1)主臥室的方位吉凶。

(2)主臥室與各臥室間的關係感應。

另外再瞭解臥床對自己與六親的利用法則。

睡姿！

整體表解

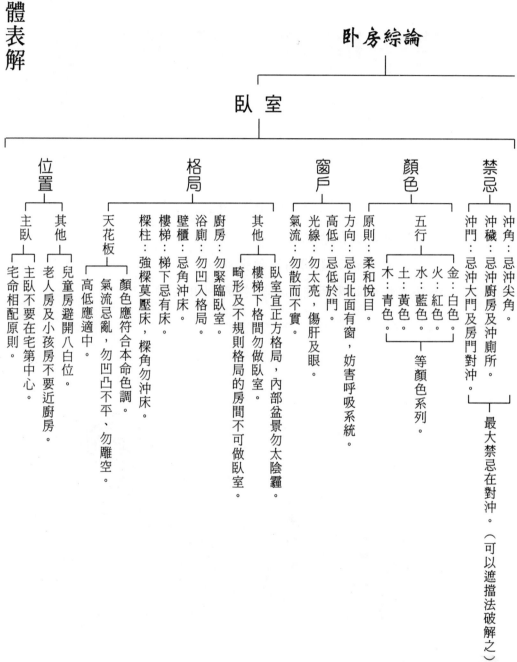

卧房綜論

臥室

位置
- 主臥：宅命相配原則。
- 其他：
  - 主臥不要在宅第中心。
  - 老人房及小孩房不要近廚房。
  - 兒童房避開八白位。

格局
- 天花板：
  - 高低應適中。
  - 氣流忌亂，勿凹凸不平、勿雕空。
  - 顏色應符合本命色調。
- 樑柱：強樑莫壓床，樑角勿沖床。
- 樓梯：梯下忌有床。
- 壁櫃：忌角沖床。
- 浴廁：勿凹入格局。
- 廚房：勿緊臨臥室。
- 其他：
  - 畸形及不規則格局的房間不可做臥室。
  - 樓梯下格間勿做臥室。
  - 臥室宜正方格局，內部盆景勿太陰霾。

窗戶
- 氣流：勿散而不實。
- 光線：勿太亮，傷肝及眼。
- 高低：忌低於門。
- 方向：忌向北面有窗，妨害呼吸系統
- 原則：柔和悅目。

顏色
- 五行：
  - 木：青色。
  - 土：黃色。
  - 水：藍色。
  - 火：紅色。
  - 金：白色。
  - 等顏色系列

禁忌
- 沖角：忌沖尖角。
- 沖穢：忌沖廚房及沖廁所。
- 沖門：忌沖大門及房門對沖。
- 最大禁忌在對沖。（可以遮擋法破解之）

（續）**臥房綜論**

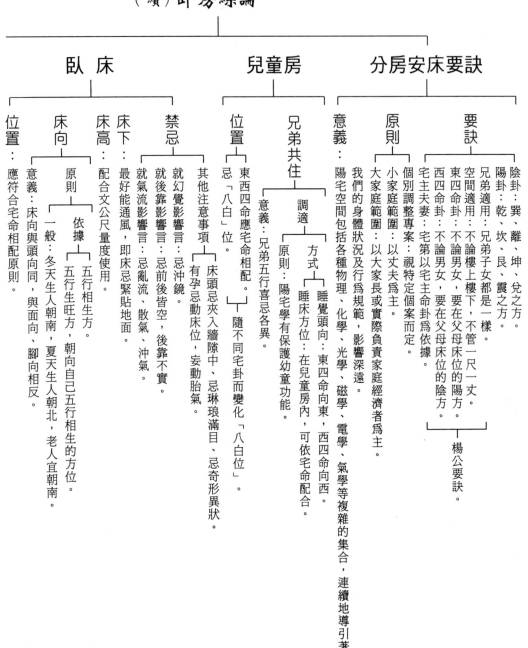

臥　床

位置：
　應符合宅命相配原則。

床向：
　意義：床向與頭向同，與面向、腳向相反。
　原則：
　　依據：一般：多天生人朝南，夏天生人朝北，老人宜朝南。
　　五行相生方，朝向自己五行相生的方位。
　　五行生旺方，

床高：
　配合文公尺量度使用。

床下：
　最好能通風，即床忌緊貼地面。

禁忌：
　就氣流影響言：忌亂流、散氣、沖氣。
　就後靠影響言：忌前後皆空，後靠不實。
　就幻覺影響言：忌沖鏡。
　其他注意事項：
　　有孕忌動床位，妄動胎氣。
　　床頭忌夾入牆隙中、忌琳琅滿目、忌奇形異狀。

兒童房

位置：
　東西四命應宅命相配：忌「八白」位。
　隨不同宅卦而變化「八白位」。

兄弟共住：
　意義：兄弟五行喜忌各異。
　調適：
　　方式：
　　　睡覺頭向：東四命向東，西四命向西。
　　　睡床方位：在兒童房內，可依宅命配合。
　　原則：陽宅學有保護幼童功能。

分房安床要訣

意義：
　陽宅空間包括各種物理、化學、光學、磁學、電學、氣學等複雜的集合，連續地導引著我們的身體狀況及行為規範，影響深遠。

原則：
　個別調整專案：視特定個案而定。
　小家庭範圍：以丈夫為主。
　大家庭範圍：以大家長或實際負責家庭經濟者為主。

要訣：
　陰卦：巽、離、坤、兌之方。
　陽卦：乾、坎、艮、震之方。
　兄弟適用：兄弟子女都是一樣。
　空間適用：不論樓上樓下，不管一尺一丈。
　東四命卦：不論男女，要在父母床位的陽方。
　西四命卦：不論男女，要在父母床位的陰方。
　宅主夫妻：宅第以宅主命卦為依據。
　楊公要訣。

本章內容

一、鑑定宗旨

人類一生時間在床上度過的歲月，幾占三分之一。日落西山，大地靜止一片，人在睡眠靜止中，受宇宙大氣的磁場，及地球自轉的影響，長期感應下，會有不同的反應現象，關係到健康、子嗣。

二、鑑定實例

我曾經成功地調整一個實例，即在宜蘭友人家中，因夫妻久婚而又無子，且妻子常頭痛，找遍名醫均無法對症。後來我一測定陽宅後，叫他們把床位改在另一個房間，又把床頭轉向。事隔一年，我也忘記了此事，後來在一個偶然場合遇見，聽他親自告訴我，其子平安生產，且太太的偏頭痛也不藥而癒，這就是陽宅床位磁場的正確應用了。

第一節　臥　室

一、位置

1.主臥：

睡房是個人休息睡覺的地方，所以一定要與自己的命卦配合，才能睡得舒適安寧，而維持健全的身心體魄。

⑴宅命：宅命東四命的睡房是在本宅的「東、南、北、東南」四個方位，宅命西四命的睡房是在本宅的「西，西北、西南、東北」四個方位。（如下頁圖）

⑵氣流：主臥最好不要在宅中心。

2.其他

老人房及小孩房，最好不要在廚房附近，避免廚房穢氣，兒童房不宜在「八白」位。　　【方位學術】

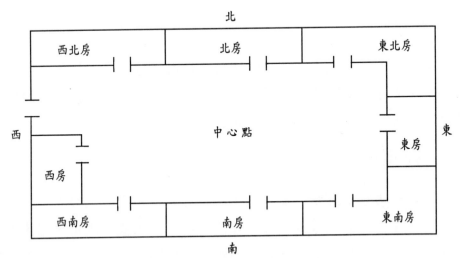

二、格局

1.天花板

　(1)高度過低則有壓迫感，過高則空虛、無情。　　【風水觀點】

　(2)凹凸不平的裝潢使氣流呈亂，主情緒受影響而不利。　　【風水觀點】

　(3)天花板太高，可以深色裝潢來輔助。　　【美化觀點】

　(4)忌雕空，使氣流中旋。　　【一般觀念】

　(5)天花板顏色可用個人本命之幸運色來搭配。　　【一般觀念】

2.樑柱

　強樑莫壓床，柱角莫沖床。　　【一般觀念】

　另外樑柱角也不可過多、相沖，會影響健康及導致精神不佳。

　　　　　　　　　　　　　　　　　　　　　　【風水觀點】

3.樓梯

　樓梯下方不可設床，不利健康及不利精神。　　【風水觀點】

4.壁櫃

　壁櫃傢俱忌三角形，對主人及孩童均不利。　　【風水觀點】

5.浴廁

　臥室中，浴廁不宜凹入格局，宜凸出另外一間。　　【習俗觀念】

6.廚房

　臥室緊鄰廚房及儲藏室、浴廁均不利，尤其對幼兒影響最大。

　　　　　　　　　　　　　　　　　　　　　　　【習俗觀念】

7.其他

　(1)畸形及不規則格局之房間不可做臥室，會有精神不安及情緒性胃腸病，尤其是小孩房間會影響人格發展。　　【風水觀點】

　(2)半樓作房間，如騎樓上，如樓梯上之隔間，下面人來人往都不利。　　【習俗觀念】

　(3)臥室宜正方，忌過分狹長。　　【風水觀點】

　(4)臥室內盆栽不可過多，沙發不可過多，應夫妻口角多。

　　　　　　　　　　　　　　　　　　　　　　【風水觀點】

　我曾在大甲發現一主人房內，滿佈盆景，男主人脾氣難以控制，女主人也經常鬧情緒，曾有自殺六次之記錄，後來嚴重到導致離異，至八十年初男主人遇車禍傷亡。

三、窗戶

1.氣流

　氣流應流通，但忌太多落地窗，容易使氣散而不實，尤其在財位更甚。【風水觀點】

2.光線

　不宜太亮，太亮傷眼又傷肝。　　【風水觀點】

3.高低

　窗戶忌低於門，尤其忌和床同高。　　【風水觀點】

四、顏色

顏色對人的情緒有很大的影響力，鮮艷色令人精神亢奮，深沈色令人意志消極，臥房是睡眠休息的地方，所以顏色配襯應柔和悅目，使精神鬆弛，故以淺色爲適宜。　　【美化觀點】

另就五行來說明：

木：青色、土：黃色、水：藍色、火：紅色、金：白色。

若要興旺安適，可儘量選用「本命」的顏色來配合。　　【風水觀點】

五、禁忌

臥房最大的禁忌在對沖。

1.沖門

(1)沖大門：臥室門對大門，連成一直線，犯身心不安寧、身體不健康，因門氣一瀉無遺。　　【風水觀點】

(2)沖房門：房門不要與臥床對沖，因門氣強，人睡床上易造成身體不適及惡夢。　　【一般觀念】

2.沖穢

(1)沖廚房：易犯胃腸病。　　【習俗觀念】

(2)沖廁所：床位沖廁所及儲藏室，均主胃腸不好。　　【習俗觀念】

3.沖角

風水學對尖角甚爲敏感，認爲尖角有如利刃，具有頗大傷害力，所以若有尖角沖門，便被視爲相當嚴重的忌諱。　　【風水觀點】

4.破解

如犯尖角對沖及門與門對沖，可以遮擋法破解之。也就是說將尖角用裝潢設計包裝起來，或在門與門對沖之間，以屏風、玄關、矮櫃、珠簾等方式遮擋彌補之，避免氣流太旺對流。

第二節 臥床

一、位置

臥房與睡床可說是二面一體，悠息相關，因爲臥室內一定要有睡床，睡床一定放在臥房中，而睡床是用來休息睡眠的地方，所以應放置在與自己命卦配合吉利的方位，如此才能睡時舒適安寧，醒後精神奕奕。

第一節我們談到主臥位置應宅命卦配合，那麼睡床也應如此，甚至再進一步研究，主臥及睡床應擺在本命卦的「伏位」較宜，因爲「伏位」有不動含意。　　【方位學術】

1.東四命
   (1)震木命：正東位。
   (2)巽木命：東南位。
   (3)離火命：正南位。
   (4)坎水命：正北位。

2.西四命
   (1)坤土命：西南位。
   (2)艮土命：東北位。
   (3)乾金命：西北位。
   (4)兌金命：正西位。

二、床向

1.意義
   床向與頭向帶有混淆不清的說法，作者爲了清楚起見，便把床向視爲頭向，即人躺臥時，頭頂的方向。

2.原則

(1)《金光斗臨經》云：「陽宅諸事，唯床易爲其所，立法有四：宜合命之吉方爲最，又宜合分居之吉，又宜合坐山之吉，又宜合照水經，以門論房之吉。」

(2)一般原則：

①冬天生者朝南，夏天生者朝北，老人宜朝南。　　【習俗觀念】

②臥時見門板，臥在床上可以自然看到出入的門，如背門而睡，則身體不健康，易犯夢魘。　　【風水觀點】

【作者見解】

①五行生旺方：

頭向應採吉方，即與自己五行配合的方位，如自己本命五行屬「金」，睡覺時，頭向便應向「金」氣當旺的西方、西北方，如此一來，在這些方位當旺的「金」氣，便會在你睡眠當中，不斷地替你補充本命氣，使你睡醒之後，頭腦清晰，頭頸不會有酸痛感覺，（如圖）。

【方位學術】

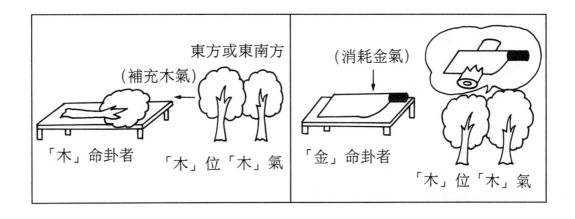

由此可知，欲鑑定吉利頭向，應先瞭解宅主的本命五行，再配合方位五行來鑑定。

②五行相生方：

因五行有相生關係，故頭向除了適宜向著五行生旺方之外，並且還適宜向著五行相生方。如水生木，故木命者，適宜向木方（東、東南），也宜向水方（北）。　　【方位學術】

三、床高

床的高度，一般配合文公尺即可，但最高不得超過二十二寸。【習俗觀念】

四、床下

床下最好能通風，床不貼地面，忌有堆積雜物，如有垃圾則防損胎兒，床底如完全不透氣，容易腰酸背痛，但目前都已改用彈簧床，彈簧床應選用硬度高者，一方面有透風性，一方面不會使彈簧床，被過度壓陷造成睡傷。　　【風水觀點】

五、禁忌

1.就氣流影響言
　①床頭不宜橫樑壓頂。（如圖①）　【習俗觀念】
　②床頭不宜對正房門。（如圖②，③）　【習俗觀念】
　③床頭上方不開天窗。　　【風水觀點】
　④床頭後方不接近窗。（如圖④）　　【風水觀點】
2.就後靠影響言
　①床位不擺在房間中央。
　②床頭後靠不能不堅實。　　【風水觀點】
3.就幻覺影響言
床頭不宜對正鏡子，避免在睡夢中，因自己身影晃動，引起鬼影幢幢的幻覺。（如圖5）　　【一般觀念】

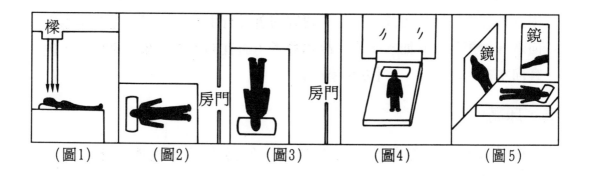

| (圖1) | (圖2) | (圖3) | (圖4) | (圖5) |

4.其他注意事項

(1)有孕時，不能移動床位、灶台、爐台、破土等，容易引動胎氣。
【風水觀點】

(2)床頭忌設在凹入牆中之壁櫃隙縫中，或床頭琳瑯滿目，床形奇異怪狀，會對精神狀態影響較大。　【美化觀點】

第三節　兒童房

一、位置

目前一家庭中，都很注意子女的養育細節，有很多家庭，已均在家中特別安排一個兒童房間，作爲休憩睡覺、玩耍溫習之用，來培養子女的獨立個性，所以作者在本節，便特別把兒童房應注意事項列出。

1.忌「八白」位

八白屬艮土，代表少男，《紫白訣》云：「八白，傷小口」，但八白到底是該應用在何位？各家雜論有二派主張：

(1)八白艮土在東北位，故東北位不宜作兒童房。

(2)八白隨不同宅卦的陽宅而變化方位。

2.東西四命

東四命的兒童，住東四位房；西四命的兒童，住西四位房。

《金光斗臨經》云：

(1)「若東命孩兒，犯乾、兌（金），必有肺喘疳癆之症；震巽孩兒犯坤、艮（土），必患瘝痢之症。」

化解方法：「可將東命孩兒房床，安於父母房床東邊居臥，即安然不夜啼矣！此分房之法，不論樓上樓下，床裡床外，只要在父母居臥之東，雖尺基丈址，亦有效驗。」

(2)「如孩兒坤、艮（土）命，犯震、巽（木），而灶之火門又朝東，乃木剋土，主脾瀉驚疳。犯坎（水），是土剋水，主驚風急慢，犯離（火），主痰喘嘔唾。」

化解方法：「西命孩兒，宜在父母居臥之西也。」

【作者見解】

以上兩方法，經作者長期考據及印證結果，分析如下：

①陽宅學上指的「兒童」，是指九歲（虛歲）以下者謂之。

②「八白」位並非單純指「東北位」，乃隨不同座向的陽宅，而變化不同的方位，即每一宅卦的陽宅不要把「八白」位當兒童房。

③又因兒童射線吉凶，仍來自父母射線的吉凶，故可以父母為原則，按東西四命卦例不同而安排，如東四命兒童就安排在父母主臥床的東位，西四命兒童就安排在父母主臥床的西位。

二、兄弟共住

1.意義

有些家宅，有二個或二個以上的兒童合住一室，在調整位置時，最大的難題是各人五行不同，喜忌各異，所以應小心鑑定方位，以免剋應。

2.調適

(1)原則：

有人認為陽宅既以宅主為主，故不必再深入考慮兒童位置，其實不然，因為宅主為大人，兒童為嬌嫩幼苗，不堪有意外，豈能不慎。所

以在陽宅學中，對兄弟共住原則上，我認為應以「不沖剋任何人」為主，以盡到陽宅學保護幼童責任。

(2)方式：

　①睡床方位：以兒童房為範圍，東四命者，睡床在東四方，西四命者；睡床在西四方。

　②睡覺頭向：東四命者，宜頭部向東四方睡，西四命者，宜頭部向著西四方睡。

(3)圖示：

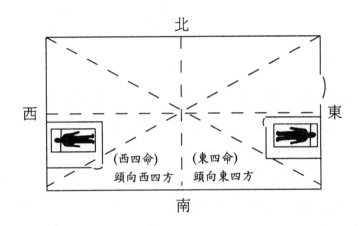

【說明】

兄弟有東西四命卦不同，同一兒童房取位困難時，依正確頭向安床，若要最妥當調適時，則應分房而安置。

第四節　分房安床要訣

一、意義

一個人在家的時間至少一天有八小時以上，而所受到的影響，就是我們身體的磁場，不斷地承受著環境地靈的波，及空間氣流的波，這其中又包括父母、夫妻、兄弟、姐妹、子女等多數小磁場，來影響左右我們，由此可見，在這個小固定空間中，實在是一個物理、化學、光學、磁學、電學、氣學等複雜集合的巧妙結合體，連續地導引著我們身體狀況，及行為規範。

二、原則

陽宅學如此地複雜，那麼在定宅卦與命卦相配時，到底應以何人為主，才是最適當，我們已經研究過，再度深入探討其原則。

1. 大家庭為範圍：以大家長或實際負責家庭經濟者為主。

2. 小家庭為範圍：僅夫妻雙方居住組成，應以丈夫為主，除非分居無肉體關係，所以陽宅仍應以丈夫本命的調整，其吉利效應，太太容易受惠。

3. 個別調整專案：屬個別調整的方案，則視方案特性而定，如今年大兒子剛好要考大學，調整時應專門以大兒子命卦來加以鑑定，也就是以「功名宅運」為特定調整的對象。又如久藥無效，則以「調整病體」為主要調整依據。

三、要訣

除了上述原則之外，又鑑於大家庭中，六親同居，各適所位，床位均不同，有相宜者，有不宜者，如何兼顧，並得其利？此時應依《楊公》的「分房安床」理論，來解決疑難，此理論為造就富貴宅第不可或缺之一環。要訣如下：

1.宅主夫妻：宅第以宅主命卦爲依據，夫妻同房。

2.西四命卦：不論男女，都要在父母床位的陰方。（如圖）

3.東四命卦：不論男女，都要在父母床位的陽方。（如圖）

4.空間適用：不論樓上樓下之分，不管一尺一丈之隔，均應用之。

5.兄弟適用：兄弟子女都是一樣，即東四命在東，西四命在西。

四、圖示

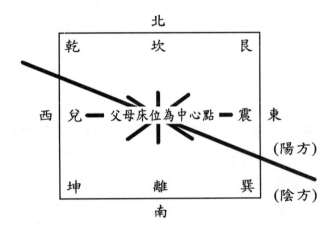

（陽方：在父母床位的乾、坎、艮、震之方。）

（陰方：在父母床位的巽、離、坤、兌之方。）

五、實例

1.黃太太爲東四命，宿疾纏身，其母（岳母）看了心疼，夫家又乏人手，於是前往夫家照顧，這位嫁出去的女兒，陽宅家應如何爲其分房安床，使黃太太除了藥物治療之外，又能利用陽宅風水，早日康復？

　[解]

　(1)床位

　　①黃太太的床位，應在其母之東或北。

　　②床位以不對沖房門爲原則。

(2)調整

　　在東四命的凶方位，置一火爐（或小瓦斯爐或電磁爐），每日或泡茶或煮藥飲用，以取其磁場感應。

2.林先生住台中，有一女兒屬西四命，經常生病、感冒過敏、胃痛，請問陽宅師應如何處理此個案？

【解】

將女兒的床位，移到林先生夫妻床位的西方，或陰方，爐灶或茶爐、瓦斯爐、電磁爐，也可移至小孩的煞方，如此其病將會速癒。

科學釋義

一、頭向、床向、面向、腳向。

釋：

　　在睡房佈置中，一般人往往把頭向、床向、面向、腳向觀念混淆，那就無法去測定方位了。

1. 頭向：睡覺時，頭部所向的方位。
2. 床向：與頭向同，因爲我們把頭部所置之位，視爲床頭，腳部所置之位，視爲床尾。
3. 腳向：剛好與頭向成一百八十度相反，如頭向是東，腳向便是西，面向均向上或輾轉反側。

　　如圖示：

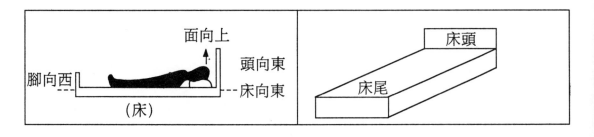

　　在陽宅學中睡房佈置應以「頭向」、「床向」爲主，頭向吉方則吉，頭向凶方則凶，無法論及「面向」的，因人在入睡後，有時輾轉反側許多次，面向時而上，時而下，時而左，時而右，故很難論斷。另外「腳向」也無影響，因爲人的器官最重要的是在頭部，倘若睡覺時，頭部向著吉方，腦部能源源接受吉氣，則會睡得舒服，而且對事業及財運也能有所改進的。

　二、睡房（床）四宜。

釋：

1. 房床宜在本命吉方：應符合「房命相配」原則。

　①東四命應住東四房床。

　②西四命應住西四房床。

2. 床頭宜向本命吉方：睡眠中，腦部一方面休息，一方面向吉方吸納吉氣，這是陽宅學中最吉應的運用。

3. 求子宜頭枕三白方：三白指「一白」貪狼星、「六白」武曲星，「八白」左輔星，所在的方位謂三白方，此三星皆爲陽星。例如坎宅，一白入中，六白在北，八白在東，也就是說坎宅的正北是伏位（六白武曲居位），正東是天醫（八白左輔居位），此時床位及頭向，則皆要應此，求子則吉利。

4. 睡房宜明不宜昏暗：《八宅明鏡》曰：「床向宜明不宜暗，暗則主哭」。此處之明指日間光潔通爽，非太陽直射，暗指陰寒之氣濕沈，非光線暗淡。

　三、睡房（床）三忌

釋：

1. 忌壓

　(1)床頭忌橫樑壓頂：《陽宅撮要》曰：「此名懸針煞，主損人口。」

　　【習俗觀念】

　(2)床頭忌樓梯壓頂：《陽宅撮要》曰：「房內安樓梯，主寡。」

　　　　　　　　　　　　　　　　　　　　　【習俗觀念】

2.忌沖

  (1)床頭忌房門直沖：《八宅明鏡》曰：「床怕房門直沖，以一屏風抵之乃佳。」 【習俗觀念】

  (2)床頭忌沖對廁所：此謂之沖穢。 【風水觀點】

  (3)床頭忌沖對廚灶：《八宅明鏡》曰：「房前有灶，心痛腳疾。」 【風水觀點】

  (4)床頭忌正對鏡子：鏡子是反射煞氣，如對正床頭，對健康不利。 【一般觀念】

  (5)床頭忌沖對煙囱：《陽宅撮要》曰：「煙囱對床主難產。」

                                             【方位學術】

3.忌貼

  (1)睡床忌緊貼爐灶：爐灶主燥熱，貼睡床易病疾。 【風水觀點】

  (2)床頭忌緊貼窗戶：容易造成床頭亂流及影響安全。 【風水觀點】

  (3)床頭忌不靠貼牆：床頭不能露空，因露空之處易迴聚亂流。

                                          【風水觀點】

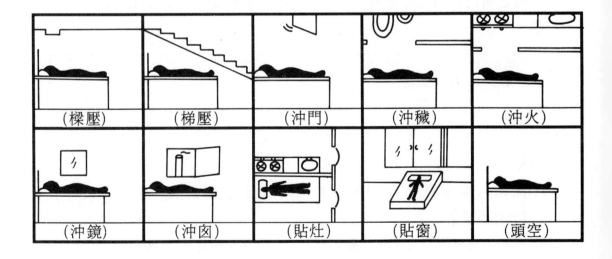

| （樑壓） | （梯壓） | （沖門） | （沖穢） | （沖火） |
| （沖鏡） | （沖囱） | （貼灶） | （貼窗） | （頭空） |

瓶頸突破

一、試對下列二事，以陽宅師立場，各抒己見。

　　⑴鏡子沖床。

　　⑵床頭向西。

答：

⑴鏡子主要作用是反射作用，如果掛在房門或宅前門上用來避邪、鎮煞破沖等，可以說是毫無作用，因爲我們知道陽宅一定要依卦位及氣流，才會有吉凶應驗的，反射作用與方位、氣流是不相關的兩碼事。但是風水學家卻把鏡子牽扯了很多忌諱，如凹凸不同，功力程度有異，如能反照煞氣，以免沖剋受損等，簡直成了避邪聖品，其實僅是心理作用罷了。鏡子沖床，也是心理作用，如宅主在三更半夜，臨時有事起床，半睡半醒間，驟然瞥見牆上鏡子的自我身影，豈不驚懼？爲了防止此類事情發生，故主張鏡子不沖床，以免疑慮不安。

⑵很多風水學派主張「床頭朝西」不吉利，其原因如下：

　①風俗上忌諱：

　　A. 極樂世界在西方，頭部向西，意味著「歸西」。

　　B. 日出於於東，落於西，西方是日暮崦嵫所在，代表損害、下坡。

　②理論上忌諱：

　　A. 夏日西斜的陽光最猛毒，故向西的睡床特別酷熱，易患暑病。

　　B. 地球自西向東自轉，床頭向西，有如頭部不斷後仰，血液易往上沖，造成血壓上升。

③實驗的結果：

A.（討論理論 A）：

並非向西的床都會受西斜酷陽照射，又下午六、七點日已西下，一般人並不是在下午六、七點就睡覺，關日底事？

B.（討論理論 B）：

地球事實是自西向東自轉沒錯，且人類也能感覺到地球在轉（站在向正東大樓前方往上看，大樓會向自己一直倒壓過來），但經作者長期對不同命卦的宅主作實驗，頭向西，睡前及睡醒量血壓，並不會使他們的血壓因而變化。

由此可見，床頭向西，並無不利，如果宅主本命的旺位正在西方，棄之不用，豈不可惜，如兌命卦（七赤），正西位就是伏位，大吉大利呢。

二、睡房及主臥床的影響，你個人認為很大嗎？試述之，並對下列二事實予以鑑定研究：

(1)大門在乾位，主臥在乾位，瓦斯爐在坎位，西四命宅主，東四命配偶居住。

(2)大門在坤位，主臥在震位，瓦斯爐在艮位，西四命宅主，東四命配偶居住。

答：

(1)影響很大：

因為陽宅是氣流及綜合「場」吉凶的剋應，人類一天至少靜靜地在主臥室內，承受八小時的「波」感應，所以影響是很大的。

(2)研究：

①大門在乾，主臥在乾，火氣在坎；起初一至二年內主吉利，三年後因坎灶之影響，應驗散財嫖賭、妻子損傷、乏嗣抱養、咳嗽吐痰事項。

②大門在坤，主臥在震，火氣在艮；應驗小兒難育事項。

　　由上可知：陽宅的鑑定非常複雜，與實際生活均息息相關，所以我們陽宅師在鑑定時，所應注意的項目，包括居住時間、居住關係、命卦宅卦等，都要詳細判斷，豈可忽視。

三、下列有鑑定實例，試以陽宅師觀點評述意見。

　　⑴蔡先生為西四命，太太四十四年次，一子六十九年次，一女七十年次，宅主宿疾纏身，大門在坎位，主臥室在震位，瓦斯爐在坤位。

　　⑵陳先生四十二年次，一女七十二年次，一子六十八年次，宅第大門在兌位，試替其設計出最好的主臥室調配。

　　⑶李太太為人岳母，二千金皆已出嫁，甲千金四十一年次，乙千金四十三年次，在夫家經常時疾，李太太念女心切，時常往返照料，試問李太太應如何利用陽宅學，對二位千金身體有所助益？

　　⑷孫先生東四命，主臥在震位，其獨子也東四命，兒童房在兌位，孩子身體常不適，應如何調整？

答：

⑴蔡先生一家人都屬西四命卦，大門在坎位，主臥在煞位，火氣卻在吉位，繼續再居住，宿疾不會好，如陽宅格局因限於結構無法作改變時應搬家。

⑵A.陳先生主臥在坤，女兒在其陰方，兒子在其陽方。

　B.陳先生主臥在乾，女兒在其陰方，兒子在其陽方。

　C.陳先生主臥在艮，女兒在其陰方，兒子在其陽方。

⑶李太太的床位應在甲千金之西，煮藥應在西四方位。

　李太太的床位應在乙千金之東，煮藥應在東四方位。

⑷步驟一：將兒童房移至孫先生主臥床位的陽方。

　步驟二：在正西方置一電磁爐經常煮物使用。

第十五章 廚房、浴廁、餐廳

———講座焦點———

廚房：產生熱量，影響宅第中人的身體剋應吉凶。

浴廁：產生射線，影響宅第中人的判斷力、理解力。

身體久病纏疾，或時疾不癒，主要是爐灶導因，個人對事務觀察後的理解力及判斷力之強弱，也可以因廁所射線而影響，所以對學習陽宅學者來講，這是二大重要單元。

整體表解

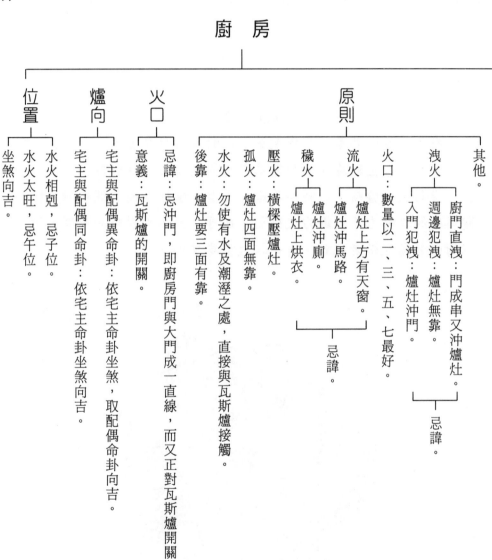

廚　房

位置
- 坐煞向吉。
- 水火太旺，忌午位。
- 水火相剋，忌子位。

爐向
- 宅主與配偶同命卦：依宅主命卦坐煞向吉。
- 宅主與配偶異命卦：依宅主命卦坐煞，取配偶命卦向吉。

火口
- 意義：瓦斯爐的開關。
- 忌諱：忌沖門，即廚房門與大門成一直線，而又正對瓦斯爐開關。

原則
- 其他。
- 洩火
  - 廚門直洩：門成串又沖爐灶。
  - 週邊犯洩：爐灶無靠。
  - 入門犯洩：爐灶沖門。
  - 忌諱。
- 火口：數量以二、三、五、七最好。
- 流火
  - 爐灶上方有天窗。
  - 爐灶沖馬路。
  - 爐灶沖廁。
  - 忌諱。
- 穢火
  - 爐灶上烘衣。
- 壓火：橫樑壓爐灶。
- 孤火：爐灶四面無靠。
- 水火：勿使有水及潮溼之處，直接與瓦斯爐接觸。
- 後靠：爐灶要三面有靠。

（續）廚 房

抽油煙機
- 與瓦斯爐中間忌見窗戶。
- 忌在凸出窗戶上。
- 忌在宅正中央。

米缸：宜造土方，忌造木方。

菜櫃（冰箱）：宜造凶方。

浴 廁

位置
- 以文昌觀點言：忌污穢文昌。
- 以射線觀點言：宜在本命卦的凶方。

排水：
排水應由屋後暗出，忌從廚房灶台下繞經。

馬桶
- 勿與大門朝同一方向。
- 馬桶朝向整排建築物的中心點，易得意外財。

破解
- 刑剋財位：可在浴缸或洗臉檯內置水，增進旺氣。
- 污穢文昌：可掛電蚊燈，以排除不利射線。
- 可在馬桶下置鹽巴，每日更換，有淨化作用。

餐 廳

餐廳內冰箱置煞方。

視廚房火氣旺盛與否，如用瓦斯爐，可在鄰近用餐；如用土灶，火氣太旺，宜注意用餐不可太近。

本章內容

一、鑑定宗旨

1.廚房、爐灶

廚房中有火又有水，在易學中五行生剋之理，如能調配到「水火相濟」狀況，則家道興旺、財源廣進，否則難免產生相剋排斥的不良後果。又目前由瓦斯爐、微波爐、電磁爐代替大爐灶的情況下，水火應如何搭配，氣流感應到底以廚房門為主？還是以瓦斯爐開關為主？都是我們應探討的課題。

2.餐廳

餐廳方位及擺飾，影響到家人吃飯的情緒，如果情緒不良則不利健康，更嚴重者「爸爸不回家吃晚飯」，生活就不融洽了。

3.浴廁

它是維持我們日常生活，最密切的一個重要場所，在宅相學中，關係健康及財運，廁所屬於穢氣所在，人類長期接受排泄物射線的磁場，會左右判斷力，影響學業進步與否，所以廁所的位置，又剛好在文昌位上，全家人就都不喜歡看書了。

二、鑑定實例

1.有一回與友人吃蒙古烤肉，那一家餐廳因為新開張，不但便宜、生意又好，我順便看一下宅相，斷言：「不出一年好景。」朋友皆不相信，結果第二年開始，就員工難續，客人稀少，不久即倒閉了。此關鍵在它的爐火位置錯誤，犯了嚴重的「入門見火，火氣外洩」二項錯誤，所以我私下鑑定後，認為不利陽宅風水。

2.我們常常聽到有人說：

A.「明明是這支牌會出來，偏偏等不出來。」，「他告訴我二個號碼，一支開出來，我就偏選不會開的，拼命去簽，唉⋯⋯。」

B.「好朋友，竟然給我跑會，真夭壽⋯⋯。」

C.「這小孩一叫讀書就想睏，打電動玩具第一名。」等等類似半埋怨、半嘆氣，無可奈何的言語，這其中主要原因何在？就是廁所位置錯誤了，更嚴重者，甚至污穢文昌位，使得宅中之人的理解力、判斷力、記憶力等等均減弱、失誤。

第一節　廚房

一、位置

　　廚房能對陽宅產生影響，主要在於它的範圍內有爐灶。爐者，火位也；灶者，火口也；所以其位置也就非常重要的。

　　爐位會影響一個人的生理機能及判斷力，正確時，可將不利人體的波能，因燃燒作用而改變，錯誤時，會干擾對人體有益的波能，進而影響人的健康、思考和判斷力。

⑴位煞向吉：

　爐位應在房子的煞位，方向朝吉方。詳細說明，即爐位應在宅主東西四命的煞位上，爐向應採女宅主本命的吉向。

⑵火火太旺：不要在宅中心線的正南位，南，爲離，屬火，午位爲甚。

⑶水火相剋：不要在宅中心線的正北位，北，爲坎，屬水，子位爲甚。

⑷其他主張：

　①瓦斯爐在房子的前位：家運中落。

　②瓦斯爐在二房間的中間，如二臥室的中間：對在此二房間居住者均不利。

　③瓦斯爐在廚房中心點，會因無靠而散財。

二、爐向

　　火在燃燒時需要氧氣來助燃，而火又能釋出各種能量的波，其中有一部分會被食物所吸收，爐灶的方向也可以改變波的型態，而食物在被人體腸壁吸收時，也間接吸收了一部分波，將影響人體內的變化，最明顯地，就是表現在情緒和判斷力方面。

　　另一方面要探討的是爐灶的位向，與宅主命卦之相配，分成下列原則來討論：

1.宅主與配偶同命卦：當然是根據宅主的命卦，位煞向吉了。
2.宅主與配偶不同命卦：此時，我們應做二方面的考慮，一則依據宅主的命卦，位宅主命卦的煞方，一則考慮到配偶長期接近爐灶之影響，擇向配偶命卦的吉向了，如此方能更切實的，平衡二者的波長感應。

【作者見解】

　　不論各派見解如何主張，經作者長期印證，有如下結論：

1.原則：坐凶向吉。

　　　　坐凶，爐灶坐煞位，壓凶神；向吉，爐灶口向吉方，納吉氣。

2.圖示：

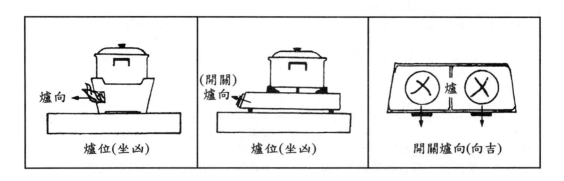

| 爐位(坐凶) | 爐位(坐凶) | 開關爐向(向吉) |

3.範例：（最好的調整）　【方位學術】

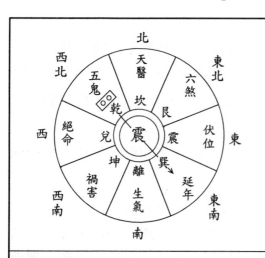

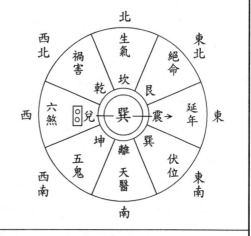

說明：
震命或震宅，坐五鬼位，向延年方。
坐五鬼：坐凶位，符合以煞鎮煞原則。
向延年：向吉方，主夫妻和睦，福壽康
寧。

說明：
巽命或巽宅，坐六煞位，向延年方。
坐六煞：坐凶位，符合以煞鎮煞原則。
向延年：向吉方，主夫妻和睦，福壽康
寧。

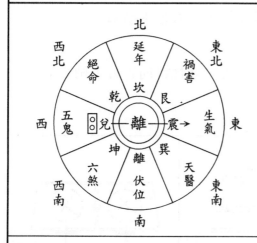

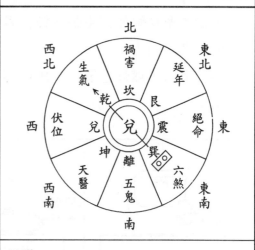

說明：
離命或離宅，坐五鬼位，向生氣方。
坐五鬼：坐凶位，符合以煞鎮煞原則。
向生氣：向吉方，主青雲直上，子孫榮
顯。

說明：
兌命或兌宅，坐六煞位，向生氣方。
坐六煞：坐凶位，符合以煞鎮煞原則。
向生氣：向吉方，主青雲直上，子孫榮
顯。

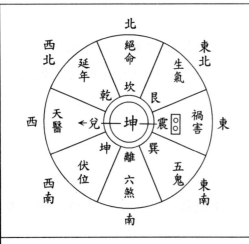

說明：
坤命或坤宅，坐禍害位，向天醫方。
坐禍害：坐凶位，符合以煞鎮煞原則。
向天醫：向吉方，主財源廣進，健康長
壽。

說明：
坎命或坎宅，坐六煞位，向生氣方。
坐六煞：坐凶位，符合以煞鎮煞原則。
向生氣：向吉方，主青雲直上，子孫榮
顯。

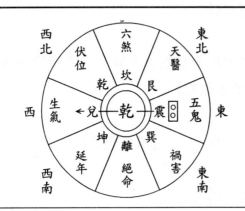

說明：
乾命或乾宅，坐五鬼位，向生氣方。
坐五鬼：坐凶位，符合以煞鎮煞原則。
向生氣：向吉方，主青雲直上，子孫榮
顯。

說明：
艮命或艮宅，坐絕命位，向天醫方。
坐絕命：坐凶位，符合以煞鎮煞原則。
向天醫：向吉方，主財源廣進，健康長
壽。

三、火口

陽宅學中有火口不可沖門（對門）一說，茲分析如下：

火口：指瓦斯爐開關。

沖門：此門乃指陽宅之大門；門者，指內外氣流交會處。

由此可知，凡一幢宅第，一進大門，不可馬上見到煮東西的瓦斯爐，尤其是瓦斯爐的開關。

四、原則

1.後靠

爐灶要二面有靠，一面入氣，如後面不靠堅牆，產生了空隙為凶象，應驗疾病。　　【風水觀點】

2.水火

①井灶相對，姑嫂淫亂。

此「井」，今日言之應指水龍頭，其涵義即水龍頭正對爐火，犯水火相剋，男女口角事多。　　【風水觀點】

②灶後有井，女主食藥。

灶後有井，或有抽水馬達，或瓦斯爐後面見陰濕寒氣，或廚房陰濕雜穢，對女主人健康都不利。　　【風水觀點】

③灶下見溝，財氣外洩。

水溝上設爐灶、瓦斯爐等，主破財傷身。　　【風水觀點】

由此可見爐灶忌鄰井，忌近水龍頭或與水槽中間不隔開，或臨抽水馬達，或在排水溝上，此乃水火相剋，為大忌。

此外廚房水槽流向應注意流水原則，要明入暗出，向後排水。

3.孤火

孤火指爐灶四面無靠，又如公司、機關等，火氣在中央，則會產生意見不合，股東糾紛，顧客不願前往等弊端。　　【風水觀點】

例如蒙古烤肉店，往往在餐廳中央，生火烤肉，此犯了下列大忌：

A. 入門見火，火氣外洩。

B. 孤火，火在中央。

C. 火氣無靠，財勢不穩。

4.壓火

橫樑壓爐灶，婦女多疾病。　　【習俗觀念】

5.穢火

(1)爐灶上曬衣：主意外災禍。

在瓦斯爐上面曬衣，衣物主人應驗為意外災禍，另外如女主人在瓦斯爐上面烤乾或晾曬內衣褲，也是應驗不吉，謂大凶連綿。

【一般觀念】

(2)爐火沖廁穢：主女主人婦女病多。

6.流火

(1)爐灶前後忌馬路：防破財。　　【風水觀點】

(2)廚房不可開天窗：主意外、破財、傷長子或子被招贅。

【風水觀點】

7.火口

瓦斯爐火口數量以二、三、五、七最好。　　【習俗觀念】

8.洩火

(1)入門犯洩：

此指傳統式住家（非公寓格局），瓦斯爐位置有沖大門者，如果是因配合宅主本命修正，而把廁、灶等置在宅內前部，則要隱藏得當，忌入門直射，使門氣與火氣銜衝。　　【習俗觀念】

(2)週邊犯洩：

廚房爐灶位應防止「洩」字，亦不可在房子正中央，而形成封閉狀，一則妨害宅第中心運轉軸，二來對整棟住宅言，中央乃「孤」也。

有些餐廳為了表示廚房衛生，使顧客一目了然，以透明玻璃隔開是可以的，只要灶口（瓦斯爐開關）不要對沖大門，就不會漏財了。

【風水觀點】

(3)廚門直洩：

廚房前後門相對成串，只要不在財位上開門，中間以屏風阻擋即可，但如門沖瓦斯爐的開關，則主破財，此亦洩也。

廚房門與客廳門成一直線，宜以屏風相隔，儘量不要形成串門格局，否則任職不當、事業變換、官運不昇、健康不佳。　　【風水觀點】

9.其他

廚房對廁、對臥室、或在二臥室間，都會精神不振。　　【習俗觀念】

五、抽油煙機

1.抽油煙機的通氣孔，如在宅正面的正中央，主大凶，防三年一哭及有災喪。　　【習俗觀念】

2.抽油煙機不可在凸出的窗戶上。　　【習俗觀念】

3.抽油煙機與瓦斯爐中間，不可有窗戶，會因火氣外洩而破財。

【風水觀點】

六、米缸、菜櫃、冰箱

1.米缸：

《風水雜論》曰：「米缸爲藏穀之所，屬土，故不論何坐與向，儲米處宜造土方大利，忌造木方，因木剋土」。　　【方位學術】

(1)土方：西南位及東北位。

(2)木方：東位及東南位。

2.菜櫃、冰箱：

古代言菜櫃，今日言冰箱，是每個家庭的廚房中不可缺少的工具，特徵是重凶之物，故壓制在凶方，主吉利。　　【方位學術】

第二節　浴　廁

一、位置

廁所因有射線及污水，其位置是相當重要的，也是自古以來議論最多之處。

1.《風水雜論》：

　①方位：忌西南或東北位。

　②理由：浴廁重來水和去水，水氣甚重，倘若開在西南位或東北位，這二個土氣當旺之方，便會有「土剋水」的弊端產生，因而妨害家人健康。

2.《河洛精蘊》：

　①方位：忌中央位。

　②理由：

　　A. 河洛所載，中央屬「土」，倘若廁所浴室設在房屋的中央位，則發生「土剋水」的弊端，故不吉。

　　B. 陽宅的中心點，正如人的心臟之位，又是宅中心的運轉軸，至為重要，廁所污穢鎮壓此處，便顯得不倫不類，有違風水之道。

　　C. 除此之外，廁所設在陽宅中央，供水和排水均要穿過其他的房間部份，甚為不便，一旦發生故障，維修亦倍加困難。

3.《八宅明鏡》：

　①方位：忌南位。

　②理由：因南位火氣重，與水氣重的廁所，形成水火相剋，有損家人健康。

4.《宅經》：

　①方位：忌八方位的正中。即指東方的卯、西方的酉、南方的午、北方的子、東南的巽、東北的艮、西南的坤、西北的乾等位，並採以廁所

的中心綫爲標準。

②理由：因八方位各爲坐山之卦位，忌八方位的中心點，乃延續「廁所不宜在宅中心」的論點，做更詳細的闡釋。

5.《撼龍經》：

①方位：忌朝西及朝北。

②理由：

A. 朝西：洩財氣。

B. 朝北：禍來難測。

【作者見解】

①以射線的觀點言：

A. 方位：

應在宅主本命卦的凶方，採以煞制煞論，兼顧忌西南及東北位。

B. 理由：煞物壓煞氣，並應用土剋水的五行生剋論。

②以文昌的觀點言：忌污穢文昌位。

③其他忌諱：

A. 不可在宅中央位。　　　【風水觀點】

B. 入門見廁主大凶。　　　【風水觀點】

C. 廁所地點應隱蔽。　　　【美化觀點】

D. 浴廁應經常清潔。　　　【美化觀點】

E. 浴廁應空氣流通。　　　【美化觀點】

二、排水

浴廁及廚房的排水應由屋後暗出，如經廚房流出，或灶台下繞經，易犯風濕、酸痛及破財。　　　【風水觀點】

現代浴廁在公寓式建築中，都是抽水馬桶式向下排水，已沒有流繞情形了，但也應注意上層樓的水管，是否破裂溢出牆壁，造成污穢。

【風水觀點】

三、馬桶

1. 最好勿與大門同一方向，否則易生疔長瘡，並會有花錢慾望。

【一般觀念】

2. 馬桶朝向整排建築物的中心點，易得意外財運。　【風水觀點】

四、破解

1. 浴廁如陰暗封閉時，宜在廁所內，抽水馬桶下方，每日放置一盤鹽巴，便可達到淨化作用。　【美化觀點】

2. 方位錯誤：

廁所的方位很重要，有時剛好建在文昌位，這就是污穢了文昌，其實還有一個重要的原則，就是廁所衛廁建在財位、旺位，那麼也會導至洩金的，不可不慎。如萬一錯誤了，可以下列方式彌補：

(1)污穢文昌：放置電蚊燈、綠色植物、香水等來清淨射線。

【風水觀點】

(2)刑剋財位：每次大小號使用沖水時，應把廁門關閉，不使用時應在浴缸或洗水檯內放滿水，以降低其不好的影響率。　【風水觀點】

第三節　餐廳

　　餐廳的方位爲靜態空間，宜與廚房相鄰，現代已無固定方位，不必太拘泥，因爲一因外食人口增加，二因吃飯時，有的家庭把飯菜端在客廳上來吃，又有的陽宅空間太小，實無法再隔出一個完全的餐廳空間來，故其鑑定法則如下：

　　視廚房火氣旺盛與否，如用瓦斯爐，則火氣不旺，餐廳可在鄰近，如用爐灶，則火氣太旺，宜注意餐廳位置不可太近爐灶，倘如餐廳內有冰箱，位置應在本命卦的煞方即可。

科學釋義

一、廚灶十二忌諱。

釋：

1.忌諱：

　(1)背宅反向：灶口屋向，兩兩相反。　　　【一般觀念】

　(2)門路直衝：外氣沖廚，財畜多耗。　　　【風水觀點】

　(3)入門見灶：廚灶暴露，火氣外洩。　　　【風水觀點】

　(4)廚廁相對：宅主污穢，疾病纏綿。　　　【風水觀點】

　(5)廚沖房門：躁熱沖房，虛熱災病。　　　【風水觀點】

　(6)灶爐貼床：灶火旺熾，虛熱災病。　　　【風水觀點】

　(7)灶後忌空：窗光反射，家主破財。　　　【風水觀點】

　(8)溝上爐灶：水火不容，夫妻災疾。　　　【風水觀點】

　(9)橫樑壓灶：樑下有灶，陰勞怯疾。　　　【習俗觀念】

　(10)斜陽照射：西斜陽光，健康受損。　　　【風水觀點】

　(11)尖角衝射：尖角鋒利，健康受損。　　　【一般觀念】

　(12)水火相衝：二水夾火，水火不容。　　　【風水觀點】

2.圖示（請見下頁）

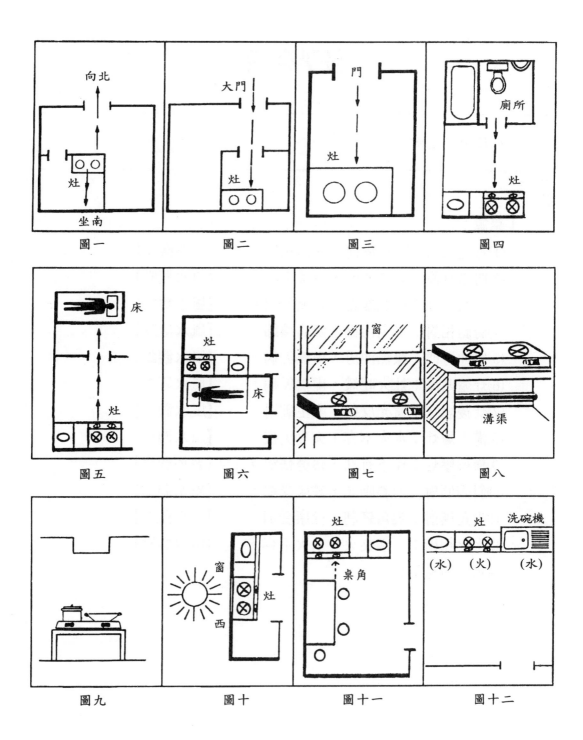

圖一　　　　　圖二　　　　　圖三　　　　　圖四

圖五　　　　　圖六　　　　　圖七　　　　　圖八

圖九　　　　　圖十　　　　　圖十一　　　　圖十二

二、爐灶方位論。

釋：

　　1.火火太旺：爐灶方位不宜在午位。　　　【風水觀點】

　　2.水火相剋：爐灶方位不宜在子位。　　　【風水觀點】

　　3.家道不延：爐灶在艮，遭水災賊劫。　　【風水觀點】

　　4.健康有損：爐灶在坤，主人身體多疾厄。　　【風水觀點】

　　5.爐火剋金：

　　　西北方及西方，五行均屬「金」，其理由如下：

　　　(1)西方之金，受火所剋，不吉。　　　【方位學術】

　　　(2)日落西方，暮氣沉沉，煮食時吸收暮氣，不太理想。

　　　　　　　　　　　　　　　　　　　　　　　　　【方位學術】

　　　(3)西斜日毒，食物易壞，家人健康易受損。　　【方位學術】

三、浴廁五忌諱。

釋：

1.浴廁開在凶位：浴廁是容納煞物之處，如在吉位會令吉星蒙污，影響宅
　運。　　【方位學術】

2.浴廁地點隱蔽：勿對門、對通道，避免礙觀瞻、違風水之道及生惡疾。

3.浴廁用途謹慎：浴廁方位不對，或宅中空間不夠時，很多人把浴廁用途
　變更或改為儲藏室，或改做臥室等，但應注意勿更改為睡房，否則上下
　穢氣把自己夾雜其中，對身體是相當不利的。

4.浴廁保持清潔：古代浴廁糞便堆積，臭氣彌漫，又加上蒼蠅及蚊蟲活動
　在其間，當然是極度污穢處，現代浴廁，都是抽水馬桶式，大小便完畢
　後，就把糞便沖掉了，因此環境衛生已獲相當改善，但仍要保持環境的

清潔。　【美化觀點】

5.浴廁空氣流通：單是保持清潔仍是不夠的，廁所應經常空氣流通，讓外面清新的空氣對流，吹散廁所內污濁空氣。　【美化觀點】

　　據作者考證，凡廁所內光線充足、清潔通爽的用戶，大都是一家大小健康的。

　　四、灶君神位。

釋：

1.習俗

衣食住行是人生四大活動要件，中國人又是注重飲食的民族，因此廚房內的吉凶，便在陽宅學中占了相當地位，古時中國各地幾乎家家戶戶，都在廚房安奉灶君，日夕上香，不敢疏忽，現在仍有一些家庭，繼續沿習著這項風俗。

2.沿革

中國人遠在夏商周三代即已開始祭灶了，起初是在每年夏天由天子率領百官，親自祭拜灶神，甚爲隆重，其後是百姓各自安奉灶神於自己的家中，上香供奉。

3.傳說

中國地廣人眾，各地風俗不一，故對灶神存有不同說法：

(1)是炎帝死後所蛻化。

(2)是顓頊氏的兒子，名黎。

(3)是餓死的張姓士人，死後帝憐其無口福，封其爲灶神，掌司人間飲食事。

(4)是好色怠惰的天上神祇，被逐出天庭。

(5)是一位女子。

　不管傳說人物如何，各家廚房便供奉著「東廚司命定福灶君」的神位了。

4.職權

(1)主職：代天監察各戶人家的善惡，在年終時向玉皇大帝報告，作爲賞罰依據。

(2)兼職：兼掌飲食之事。

(3)護宅：不讓宅外的鬼怪邪神入侵，故在其旁對聯曰：「上天言好事，下界保平安。」

5.位置

(1)供奉在爐灶（瓦斯爐）之後上方。

(2)以廚房的中心點爲主，供奉在廚房內的正南位，因灶君五行屬火。

6.奉祀

(1)每日上香。

(2)年尾祭灶：

　①時間：每年農曆十二月二十二日及二十三日兩天。

　②備物：

　　A.酒：一醉後忘卻宅中過失。

　　B.糖：吃過糖後上天講好話。

　　C.糯米湯圓：黏著灶君的口舌，不便向玉皇大帝禀明是非。

瓶頸突破

一、試以陽宅師的觀點，論述下列法則，並抒己見。

　　1.以煞制煞。

　　2.凶方宜靜不宜動。

　　3.火火太旺及水火不調。

答：

1.以煞制煞

　第一個「煞」，指煞氣、煞物；第二個「煞」，指煞位，包括命卦及宅卦之煞位。實際上來說，煞物為重、熱、穢之物稱之，如廁所（穢）、瓦斯爐（熱）、及大型傢俱（重）等的方位，即應格定在本命的煞方，謂之「以煞制煞」。

2.凶方宜靜不宜移

　「靜」指勿洩其凶氣，「動」指實際上挖埋，並非表面的蒸發現象，為求瞭解，我舉實例實說：

　(1)「在凶方動土，不吉。」是對的，因凶方宜靜不宜動，動者；挖埋也。

　(2)「冷氣機及冰箱馬達會震動，應置吉方，因凶方宜靜不宜動。」是錯的，因馬達震動是表面蒸發散熱，非實際挖埋，故凶方之氣並未被理出，凶氣並未散佈在凶方空間上，否則，我們豈不隨時呼吸到凶氣了。

3.「火火太旺，水火不調。」是對的。

　火火太旺：火者，午位也；火者，熱量也。也就是說，如產生熱量的磁場置於午位上，五行中謂之太旺，過度則為缺，所以有位主

　　婦，在午位置瓦斯爐經常煮食，其脾氣躁者愈躁，情緒壞者
　　愈壞。

水火不調：水者，坎位也；火者，熱量也。也就是說，如產生熱量的磁
　　　　　場置於坎位上，五行中謂之相剋，術數中過與不及都謂缺
　　　　　失，所以有位主婦，在坎位置瓦斯爐經常煮食，其身體就寒
　　　　　熱不調，陰陽不順了。

二、假設下圖示是為廚房空間，以風水學的觀點鑑定，其佈置是否得
　　法，分析之。

答：

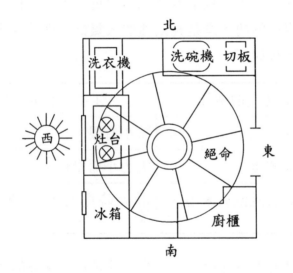

　其擺置不得法，錯誤如下：
　1.灶沖門：灶口對門口，受門外所引進之氣直沖。主破財。
　2.後無靠：灶後是透明玻璃窗，非實牆。主破財。
　3.受西曬：灶後有西斜落日，食物易壞。主疾病。
　4.水火沖：灶左右為冰箱及洗衣機夾住，形成水火不調。主虛弱。
　5.坐吉位：灶坐伏位（吉）向絕命（凶）。主病災。

6.其他：(1)冰箱壓天醫位（吉位），不吉。

(2)洗碗位是禍害水，凶方來水，不吉。

(3)廚房門開在絕命位（凶位），不吉。

三、火口沖門，以陽宅學的觀點及實驗鑑定報告分析，此火口何指？
　　門何指？說明之。

答：

　　陽宅學中有火口不可對門（沖門）一說，此乃指廚房的門，不可對大門，以防火氣外洩而破財也。

後來建築型態漸漸改變，生火炊事方式也隨著更改，所以目前的火氣外洩一事，到底應根據廚房的門，還是瓦斯爐的入氣口，就是我們堪輿師應研究印證的課題，茲比較如下：

	農業時代的爐灶	工業時代的瓦斯爐
空間	寬廣空間。	狹小有限。
火氣	火力大而彌漫。	火力小而緊促。
用火	用火時間長且餘火未盡。	用火時間短且能隨時斷續操縱。

　　由此可見，在目前工商社會中，「火口」是指瓦斯爐的開關，「門」指廚房門及大門，「沖門」乃指瓦斯爐的開關正對廚房門及大門，連成一直線才謂之，僅對廚房門，或隔廚對沖大門都不是「沖門」。

四、《八宅明鏡》：「火門者，鍋底納柴燒火之口，得向吉方，發福甚速，期月之間即驗。」試說明其理由，並分析灶安置八方位的吉凶禍福。

答：

1.理由

灶是宅中熱量磁場的集中地，「熱量」在風水學中，視爲煞氣之一種，故應採以煞制煞原則來因應，所以應置凶方。灶口，是入氣所在，吉氣的幅射波影響食物，能產生吉利，如煮食的幅射線是由凶方來的凶氣，容易影響胃腸，又如此者，主婦在此處煮食，乃第一個受害。所以依此原則，作者實驗後得知，爐灶（瓦斯爐）的安置應採二原則：

(1)位：在宅主的凶煞位。

(2)向：採主婦的吉利向。

2.實證

(1)灶安本命四吉方

①生氣：墮胎、無子、誹謗、是非、離家、破財、六畜敗。

②天醫：病災、體虛、肌瘦，形成俗稱「吃藥爐」。

③延年：短壽、無婚姻、夫妻口角、病災、破財、六畜敗。

④伏位：破財、諸事不順。

(2)灶安本命四凶方

①絕命：康壽、進財、進人口、添丁易養。

②六煞：無訟、進財、無火災、不損人口。

③禍害：無訟、無病、進財。

④五鬼：無盜、奴婢忠順、進財、無禍、不病、興六畜。

五、《陽宅三要》論曰：「夫『三要』者何？門、主、灶是也！門，乃由
　　之路；主，乃居之所；灶，乃食之方。」陽宅先看大門，次看主
　　房門及廚灶，由此可見陽宅三要認為：「灶乃養命之原，萬物皆
　　由飲食而得。」故很重視廚灶，試說明其理由，及對下列二實例
　　各述鑑定結果。
　　①男四十二年次，宅第大門在坎，臥室在乾，瓦斯爐在離，八十
　　　年的吉凶。
　　②女三十八年次，宅第大門在艮，臥室在離，瓦斯爐在兌，八十
　　　年的吉凶。

答：

1. 理由

一幢陽宅之所以有影響，莫過於氣流、磁場、火氣（熱量）、射線等，在靜態的陽宅中，氣流的好壞，由門決定，磁場的吉凶感應，由臥室決定，而廁所產生吉凶射線，廚房爐灶就是熱量（火氣）的感應了，在這個居住的空間宅第中，人類的運程就是由這些固定及不固定的氣流、磁場、熱量、射線等來決定，故陽宅三要曰：「門、主、灶，乃三要。」實在有其道理。

2. 實例

男命42年次	本運五行	本運生剋	80年星氣
二黑	坎門（水）	土、水相剋	五黃星
（西四命）	乾臥（金）	土、金相生	一白星
土	離灶（火）	土、火相生	四綠星

(1)本宅本運：剋妻但自己短壽。（六煞宅）

(2)八十年流運：

　　①坎門入五黃氣：門氣水、土相剋。

　　②宅主二黑沖五黃氣：雙土疊忌主凶。

　　③離灶應四綠氣：灶氣火、木相生。

　　④故剋應在：

　　　　水：血、腎。（本運）

　　　　土：胃、腹、骨。─┐

　　　　火：目、心、上焦。─┼─（流運）

　　　　木：腳。─────┘

　　⑤實際應驗

　　　本來身體即有血氣虛、腎虛及高血壓之疾病，八十年胃出血住院在出院途中，車禍撞傷胃腹及斷肋骨、大量出血、不治死亡。

女命 38 年次	本運五行	本運生剋	80 年星氣
九紫	艮門	火、土相生	三碧星
（東四命）	離臥	火、火相疊	四綠星
火	兌灶	火、金相剋	二黑星

(1)本宅本運：剋少婦，凶死。（禍害宅）

(2)八十年流運：

　　①艮門入三碧氣：門氣土、木相剋。

　　②宅主九紫沖三碧氣：火、木相生。

　　③離臥應四綠氣：火、木相生。

　　④兌灶應二黑氣：金、土相生。

　　⑤故剋應在

　　　　土：胃、腹、骨。（本運）

　　木：腳。

⑥實際應驗

　　本來身體僅有骨酸小毛病而已，八十年出外購物途中意外，自己摔
　　下摩托車，斷腳、送醫救治。

⑦探討理由

　　本案因少婦80年虛歲43，偏沖太歲，本應不吉，雖命卦與艮門不
　　合，但離臥及兌灶尚合卦位，故脫此險，禍害宅實際應驗是少婦凶
　　死，逃過此一劫，難保證無第二劫，慎之！

第十六章 樓梯、工作間、車庫

──講座焦點──

　　本章主旨在說明古代的陽宅學沒有考慮到本章節的三項目宅運，因為這是工商業時代的新產物，古文理論上紛岐雜陳，作者乃提供最新實驗印證的理論作為支撐，希不負一片苦心。

整體表解

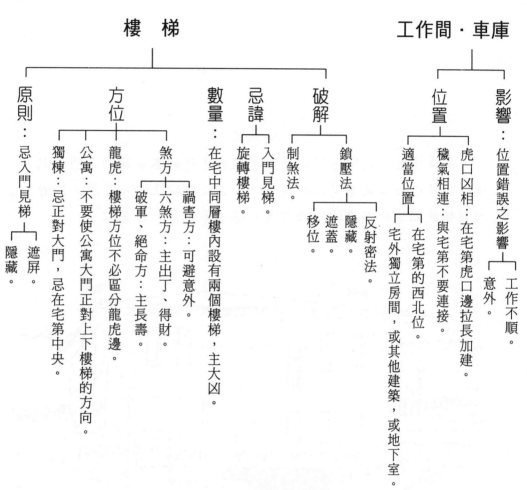

樓　梯

原則：
　忌入門見梯──遮屏。
　　　　　　　　隱藏。

方位
　獨棟：忌正對大門，忌在宅第中央。
　公寓：不要使公寓大門正對上下樓梯的方向。
　龍虎：樓梯方位不必區分龍虎邊。
　煞方──破軍、絕命方：主長壽。
　　　　六煞方：主出丁、得財。
　　　　禍害方：可避意外。

數量：在宅中同層樓內設有兩個樓梯，主大凶。

忌諱
　入門見梯。
　旋轉樓梯。

破解
　制煞法──反射密法。
　鎖壓法──隱藏。
　　　　　遮蓋。
　　　　　移位。

工作間‧車庫

位置
　適當位置──在宅第的西北位。
　　　　　　宅外獨立房間，或其他建築，或地下室。
　虎口凶相：在宅第虎口邊拉長加建。
　穢氣相連：與宅第不要連接。

影響：位置錯誤之影響──工作不順。
　　　　　　　　　　　　意外。

本章內容

第一節 樓 梯

一、鑑定宗旨

樓梯是宅內之動線，它比走廊通道更重要，因為它除了是走道之外，又有高低的階梯，氣流受此曲線影響當然很大，主要的就是它有氣流的分割。

二、鑑定實例

某日某友到我家訴說他的年老母親，幾乎每天都有自殺的強烈欲望，而且自殺前科有過三次，實在防不勝防，要我鑑查是否有邪靈干擾現象，我詳查之後斷定並非邪靈，於是轉而現場鑑定陽宅，發現他宅內樓梯方位及形狀錯誤，經改正一個月後，就沒有如此狀況了。

三、原則

一看到樓梯，就應馬上聯想到氣流的分割，所以入門見樓梯乃大凶，因入門之氣隨即被切割了，就形成坎坷及破壞性質的氣流，容易導致家中的意外事故，所以樓梯不能過於外露、緊逼、螺旋狀及迂迴。

1.隱藏

最好能以牆夾住，或以門封住，入口處由後攀登，以看不見最佳，在其下可以做為儲藏室及廁所。　　【風水觀點】

2.遮屏

樓梯如正沖大門，可在門與樓梯之中間，以屏風遮擋，防範氣流沖逼。
【風水觀點】

四、方位

1.獨棟

忌正對大門，及恰巧在宅中央，否則先盛後衰。　　【風水觀點】

2.公寓

⑴原則上不要使公寓大門正對上下樓梯的方向。

⑵先上樓梯，再入宅門：雖然大門對著朝下的樓梯，但因在整棟公寓之內，氣流不會直接強烈分割，所以較無妨害。　　【習俗觀念】

⑶先下樓梯，再入宅門：應注意門與樓梯之距離是否逼迫，如太逼迫會使斜沖而下的分割氣旋，直瀉入大門，是非常不利的。

　　　　　　　　　　　　　　　　　　　　【風水觀點】

3.龍虎

樓梯方位並不必區分龍虎邊，主要不沖門，樓梯口由內側直上，或在廚房、飯廳附近均可。

4.煞方

樓梯爲重凶之物，如錘、灶、火、廁、磨、機器等，均應壓鎮在煞方，此爲最佳安置法。　　【方位學術】

　①破車、絕命方主長壽。

　②六煞方主出丁、得財。

　③禍害方可避意外。

五、數量

在宅中如一層樓中設有二個樓梯主大凶，但大機關、公司團體者例外。　　【習俗觀念】

六、忌諱

1.旋轉樓梯：

樓梯方式爲旋轉直立式時，方位應正確，如方位不對，對整宅的破壞力極強，尤其以在宅中心位置更甚，容易使精神意識薄弱的人，興起自殺的慾望。　　【風水觀點】

2.入門見梯：

私人宅第的家居入門見梯，容易意外凶禍，家人個性頑冥，機關公司的大廳入門見梯，容易發生勞資不協調，並會逐漸沒落，但公寓式的個別住宅，主要門外不沖梯，即無此凶相。　　【風水觀點】

七、破解

樓梯爲動線的重煞物，故可與廚房的火煞，廁所的穢煞一樣地，以煞制煞。

1.制煞法：把樓梯設計在煞方以鎮煞。

2.鎖壓法：

(1)移位：把樓梯置於宅內部，忌沖大門。

(2)遮蓋：樓梯與門之中間，置一屏風，以遮擋被分割的氣流。

(3)隱藏：把樓梯藏在牆壁之後，避免氣流分割。

(4)反射密法：

①用物：

在犯形煞的樓梯上方天花板上，裝上玻璃鏡，玻璃鏡內的樓梯反射，壓制了下方的樓梯。

②方式：

A.擇定日，祭拜本宅地基主。

B.擇滿日，在鏡上方黏上銅咒，黏上前，在密室以密法加持，如此方爲有效。

（陽宅學研究另有祭地基主，及密法修持法門，爲研究班及有志者專研之）。

第二節　工作間、車庫

一、鑑定宗旨

工作間及車庫是屬於「動」、「鬧」，而且有「聲」、「音」，動與靜之間的搭配要求適當，才不會因方位錯誤，而影響了整棟陽宅的風水。

二、鑑定實例

1. 台北一友人，在陽明山買了一棟別墅，因爲本來沒有車庫的設施，爲求方便，就在陽宅旁邊，搭個簡便的車棚，與陽宅連接之處的牆壁，也打了二個洞改建成門，來往出入。從此之後，宅中意外連連，不但出入逢意外車禍，主人也開刀，我鑑定的結果，問題就出在車棚及此車庫門上，因爲車棚的凶相，勁道強烈，而且動土方位，又在歲煞之處，所以類似此種「異動現象」不可疏忽。

2. 又有斗南一友人，把機器安置在住宅旁，新搭建凸出的虎口上，頻頻運轉不順，我到此處一鑑定，此乃機器被虎口虎牙卡住了，於是我就把鹽、米灑向機器清淨之，趕走白虎神煞，然後再用開工順利一式安鎮之，以後就無此情形了。

三、位置

1. 適當方位
   (1)最好在宅外獨立房間，或與住宅隔開之另一棟建築，或在地下室。
   (2)如無如此空間安排者，應在整棟宅第的西北位最佳。
2. 穢氣相連
   車庫與整棟房宅最好不相連，如相連則中間不要相通，否則易生意外。
   【風水觀點】
   此意外起因有二：

⑴車子進出的穢氣使宅內氣流變化不利。

⑵銜接之處容易形成「背布袋」煞。

3.虎口凶相

不要把車庫另建在虎邊前方凸出位置，虎口太高、太長爲凶相，但假如車庫與房屋相連，則在虎邊略凹下空地亦可。　　　【風水觀點】

四、影響

位置錯誤，容易有下列症狀：

1.意外：以「拖虎尾寮」煞、「背布袋」煞、「虎口凶相」最爲嚴重。

2.工作不順：因穢氣關係，影響情緒性反應，容易糾紛及口角。

科學釋義

一、樓梯研究。

釋：

1.風水觀念言：

樓梯為重物，又是動線，又有階梯，故最好應符合下列條件：

⑴重凶之物應在煞方以制煞。

⑵動線通道最好避開財位及文昌位，以免使氣散和無法充分利用文昌位。

⑶有階梯應不得沖門，使氣流分割，並應忌螺旋狀，使氣流汙積雜亂。

2.風俗觀念言：

⑴數目：有人謂樓梯應奇數不得偶數，此乃因偶數有「四」，諧音不吉之故。

⑵斜度：有人謂樓梯應寬平不得太陡，這是一般常識而已。

由此可知，樓梯所引發數目及斜度問題，都是風俗上的觀念，另外應考慮的，還有一個空間問題，到底樓梯下空間，可不可以造廁所，樓梯下空間，可不可以當房間臥室，這二個問題，牽涉到廁所及臥室之利用，重心就應把廁所及臥室當核心來討論了。

二、工作間、車庫研究。

釋：

1.內容言

(1)工作間及工作場所，內部常穢及雜，如有機器類則是重煞及鬧。

(2)車庫乃車子擺放及進出場所，是穢氣囤積及噪音之處。

我們的陽宅是清靜居住場所，當然不適合與工作間、車庫連接合用，但因目前環境取得空間有限，所以很多人就把客廳當工廠，客廳當車庫，這是違反風水學的。

2.格局言

在陽宅的建築格局上來看，很多宅第旁邊有空地者，因各人要求不同，便在此處搭屋拖建，一則破壞格局，一則氣流混亂，如果搭建物與宅第間，又為圖方便而開門，則將使得中心點轉移，方位都變化了，在宅運流年中，形成凶運的潛伏，流年到時就不吉祥了。

瓶頸突破

一、「電梯式樓梯為動龍，如設在虎邊，因虎主靜為不利，如設在龍邊，會因重壓青龍也主破。」此句風水諺，到底孰為是非？

答：

1.就樓梯的風水觀點言：

　　樓梯與風水有關之項目，有①它是重物②它是動線之組合③它有階級會形成氣流分割。

　　電梯的氣流是隱藏式的，不論龍、虎邊，氣流上的影響已減至最輕了。所以在風水上言，只要電梯在煞位，並避開文昌位及財庫位，那麼是最進步合適的樓梯風水了。

2.就使用方面的觀點言：

　　電梯的使用，因經常上下故應重視保養、清潔及安全上之考量。

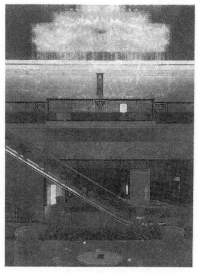

二、某陽宅師鑑定陽宅，發現下列實例，試分析：

　　⑴某棟私人宅第，約35坪大小，一樓宅中心點有旋轉梯，旋轉
　　　而上二樓。

　　⑵在整棟建築範圍中，二樓某戶因圖方便，在建築後面空地，加
　　　一旋轉樓梯，可經此梯，攀登而上，直通二樓此用戶。

答：

⑴如此風水應改善，分析如下：

　①不良影響：

　　影響家人情緒，尤其是年紀愈大者，情緒愈脆弱，腦神經愈衰弱，久
　　之有厭世之感。如果沒有住進老人家，也會影響小孩個性，陰晴不
　　定。

　②改進方法：

　　最好重新改造，鑑定方位，如財務有困難，也要以裝潢方式把整個旋
　　轉式樓梯包起來，僅留出入口，避免氣流分割破壞。

⑵此旋轉梯是在整棟大樓後面空地上，不在空間範圍內，故對其他用戶沒
　有不利影響，它僅是一種附屬物而已，且其高度也僅到二樓齊平，不會
　對格局有害。值得注意的是該一樓用戶，應鑑定是否犯著曜煞位？該二
　樓用戶，因經此梯上下，通道出入之門，是否影響到財位及文昌位之完
　整？

第十七章　神位、入宅

————講座焦點————

　　宗教的信仰與民間對祖宗的慎終追遠，皆具有宗教教育的意義，儒術之學所著重的經典史籍，固然是民族文化的主流，但民間信仰與傳承，也應是民族文化的重要成份，由信仰所產生的自我規範，引導的潛移默化，仍是不可忽視的社會力量，傳統陽宅學術對信仰習俗只知其然，而不知其所以然，故應負有導正的作用，故特誌。

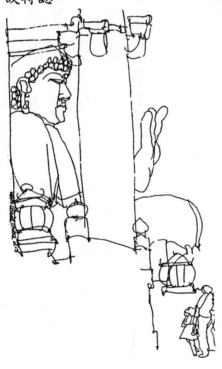

整體表解

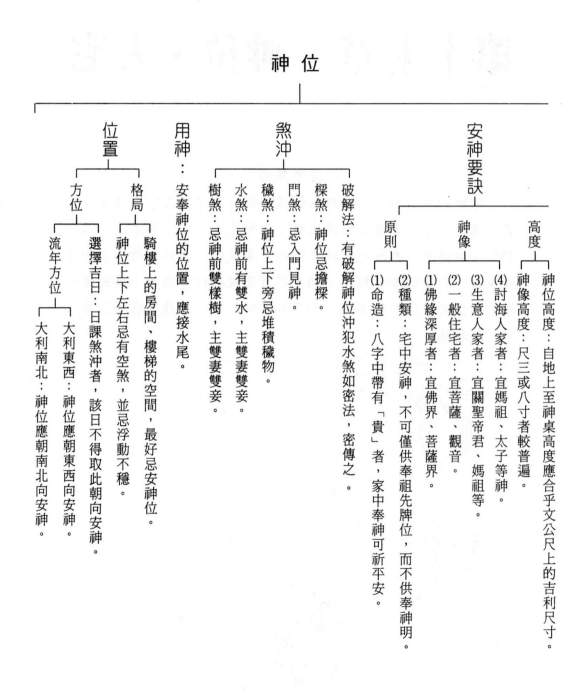

神 位

安神要訣

高度
- 神位高度：自地上至神桌高度應合乎文公尺上的吉利尺寸。
- 神像高度：尺三或八寸者較普遍。

神像
- (4)討海人家者：宜媽祖、太子等神。
- (3)生意人家者：宜關聖帝君、媽祖等。
- (2)一般住宅者：宜菩薩、觀音。
- (1)佛緣深厚者：宜佛界、菩薩界。

原則
- (2)種類：宅中安神，不可僅供奉祖先牌位，而不供奉神明。
- (1)命造：八字中帶有「貴」者，家中奉神可祈平安。

煞沖

- 破解法：有破解神位沖犯水煞如密法，密傳之。
- 樑煞：神位忌擔樑。
- 門煞：忌入門見神。
- 穢煞：神位上下旁忌堆積穢物。
- 水煞：忌神前有雙水，主雙妻雙妾。
- 樹煞：忌神前雙樣樹，主雙妻雙妾。

用神

- 用神：安奉神位的位置，應接水尾。

位置

格局
- 騎樓上的房間、樓梯的空間，最好忌安神位。
- 神位上下左右忌有空煞，並忌浮動不穩。
- 選擇吉日：日課煞沖者，該日不得取此朝向安神。

方位
- 流年方位
  - 大利東西：神位應朝東西向安神。
  - 大利南北：神位應朝南北向安神。

（續）神　位

├─（續）安神要訣

- **祭品**
  - **帛錢**
    - 祖先：刈金、大銀、小銀。
    - 拜神：壽金、大壽金、四方金。
  - **四果**：①鳳梨②橘子③柿④甘蔗⑤香瓜。
  - **牲禮**：①三牲②素菜③紅圓④麵線⑤發糕。
  - **備物**：①神像②祖先牌位③爐④爐灰⑤燭一對⑥燈一對⑦香⑧素材爐、素材末⑨環香。
- **神爐**
  - 質地：以瓷器最好。
  - 浮爐：安神年無吉位時，應先浮爐。
  - 內容：得放龍銀，祈降真靈。
  - 高度：神爐高度應比神像低。
- **吉時**：安神擇吉日吉時。
- **神位**
  - 不可僅供奉祖先牌位，而無神位。
  - 安奉順序，應先奉神再供祭祖先牌位。
  - 祖先牌位應比神像低，祖先爐應比神爐後。
- **上下**
  - 忌壓樑。
  - 忌沖射。
- **距離**
  - 空間：神位安奉房間，最好寬敞。
  - 景觀：由神位處向外看，視野宜廣闊。
- **左右**
  - 龍臭：神位龍邊忌沖臭穢。
  - 虎鬧：神位虎邊忌太逼迫。

（續）神　位

公媽奉祀

方式

以上下桌方式，副姓置下桌。

以木板隔開。

位置：主姓居大邊，副姓居小邊。

財神祈法

方式

亦可配合祭五鬼運財法祈求。

無供奉土地公者：牲禮持至當地土地公廟內朝拜。

有供奉土地公者：牲禮擺門口，持香奉請土地公及五財神。

咒語：拜請五方生財鬼到此，助吾生財通財，功比五路財神，有財來，

無財去，急急如律令。

紙帛：銀紙、四方金、往生錢。

備物：三牲、四果、酒、香五支。

時間：農曆初二、十六日之酉時。

作用：修財旺運法。

拜地基主

地點：於廚房祭拜，朝內而拜。

紙帛：①銀紙②經衣③四方金④地基主金。

祭品：①菜飯②酒③香④碗兩份⑤筷子兩雙⑥湯匙兩支。

時間：酉時最好（下午五時至七時）。

祭法：新居時舉行即可。

入　宅

其他
　祭語文：祭文內容在后。
　喬遷之後，應祭拜地基主。
　入宅時有神位，應先供神位，再置傢俱。
　搬入宅時間，應在中午之前。
　當日一位入宅者，應手捧神位。
　搬家時移出之物由他人經手。
　吉日入宅。

忌諱
　肖龍、肖雞者大利。
　不要請肖虎者幫忙。
　孕婦避搬家。

物品
　一般人：先入神供奉後，再遷入。
　官職：捧官印先搬入。
　生意人：先搬入金庫。

淨屋
　放鞭炮清淨之。
　以淨符淨宅。

時間：
　良日亦應吉時推，故搬新居時，應先擇吉日避煞時。

本章內容

第一節　神　位

一、鑑定宗旨

　　神位對中國家庭而言，是重要的信仰之一，古代帝王尤重視祭祀，過去四合院建築，家廟必須安置在正中央的主房地位，如果神位安置不當，則不但無法獲得祈福，且凶靈聚集，時生意外，不得安寧。

　　鬼神之研究乃為一條漫長道路，真正靈魂學的研究，牽涉又廣泛，更是一科專門知識，但堪輿師卻要懂得宅中安神的法門，深諳請神之道，才能趨吉避凶，符合風俗習尚。

二、鑑定實例

　　宜蘭一友人請我鑑定神位，我進宅一看，神位上面中空，且祖先牌位比菩薩像高出很多，我直言說：「此宅不進財，且女主人常有暗疾。」主人頻頻點頭稱是。由此可見，神位在陽宅中影響之大了。

　　樹林有位朋友，常簽六合彩，有一次與其子抬神轎，在自家神位前面「逼牌支」，其妻在旁觀看，約過十五分鐘之後，唸國二的孩子，突然全身顫抖，頭急搖晃，神轎也抓不牢，接著整個人如瘋顛似的大叫，他父親連打二個耳光無效，知道慘了，說時遲那時快，其子已經用小孩聲音在講話了，一個健康活潑的小孩，就因為家裡神位不淨，玩抬轎請神遊戲而中邪附身了，之後折磨了一星期，才被作者驅邪回復，真是惡夢一場。

三、位置

1.方位

　(1)流年方位：安神位應看流年方位，如大利南北，則應朝南北向，大利

東西，則應朝東西向，並以安神年爲主，不必逐年變化。

【習俗觀念】

(2)擇選吉日：安神位時，應擇吉日，如安置神位的地方朝南，那麼該日日課不得煞南。　　【習俗觀念】

2.格局

(1)神桌的上、下、左、右位，都不能有空洞，或神位正後面不可開窗戶，或隔間不牢，並忌神桌搖動、地板不牢，否則應驗破財、纏疾、傷丁。　　【風水觀點】

(2)騎樓上的房間及樓梯底下的空間，不得安奉神位，否則不利家中小孩平安。　　【習俗觀念】

四、用神：

所謂安神位之用神法，乃指神位與水神之關係，安神應接迎水神。水神者，謂水尾也，接水神乃接財也。　　【風水觀點】

	吉　　　　象	凶　　　　象
1.	面對水神爲順弓水。	面對反弓水。
2.	水神爲平流或橫流而過也。	水神從後方來。
3.	水神如魚肚，順弓水又稱金魚水入財。	面對水神斜飛而去。
4.	仰朝水神。（但此局應注意案台）	神位後面有高山、瀑布、泉水流下，謂淋頭水，易犯亂倫及逆上。
5.	有水神斜入。	神位面對河流正沖，或水流阻塞、水聲淙淙等皆主淫亂。

五、煞沖

1.樹煞

神前雙樣樹，並長得相當，主雙妻雙妾。（樣者：類也）

【風水觀點】

2.水煞

神前雙水狀爲娥眉水，或在屋前屋後有雙娥眉水，主雙妻雙妾。

【風水觀點】

3.穢煞

神位上下或兩旁如堆積穢物，形成穢煞。　　【風水觀點】

4.門煞

神位對沖大門口，此即入門見神，謂之門煞。

一般傳統農家均犯此錯誤，認爲此乃「最大者坐中間」，如此一來把神當守衛，不是大不敬嗎？又如供奉財神爺，或土地公，不是把財送出門嗎？

犯此門煞者，家運會漸沒落，人丁會漸孤單。

另外，當然神位也不可對廁所門及臥室門，防精神不安。

【風水觀點】

5.樑煞

(1)不可壓樑（俗稱擔樑），災禍連連。　　【習俗觀念】

(2)不可在神位前晒衣服，此亦爲不敬。　　【習俗觀念】

6.破解法

神位所沖形煞，如樹、穢等煞是可清除的，如門、樑等煞是可遷移的，

唯一較難處理的是水煞，牽涉大環境，作者從靈魂學的觀點不斷探討研究印證，有破淋頭水、反弓水、淫聲水之密法。（此法牽涉密法禳解，有志者專研之。）

六、安神要訣

1.原則：

　(1)命造：命中八字如帶有玉堂貴人、天德貴人、月德貴人者，家中奉神則會更平安。　　　【風水觀點】

　(2)種類：宅中安神不可僅供奉祖先牌位，而不供奉神明，因為祖先靈過世後，如已轉世，此靈波就不存在了，如靈波已超渡昇華，它乃成為眾人皆得參拜之神，不屬於自家祖先靈，萬一還未轉世，又無超渡昇華，就是靈魂粗濁，為地縛靈及陰靈，點燃香火，參拜的意念，會將其從陰間呼喚而至，家中陰氣將愈來愈重，此時如無高靈，將其鎮壓攝住並護持，子孫便無法承受其陰寒磁波，而災病連綿了。

2.神像

　神像之取決，應視個人命中佛緣程度，大致可依下列原則而定：

　(1)佛緣深厚者：適合靜修，應拜佛界、菩薩界諸靈。

　(2)一般住宅者：適合菩薩、觀音等。

　(3)生意人家者：適合關聖帝君、媽祖等。

　(4)討海人家者：適合媽祖、太子等。

　其他特殊神像，依性質、緣份及個人嗜性而定，如法師則供奉各門派祖師爺及法主公、天師等。

3.高度

　(1)神像高度：標準神像為尺三或八寸，高度應合乎文公尺的吉利尺寸，廟宇供奉較高者例外。　　　【習俗觀念】

　(2)神桌高度：神桌高度應合乎文公尺的吉利尺寸，有分神桌式及壁櫃式

二種，但原則上不得高於一百七十二公分，及低於宅主身高腹臍之下。

4.左右

(1)虎闊：神位（桌）右邊不可動闊，或太逼迫，免宅主犯刑傷，因虎忌闊，迫虎傷人。　　【習俗觀念】

(2)龍臭：神位（桌）左邊不可逢臭，防沖煞，因龍忌臭。
　二邊長度可以合乎文公尺吉利尺寸即可。　　【習俗觀念】

5.距離

(1)景觀：神位正對面視野景觀，如向外觀看，最好是廣闊無沖，及無剋應之物。　　【一般觀念】

(2)空間：神位對面距離，宜超過神桌高度的二倍半爲吉，即有寬敞空間。　　【美化觀點】【一般觀念】

6.上下

(1)壓樑：神位上端忌壓樑。　　【一般觀念】

(2)沖射：神前日光燈宜平行懸掛，不宜與神垂直對沖，謂之「燈沖」。
　　　　　　　　　　　　　　　　　　【一般觀念】

7.神位

(1)安奉順序應先安奉神位，再供奉祖先牌位，神位如錯誤，謂之「陽錯」對男不利，祖先牌位錯，謂之「陰錯」，對女不利。

(2)祖先牌位不可比神像高，爐位亦不可比神爐高及超前，否則犯凶，宅中家人身體不順。　　【風水觀點】

(3)不可單供奉祖先牌位，否則陰盛陽衰，犯大凶。　　【風水觀點】

8.吉時

安神應取吉日吉時，此乃兼顧風俗習尚。

其實，安神吉日吉時，不必太考慮，主要端視法師功力，法師的功力高，請來之神靈就不會有邪靈鬼魅了，如法師無法力，再怎麼好的吉日吉時，都無重要了，另一方面言，法師奉請高靈來宅時，因高靈本身就非常吉利，難能可貴，又有何煞可言，與高靈在一起，絕不會沖犯各種惡煞的，倒是本宅場所的清淨與否，如有無喪煞、穢煞等才是最應注意的。

9.神爐

(1)高度：

神爐高度應比神像低，大抵與神像腹部同高最好，神及爐的高度均應合乎文公尺。　　【一般觀念】

神爐高度未盡理想時，用紅紙包壽金墊高，並以平穩爲原則，墊高時，神明爐用壽金墊底，祖先爐用刈金墊底。　　【一般觀念】

(2)內容：

神爐內得放龍銀，以降真靈，或五寶（金、銀、銅、鐵、錫），但祖先爐內，均不可放任何物品。

(3)質地：香爐以瓷器者最佳，謂之「熱爐」，銅次之，大理石者忌之。

(4)浮爐：本年度如無吉向，可先安奉「浮爐」，來年逢有吉向時，再把瓷盤拿起，安奉浮爐時，也可照常膜拜。

10.祭品

(1)備物

①神像②祖先牌位③爐④爐灰⑤燭（一對）⑥燈（一對）⑦香⑧素材爐、素材末⑨環香檯、環香等。

（另有依各派修持法門供奉者例外，如密法之「五行供」等。）

(2)牲禮

①三牲②素菜③紅圓（喻團圓）④麵線（喻壽）⑤發糕（喻旺、大發、發貴）

(3)四果

　　①鳳梨（喻旺來）②橘子（喻甘）③柿（喻利市）④甘蔗（喻甘甜）

　　⑤香瓜（喻子孫繁殖、綿延、多子也）。

(4)帛錢

　　①拜神：用壽金，大壽金，四方金。　　【習俗觀念】

　　②祖先：用刈金，大銀、小銀。　　【習俗觀念】

七、拜地基主

1.祭法：拜地基主，一般是新居時行之即可。

2.時間：酉時（下午五－七時）最好。

3.祭品：(1)菜飯(2)酒(3)香(4)碗二份(5)筷子二雙(6)湯匙二支。

4.紙帛：(1)銀紙(2)經衣(3)四方金或地基主金。

5.地點：於廚房祭拜，朝內而拜，

【作者見解】

　　拜地基主各地風俗不同，有供物放門前朝內拜者，有供物放廚房朝內拜者，作者研究認為拜土地公、五路財神時，應把供物放門前朝外拜，而拜地基主時，應把供物放宅後廚房處朝後拜，如此才內外有別，各宗其所。

八、財神祈法

1.作用：祈財運法很多，此法及生意人家要求生意興旺，人潮來往時用之。

2.時間：每居農曆初二、十六日之酉時（下午五－七時）朝拜。

3.備物：三牲、四果、酒、香五支。

4.紙帛：化銀紙、四方金、往生錢。

5.咒語：拜請五方生財鬼到此，助吾生財通財，功比五路財神，有財來，無財去，急急如律令。（唸五遍）

6.方式：

(1)有供奉土地公者：

先持香奉請福德正神至門前，一起祭拜，把牲禮擺在門口奉祭即可。

(2)無供奉土地公者：

可把牲禮持至當地（管轄里村內）土地公廟內朝拜，面對土地公唸咒即可，但仍應報自己之姓名、年齡、住址及求財之理由。

(3)此法如配合「祭五鬼運財法，及財位供五路財神」法一起使用供奉，則效果非凡。

九、公媽奉祀

家中若有二姓祖先牌位，應照下列方式供奉之：

1.位置：主姓居左（俗稱大邊），副姓居右（俗稱小邊）。

2.方式：以七寸木板繞紅線七圈分隔之。

如以紅木板或紅布（紙）包木板，放在二姓公媽牌中間隔開也可以，目前有傳統式家族，把二姓祖先用神桌另行安奉，所謂「下桌」就是在神桌旁邊，另外再訂個神位，形成一個神桌，但到底是否分開供奉，一則視家鄉傳統風俗習尚，二則視神桌所司何職，如開宮立壇者，祖先牌位最好與神位分開供奉，但如非宮或壇者，就不必分開供奉了。

第二節　入　宅

一、鑑定宗旨

搬家爲一生中大事，每人願望都是如何能達到大富大貴、大吉大利，而搬者動也，動者便改變原有磁場方位，如何納入吉氣排除煞氣，下列提供您幾則注意事項。

二、時間：

前居者如搬走，應隔四天後再搬入。下列就是擇吉日吉時的要件：
1.如某日煞龍，則當日屬龍者，不要入新居。
2.如某日不利東方，新宅正好在東方，則另擇日。
3.有時搬家日並非安床日，則先搬入，再擇日安床。
4.一天內之吉時，原則上最好在早晨即午時之前。 　【習俗觀念】

三、淨屋：

1.放鞭炮，在屋內中心點燃放。（以三片為原則）
2.以密法淨宅，如九鳳破穢水、大悲咒水等。

四、物品：

搬入新宅的第一件物品，因每人特性及工作性質而不同。
1.生意人：先搬入金庫。
2.官職者：先捧官印搬入。
3.一般人：先搬入神龕，並擇吉日安神。

五、忌諱：

1.孕婦避搬家。
　如無法避免則用一支全新掃把，揮拭一下傢俱及牆壁、床舖、爐灶等處再搬。 　【風水觀點】
2.不要請肖虎者幫忙。 　【習俗觀念】
3.肖龍、肖雞者大利。 　【習俗觀念】

六、其他注意事項：

家有家主，宅有宅神，家宅喜聚四方之財，忌引入各方之災。萬家燈火，房宅林立有的榮華富貴，有的窮困襤褸，除了個人智慧及勤奮之外，

無不與家宅吉凶有密切之關係。

死人墓地好，子孫繁榮昌盛，活人住宅吉，可得富貴名利，宅運亨通，貧可轉富，宅運厄阻，富逐至貧，貴亦招災，此爲相繫自然之至理。

鑑此；應注意下列幾項原則

1.吉日入宅。

2.搬家時，要移出之物由他人經手，搬進之物自己動手。

3.當日，家主手捧神位在先，次第二人持白蘿蔔一對（以紅紙環妥）緊接在後，其他每人依序手持財物（日常家用物）在後。

4.搬入宅時間須在早上或中午。

5.入宅時有神位，須先安神再安置傢俱。

6.喬遷之後須舉行祭神明、地基主一次。

7.祭疏文：由宅主在喬遷妥當後，祭拜神明時在神前端肅誠唸之。

（連唸九遍求福添壽）疏文內容如下：

一宅神主，求爾降福，保佑平安，消災去難，家和事昌，
喜慶禎祥，財星輝耀、鴻運高照、壽昌康榮、諸事順通、
納進廣利、萬般大吉、財產興旺、富貴綿長、子孫其昌、
聲譽聯芳、去障增慧、功名赫赫。

科學釋義

一、土地公。

釋：

1.由來

　　爲了祈求家宅平安，許多人在宅中供奉土地公，及在大門兩側置香筒膜拜，並朝夕虔誠上香，認爲如此一來，鬼怪妖邪便會被拒諸門外，無法入宅騷擾。中國以農立國，所以對於孕育農作物的土地公甚爲尊崇，各處鄉村均設立土地公廟來膜拜，其後推而廣之，凡供奉在宅內的土地公叫做「福德正神」，凡供奉在門口的土地公，謂之「門口土地」，或「門神土地」。

2.作用

　　在農業社會的「有土便有財」的觀念下，土地公被視爲是招財進寶的財神，也認爲他有招引街外財入屋的作用，故一般商家都很重視。

3.佈局

　　安土地公應「逆水佈局」，即土地公的朝向應迎著來水。

　(1)逆：逆者，迎著來水，把街外流經的水截引入屋。

　(2)水：泛指佈局之水勢也，其涵義如下：

　　①指街道行車方向爲準。

　　②以街道的高低爲準。

　　③依水流的方向而定。

　　所以街道行車由南向北來，街道是南高北低，清渠流水由南向北流，安置土地公的朝向也應坐北朝南了。

4.位置

　(1)福德正神：供奉在商宅內，最好是在財位或旺位上。

(2)地主財神：又稱五路財神，全名爲「五方五土龍神，前後地主財神」，供奉在屋內財位的地上。

二、安神風俗漫談。

釋：

「安神」，就是把神像開光點眼，給宅主一家人膜拜，儀式慎重，莊嚴肅穆，所請的神祇如爲高潔神靈，就能保佑一家平安，如請來的神爲陰靈惡煞，則不僅無法保佑家人，反而意外連連，俗謂「請神容易，送神難」，況且奉神祭祖是一家精神寄託所在，豈能不慎。中國人文化留傳幾千年，地廣人稠，自有各地的民俗禮節，及風俗禁忌，自不待言，作者專研靈魂學多年，但撇開靈魂學不談，本章專論奉神的禮儀習尚，因爲作爲一位陽宅師，難免要入境隨俗，否則孤樹不成林，曲高亦和寡。

1. 神數

神的數目要奇數不能偶數，如偶數則「四」尊，諧音「死」，是不吉利的，所以目前供神的數目，採奇數吉利。

2. 開光

靈是以意念存在的，在神像未開光前，是一尊尊的硬體雕塑，經潔淨開光後，才能顯出靈力，所以去頂禮膜拜沒有點眼開光的神像是不對的。

3. 文公尺

文公尺的應用在一般風俗上，與農民曆的應用一樣深植人心，所以堪輿師在鑑定時，也應符合文公尺的應用法則，一般較謹慎及常注意到的是：

(1)桌高：神桌高度是自地面至桌面的距離，最高約在離地一百七十二公分左右。

(2)神高：神像除了廟寺之外，大抵高度分爲一尺三及八寸兩種。

(3)龍虎：神桌的左右距離，大抵取擇安神位置的中間點，但有時也將就
文公尺的吉利刻度。

4.沖煞

(1)視野：神像前視野要廣闊無遮，不要有各種阻擋物，但在目前工商業
環境下，是無法家家戶戶都如此抉擇的。

(2)沖剋：有的風俗忌諱沖水塔，沖柱子，沖尖銳物體等等，堪輿師在安
神時，也應隨時注意。

5.神爐

爐者，神宅也。供奉神明，神像與神爐是最慎重的二件事，尤其神爐意
味著神宅，更不可忽視，茲詳述如下：

(1)踏爐：神像太高，神爐太低不成比例，應凶。

(2)浮爐：安神日應視吉利方向，如安神該年與神桌位置方向不符合時（
俗稱無利年）即可把神爐放在新的磁盤上，等到流年一過，再
拿起瓷盤恢復原狀，謂浮爐。

有的地方性風俗，甚至用「謝盤」（竹籃），把神像及神爐裝
在裡面，掛在牆壁上，或放在高一點的桌上，而不必膜拜，等
流年一過，再重新供奉。

(3)爐內：爐內所裝物品是爐灰，其來源在早期是稻草燒過的灰，現在則
是化合物，不管其來源如何，主要目的是把香枝固定。

另外在爐灰內也可以放置吉祥物品，增進瑞氣，如龍銀，銅
板，五寶等物。

(4)質地：神爐的質地很多種，如銅、大理石、白石、瓷等類，但以瓷爐
最好，俗稱「熱爐」。

(5)臥爐：神爐的種類有二種，姑不論其式樣，式樣可隨人嗜好選擇，但
其種類一為插立香所用的一般爐，一為臥香所用的臥香爐，到
底那一種比較好，見仁見智，臥香是偏向密教所流行使用的，
一般爐是道教傳統式樣。

(6)共爐：指不論神像數目有幾尊，共同使用一個神爐為中心。

有的地方因神廳較有寬敞空間，就特別再設一處天公爐，掛在神桌前，拜時先拜天公，再拜家神，另有的人家參加附近廟會活動，輪到爐主，就把該尊屬於村里共同擁有的神像，請回來參拜一段時間，於是就在神桌旁再增設一個神爐，謂之「共爐」。

(7)動爐：神像供奉好之後，對於神爐一般忌諱是避免亂為移動，代表本宅精神中心的嚴肅地位，所以動爐是被禁止的。

(8)發爐：神爐有時因插香關係，使得溫度過高，而發火燃燒，其原因多種，但也應注意安全性。

6.燭燈：

神桌上是一定要有燈或燭的，在農業時代因電力不發達，所以用燭以替燈，現在當然不可墨守成規反行其道，一昧要燭不開燈，在佛經上說明，光明是供應眾佛一起講經用的，所以神明供奉處一定要光明，有燈無燭也無妨。

7.祖先

供奉祖先是孝道的宏揚，慎終追遠的風俗教育使然，其習俗如下：

(1)二姓：男子入贅，或配偶方無男丁時，祖先牌位可能有二姓之供奉，應注意的是，二姓祖先牌應用二爐。

(2)分爐：大家族到了子孫各自獨立時機，是要把祖先分為兄弟各房各自安奉，謂分爐。此時，應注意公平性，儀式儘量講究公開化，避免日後家族閒言閒語，引起無謂的議論。

(3)上下桌：剛才所提及的二姓祖先牌位，在有的地方是採用上下桌供奉的，即男方的祖先牌位在傳統神桌上，配偶方的祖先牌位，另備一小桌擺在其旁，以茲分別。

8.牲禮：俗稱「三牲」，是雞、魚、肉三種供奉品，如加上蛋及鴨（鵝）就叫做「五牲」。

9.水果：四樣水果稱「四果」，五樣水果稱「五果」。

10.紙錢：膜拜後，依照習俗發給來食的鬼神，一些車馬錢，以示誠意，這些燒化的紙帛，叫做紙錢，或紙帛。

三、定義宗教。

釋：

1.由來

儘管中華民族曾被認定是宗教氣味極淡的民族，儘管與宗教本質相背離的人文精神，一直籠罩著歷代的知識界，但兩千年來的民眾階層裡，宗教思想仍然不斷地蔓延著，自東漢到現在，大大小小的宗教，不管是團體性，個人式英雄，此起彼落，與我國各地區百姓的精神生活，一直有相當密切的關聯。

2.種類

(1)本土宗教：如道教，白蓮教，白雲宗，羅教，真空教，黃天道，一貫道等等。

(2)外來宗教：如佛教，景教，回教，天主教，火祆教，摩尼教等等。

其中論傳播地區之廣泛，歷史之悠久，乃至影響之深遠，無疑地，當以佛教與道教居各教之冠。

3.理論

不死的探求是人類為超越時間、空間的局限，而尋求的一種解決生命危機的思想與方法，我國的原始宗教、神話，以及道教本身，都曾經對這種「不死境界」做過探求，其間雖曾引起能否修養成仙的辯論，但宗教中人不僅堅守其信念，而且以各種方式來實驗，諸如內丹、外丹等功夫，當然地，他們也希望透過各種方法來役使自然，延年益壽，以達不死的最終目標，這些融合了宗教、巫術與科學的作為，使中國人發展出一套獨特的養生之術，並且產生了相當程度的社會功能。

4.影響

(1)私人修行方面：

①禪定：放捨諸緣，休息萬念，身心一如，此乃練習閒靜修習之法。

②念佛：使修道者袪除內心的貪瞋痴慾等污染，求得內心的寧靜。

③義理：崇尚「信即得救」意念，標榜自救原則，幫助眾生解脫。

④誦經：使修行者藉誦讀來理解經義，再依經義來修行。

⑤講經：重要的傳教活動。

⑥法會：重要的集體式宗教活動，目的在祈福、消災、追悼等。

(2)社會福利事業

①貧病救護：是宗教出自仁愛思想，而自辦的救濟事業。

②醫療事業：發自宗教修養的耐心與仁慈，對患者而言，其在精神上的安撫作用，是比實質的療效還要來得大。

③喪葬料理：宗教辦理的喪葬超薦事宜，使亡魂得以投生善道，能給予死者家屬精神上的莫大慰藉。

④罪犯教化：對罪犯從事因果循環的宗教式感化教育。

⑤地方公益：發動教民，積極參與地方公益，造福羣眾百姓。

⑥寄宿尋幽：宗教院址，擅風景之勝，常可成爲旅人寄宿之處，及遊客觀光勝地。

⑦金融事業：由古代寺院式的民間借貸行爲，演變成目前的慈善式的社會福利事業。

　　宗教，對個人及社會而言，不啻是一種貢獻，《易經》：「不動，即無吉凶。」個人的行爲能藉宗教的理念，而得到自我約束，自我期許，社會的習俗能藉宗教的活動，而表現趨善現象，其對信徒內心的安撫，道德意識的提高，生命價值的肯定，及對世道人心所具有的潛移默化功能而言，價值是鉅大得無法衡量的，今日的我們，以靈異的現象來探討它，不如把它視爲一項成功的社會活動。

四、大靈流症候羣。

釋：

　　凡是一切因「靈」所造成的不凡現象，我都稱之爲大靈流症候羣。有下列情況：

(1)因果現象

　　例如某人在前世三十七歲時殺人，而造成他本人良知不安，潛伏心中，那麼今世的三十七歲，他便會有厄運，這一年便是他的劫數，這個劫數與前世所犯業力成正比，業力愈重，劫數便難逃。

　　這種「劫數惡運」也會以各種不同形態出現，可能產生看起來沒有病，但卻痛苦不堪的疑難雜症，也可能在經過那個地方，受相同頻率的影響而犯煞，也可能前世怨魂在此年附身而干擾精神，到底惡靈以何種方式干擾？必須與惡靈溝通才能知道。

(2)靈媒體質

　　具有靈媒體質者，這種人體質特異，也就是天生感應敏感，空中遊靈經過時，就容易反應，最常見的狀況就是在廟裡靈氣集中地方，常會感覺有些微的靈動現象。其優點是這種現象容易啓靈，如經上師指引靈通較快，其缺點是本身容易受「靈」的干擾，如稍有不慎易形成精神上的異常意識。

(3)惡靈惡煞

　　「學佛在心不外求，心地慈悲德具足；貪嗔癡愛疑妄盡，不動無明是活佛」。

　　修持即修心，佛自心中求，所以人常在極度喜怒哀樂驚嚇下，被魔所侵，將外靈引進體內，這些外靈雖然是由於人們在過度運用意識力時，被侵入心中，但大多數都潛伏了不少的因果關係，外靈侵入之後，就會吸取人體精華，化做各種型態去傷害其本人，使他做出一些訝異的

行動，就是俗稱神經病。

　　另有一種靈病叫做惡煞，這是一種惡氣，如某時、某地、某方位、某人的磁場，剛好碰對了此類惡氣就會難受，如有的人看到了正在挖土的挖土機，土中惡氣排沖而來，便是沖犯土煞。

　　這些種種都會使人產生意外、受傷、喪生或沒落，家破人亡的情況，牽涉了全家人的命運，不可不慎！

瓶項突破

一、試以地理師的觀點，討論下列事項：

　　1.什麼人需要安神？

　　2.宅中有神位能得到平安嗎？而無神位者，就比較不平安嗎？

　　各抒己見。

答：

1.凡宗教緣深重者，宅中需要安神，能夠得更平安。

宗教緣深，本來應視出生年月日時（八字）而定，但我們以陽宅師的立場言，而不討論星相命理，可從下列二特點觀察：

⑴稍有潔癖者。

⑵稍有孤癖者。

在人際的社會活動中，偶而會有一種莫名的孤獨襲上心頭，這類的人，宗教緣較深重，宅中安神能使其精神更有寄託。

2.有下列情形者，宅中供奉神位，能祈福平安。

⑴宗教緣重者。

⑵神像得到正確的開光點眼再虔誠供奉者。

沒有開光點眼過的神像，不能胡亂供奉，以免引邪靈纏身。但也不是說宅中沒有供奉神像者就不平安，真正而言是指有供奉神位，就應按照正確程序膜拜，如因各種不便無法供奉神像者，似不必過度牽就勉強。

二、做為一位陽宅師，所牽涉的風俗禮節繁多，就你所知，說明目前較普遍使用的紙錢種類？

答：

1.由來

燒金銀紙的習俗源自唐太宗，當魏徵斬龍王後，太宗傷痛過度，數度昏厥，於是產生太宗遊冥府的神話，太宗到陰曹地府時，目睹許多孤魂野鬼的慘狀，因此甦醒回陽後，就下詔大赦天下，並廣集高僧為孤魂野鬼們作法超渡，並製作金銀紙錢，訂定焚燒紙錢的法則，從此才有燒金銀紙的習俗流傳下來。

2.作用

燒冥紙，民俗上一般皆指為賄賂神明之舉，其實謬誤之至，原意並非如此，宗教家視焚燒紙錢是一種迎送之禮，祭神時，先焚香禱告，恭請仙駕降臨，祭禱完畢，則焚燒金銀紙，在金銀紙上所貼的金箔，經焚燒後絢燦奪目，名曰「發毫光」，其本意旨在恭送神祇光彩回鑾，這些設計是出自祭禮上信徒虔敬的心意，豈可曲解為賄賂神明之說。

3.內容

(1)依形狀分

從粗紙的二、三寸到四、五寸不等，呈四角形。

①金紙：上貼金箔，拜神明用的。

②銀紙：上貼銀箔，拜祖先用的。

③其他種類。

(2)依尊顯分

①金紙：祭拜神明用。

A. 天金

頂極天金（天尺金、尺金）：拜天公用。

太極天金（財子壽金）：拜天公、三界公用。

B. 壽金

種類：又分花壽金、二花壽金。

作用：是拜城隍、媽祖、孔子、關聖帝君、文昌帝君、觀世音、地藏王菩薩所用的。

C. 刈金（又稱四方金，上塗紅色財、子、壽者）

種類：又分大箔金、小箔金。

D. 中金：是拜山神及水仙王用的。

E. 福金（又稱土地公金）

種類：又分盆金、九金。盆金上塗有福、祿、壽者，又分尺六金，尺三金。

作用：是拜福德正神，一般神及謝神之用的。

作者按：在有些地區的風俗上把刈金、四方金、福金、土地公金已視爲同樣種類了。

②銀紙：上有金銀箔，祭祀陰間祖先，無緣佛，亡靈，邪靈，陰煞等用，分爲：

A. 大銀。

B. 小銀。

C. 大箔銀。

D. 箔銀。

E. 中箔銀。

F. 大造銀。

G. 二造銀。

H. 中造銀。

③紙錢：無主銀箔，白黃色紙，紙面上打橫列點線十二條。

A. 白金錢：拜將兵、虎神（守衛神）、清明時的壓墓紙用。

B. 庫錢：白色，上有點線八十條，三十張一封，俗稱一萬元，與棺木合葬用。

　　　　　　C. 高錢：黃高錢，行喪時懸掛竹竿豎立門戶上用，白高
　　　　　　　　錢，祭拜鬼神用。
　　　　　　D. 本命錢：消災解厄用。
　　　　　　E. 補運錢：補運消災用。
　　④經衣：祭祀好兄弟，或無主陰魂用。
　　⑤五色紙：（床衣）七夕時祭拜七娘媽用。
　　⑥神馬。
　　⑦甲馬。
　　⑧替身仔。
　　⑨白虎：祭關煞用。
　　⑩天狗：祭關煞用。
　　⑪五鬼：祭關煞用。
　　⑫銀箱。
　　以上⑥至⑫種，都是用來迎神、送神、祭神、消災解厄時所用的，陽宅師不可不明白冥紙種類的劃分，並應隨時注意，因地區不同，而採用的習慣也不同。

三、對下列事實，說明鑑定過程以對：

1. 某日某地理師鑑定即將關閉色情理容院，裡面供奉觀世音菩薩神像。

2. 某餐廳位置圖如下，要供奉福德正神，試把正確位置指出。

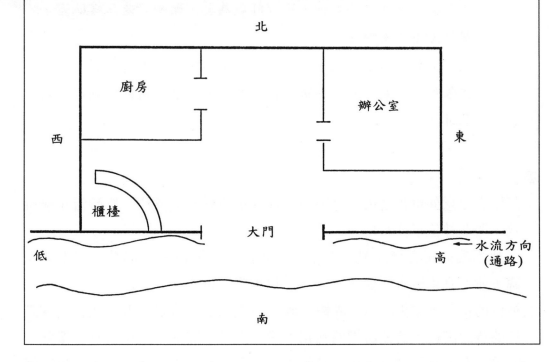

答：

1. 觀世音菩薩慈悲渡世，安奉在色情理容院，是否會渡化店中女子？而使她們慈航普渡，脫離苦海，這個鑑定法，作者曾在一些實驗案例中發現，所以目前色情行業等，都把豬八戒（戒哥神）當作他們的祖師爺，其源衍生自西遊記豬八戒傳奇故事，但也說明了宗教是入境隨俗的。

2. 水向：自東向西。

　　路面：東高西低。

　　供奉土地公是依接水神的位置的，所以本餐廳應把土地公安置在櫃檯內，坐西向東。

四、對下列事實，說明鑑定過程以對：

　　1.某甲住宅經 A 地理師安神過後三個月，其妻發生意外受傷，B 地理師鑑定時，指責 A 地理師安神時不注意，使神位正沖前面水塔，天花板上又犯燈沖而不吉，所以才惹意外之禍。

　　2.某公寓二樓住戶要安神，地理師認為其上面剛好是三樓臥室，犯壓煞不可安神。

　　3.宅主（男）四十年次，請二位地理師鑑定住宅供神位置，其一主張應在正東，其一主張應在正西，宅主無所適從，到底孰是孰非？

答：

1.某甲之妻意外車禍之因，是因為宅前水塔正好在曜煞位，應驗流年運所致，並非神位正沖水塔。

　安神不論前面有無沖剋，天花板是否凹凸或燈沖等，都是風俗上的忌諱，並非真正風水原因，所以某甲仍可安心供奉。

2.神位的供奉，主因在開光點眼一瞬間的靈力能量接觸，及持續性虔誠膜拜的意念護持，其他所謂的風俗禁忌，都是無關的，題中公寓二樓住戶因頂上有臥室不潔淨，所以某地理師主張不適合安神，這是被囿於風俗忌諱了。

3.宅主為東四命，正東為其吉位，正西為其煞位。

　神位置吉位？抑或置凶位？有二派主張，一派主張神佛所在應為吉祥加持場所，無論如何應在吉位，才能受吉利能量庇佑，一派主張撇開靈魂學觀念不談，神位有燈、有燭、有香等都是發熱之物，在陽宅理論上，熱者，為煞也，應置煞位以制煞，到底應聽從何派呢？

　作者認為一因神位散發的熱量不高，在吉位不影響吉氣運轉，在煞位也無法完全制煞，二因供奉神像時，經開光點眼，奉請高靈吉祥，在吉位

增加吉氣，如在煞位，吉神的能量也不會受煞位影響，因本質不同，所以由是觀之，神位在吉位，凶位都可以的，但有一點需要再深入瞭解，也就是說，如供神沒有經過開光點眼，又沒有點燃大量香火，那麼與古董何異？也不必論位置了。

五、宗教雖有其優點，但如以靈魂學研究者的立場觀之，我們應持何
　　觀念，才不會把宗教過度神化，成為一位迷信者。

答：

中國人自古以來，就相信有靈魂的存在，而且又認為靈魂會離軀殼出去，所以就有「魂飛魄散」「三魂七魄」等說法，也有「招魂」「引魂」等習俗，以及流傳著「惡鬼上身」「借屍還魂」的傳奇。

佛經上也談鬼論道，小說家也把鬼魂擬人化，但是儒家對靈魂學卻主張「子不語」的態度，故自漢武帝罷黜百家，獨尊儒術之後，東方文化對靈魂學的研究是交白卷的，故而產生了優點與缺點，優點是直覺地否定靈異，避免幻談，缺點是讓人類對靈異追求的好奇心不得滿足，而使宗教有隙可乘，趁機哄抬靈異影響力，把神像過度神化，導入迷信之途，這是令人可悲的。

西方研究靈魂的學者專家，就比較踏實了，把靈魂學分成兩大不同看法，其一靈學派認為：「生命的延續是另有其他生命的形態，人類死後就是由 A 磁場，進入 B 磁場，是沒有天堂與地獄之分的，只是另一個生命的延續。」

其二是宗教的反對派認為：「死亡是人類一切恩怨的清償與安息終止，所謂地獄及天堂，都是宗教家創造出來恐嚇人們，藉此漁利和獲得權利，故此人們對死亡應懷著寧靜的心，去迎接神的來臨，宗教家是殘酷的，因為他們不讓各位安息。」

作者研究後認為：宗教活動，我們應把他視為一種成功的社會活動，

與靈魂學術的探討、印證與研究是完全不同的兩碼事，靈魂是不滅的，是一種異次元能量，不應把它擬人化，去迷惑一些民眾，誤導天下蒼生，而「修持」其實就是「修心」，心就是一切，任何宗教的最高法門就是心法，其他一切如經典文字，語言傳誦都稱爲有爲法，皆是方便法門罷了，無爲法乃存在於日常生活，點滴的舉手投足之間，因爲修持只要以「平常心」待人處事，以「平常心」觀此大千世界，這就是無相無心了。

國家圖書館出版品預行編目資料

陽宅科學論（透視陽宅專輯之一）／周建男著．
－－初版．－－台北市：國家，2000〔民89〕
428 面；26 公分．－－（國家風水叢書：5）
ISBN 957-36-0336-5（平裝）

1. 相宅

294.1   83005696

國家出版社 KUO CHIA

國家風水叢書⑤

陽宅科學論（透視陽宅專輯之一）

特價／新台幣壹仟元

著作者／周建男
發行人／林洋慈
出版者／國家出版社
社址／台北市北投區大興街 9 巷 28 號
電話／（○二）二八九五一三一七（五線）
傳真／（○二）二八九四二四七八
郵撥帳號／○○一八○二七一七
電子郵件／kcpc@ms21.hinet.net
執行編輯／謝滿子
責任編校／台灣省陽宅教育協會
讀者服務／曹美玲
封面設計／家昌設計
法律顧問／林金鈴律師
排版／上達電腦排版公司
製版／國華製版有限公司
印刷／吉峰印刷有限公司
日期／二○○○年十一月初版一刷